SIGM. FREUD

GESAMMELTE WERKE

CHRONOLOGISCH GEORDNET

SECHZEHNTER BAND

WERKE AUS DEN
JAHREN 1932–1939

FISCHER TASCHENBUCH VERLAG

Unter Mitwirkung von Marie Bonaparte,
Prinzessin Georg von Griechenland
herausgegeben von
Anna Freud
E. Bibring   W. Hoffer   E. Kris   O. Isakower

Veröffentlicht im Fischer Taschenbuch Verlag GmbH
Frankfurt am Main 1999, November 1999

© 1950 Imago Publishing Co., Ltd., London
Alle Rechte, insbesondere die der Übersetzung, vorbehalten
durch S. Fischer Verlag, Frankfurt am Main
Druck und Bindung: Clausen & Bosse, Leck
Printed in Germany
ISBN 3-596-50300-0 (Kassette)

ZUR GEWINNUNG
DES FEUERS

ZUR GEWINNUNG DES FEUERS

In einer Anmerkung meiner Schrift „Das Unbehagen in der Kultur" (S. 449, Bd. XIV) habe ich — eher beiläufig — erwähnt, welche Vermutung über die Gewinnung des Feuers durch den Urmenschen man sich auf Grund des psychoanalytischen Materials bilden könnte. Der Widerspruch von Albrecht Schaeffer („Die Psychoanalytische Bewegung", Jahrgang II, 1930, S. 251) und der überraschende Hinweis in vorstehender Mitteilung von Erlenmeyer[1] über das mongolische Verbot, auf Asche zu pissen[2], veranlassen mich, das Thema wieder aufzunehmen.[3]
Ich meine nämlich, daß meine Annahme, die Vorbedingung der Bemächtigung des Feuers sei der Verzicht auf die homosexuellbetonte Lust gewesen, es durch den Harnstrahl zu löschen, lasse

---

[1] E. H. Erlenmeyer, Notiz zur Freudschen Hypothese über die Zähmung des Feuers. Imago, XVIII, 1932.

[2] Wohl auf heiße Asche, aus der man noch Feuer gewinnen kann, nicht auf erloschene.

[3] Der Widerspruch von Lorenz in „Chaos und Ritus" (Imago XVII, 1931, S. 433 ff.) geht von der Voraussetzung aus, daß die Zähmung des Feuers überhaupt erst mit der Entdeckung begonnen habe, man sei imstande, es durch irgendeine Manipulation willkürlich hervorzurufen. — Dagegen verweist mich Dr. J. Hárnik auf eine Äußerung von Dr. Richard Lasch (in Georg Buschans Sammelwerk „Illustrierte Völkerkunde", Stuttgart 1922, Bd. I, S. 24): „Vermutlich ist die Kunst der Feuererhaltung der Feuererzeugung lange vorausgegangen; einen entsprechenden Beweis hiefür liefert die Tatsache, daß die heutigen pygmäenartigen Urbewohner der Andamanen wohl das Feuer besitzen und bewahren, eine autochthone Methode der Feuererzeugung aber nicht kennen."

sich durch die Deutung der griechischen Prometheussage bestätigen,
wenn man die zu erwartenden Entstellungen von der Tatsache
bis zum Inhalt des Mythus in Betracht zieht. Diese Entstellungen
sind von derselben Art und nicht ärger als jene, die wir alltäglich
anerkennen, wenn wir aus den Träumen von Patienten ihre verdrängten, doch so überaus bedeutsamen Kindheitserlebnisse rekonstruieren. Die dabei verwendeten Mechanismen sind die Darstellung
durch Symbole und die Verwandlung ins Gegenteil. Ich kann es
nicht wagen, alle Züge des Mythus in solcher Art zu erklären; außer
dem ursprünglichen Sachverhalt mögen andere und spätere Vorgänge zu seinem Inhalt beigetragen haben. Aber die Elemente, die
eine analytische Deutung zulassen, sind doch die auffälligsten und
wichtigsten, nämlich die Art, wie Prometheus das Feuer transportiert, der Charakter der Tat (Frevel, Diebstahl, Betrug an den
Göttern) und der Sinn seiner Bestrafung.

Der Titane Prometheus, ein noch göttlicher Kulturheros,[1] vielleicht selbst ursprünglich ein Demiurg und Menschenschöpfer, bringt
also den Menschen das Feuer, das er den Göttern entwendet hat,
versteckt in einem hohlen Stock, Fenchelrohr. Einen solchen Gegenstand würden wir in einer Traumdeutung gern als Penissymbol
verstehen wollen, wenngleich die nicht gewöhnliche Betonung der
Höhlung uns dabei stört. Aber wie bringen wir dieses Penisrohr
mit der Aufbewahrung des Feuers zusammen? Das scheint aussichtslos, bis wir uns an den im Traum so häufigen Vorgang der Verkehrung, Verwandlung ins Gegenteil, Umkehrung der Beziehungen
erinnern, der uns so oft den Sinn des Traumes verbirgt. Nicht das
Feuer beherbergt der Mensch in seinem Penisrohr, sondern im
Gegenteil das Mittel, um das Feuer zu löschen, das Wasser seines
Harnstrahls. An diese Beziehung zwischen Feuer und Wasser knüpft
dann reiches, wohlbekanntes analytisches Material an.

Zweitens, der Erwerb des Feuers ist ein Frevel, es wird durch

---

[1] Herakles ist dann halbgöttlich, Theseus ganz menschlich.

Raub oder Diebstahl gewonnen. Dies ist ein konstanter Zug aller Sagen über die Gewinnung des Feuers, er findet sich bei den verschiedensten und entlegensten Völkern, nicht nur in der griechischen Sage vom Feuerbringer Prometheus. Hier muß also der wesentliche Inhalt der entstellten Menschheitsreminiszenz enthalten sein. Aber warum ist die Feuergewinnung untrennbar mit der Vorstellung eines Frevels verknüpft? Wer ist dabei der Geschädigte, Betrogene? Die Sage bei Hesiod gibt eine direkte Antwort, indem sie in einer anderen Erzählung, die nicht direkt mit dem Feuer zusammenhängt, Prometheus bei der Einrichtung der Opfer Zeus zugunsten der Menschen übervorteilen läßt. Also die Götter sind die Betrogenen! Den Göttern teilt der Mythus bekanntlich die Befriedigung aller Gelüste zu, auf die das Menschenkind verzichten muß, wie wir es vom Inzest her kennen. Wir würden in analytischer Ausdrucksweise sagen, das Triebleben, das Es, sei der durch die Feuerlöschentsagung betrogene Gott, ein menschliches Gelüste ist in der Sage in ein göttliches Vorrecht umgewandelt. Aber die Gottheit hat in der Sage nichts vom Charakter eines Über-Ichs, sie ist noch Repräsentant des übermächtigen Trieblebens.

Die Umwandlung ins Gegenteil ist am gründlichsten in einem dritten Zug der Sage, in der Bestrafung des Feuerbringers. Prometheus wird an einen Felsen geschmiedet, ein Geier frißt täglich an seiner Leber. Auch in den Feuersagen anderer Völker spielt ein Vogel eine Rolle, er muß etwas mit der Sache zu tun haben, ich enthalte mich zunächst der Deutung. Dagegen fühlen wir uns auf sicherem Boden, wenn es sich um die Erklärung handelt, warum die Leber zum Ort der Bestrafung gewählt ist. Die Leber galt den Alten als der Sitz aller Leidenschaften und Begierden; eine Strafe wie die des Prometheus war also das Richtige für einen triebhaften Verbrecher, der gefrevelt hatte unter dem Antrieb böser Gelüste. Das genaue Gegenteil trifft aber für den Feuerbringer zu; er hatte Triebverzicht geübt und gezeigt, wie wohltätig, aber auch wie unerläßlich ein solcher Triebverzicht in kultureller Absicht ist. Und warum mußte eine solche kulturelle Wohltat überhaupt von der Sage als strafwürdiges Verbrechen behandelt werden? Nun, wenn sie durch alle Entstellungen durchschimmern läßt, daß die Gewinnung des Feuers einen Triebverzicht zur Voraussetzung hatte, so drückt sie doch unverhohlen den Groll aus, den die triebhafte Menschheit gegen den Kulturheros verspüren mußte. Und das stimmt zu unseren Einsichten und Erwartungen. Wir wissen, daß die Aufforderung zum Triebverzicht und die Durchsetzung desselben Feindseligkeit und Aggressionslust hervorruft, die sich erst in einer späteren Phase der psychischen Entwicklung in Schuldgefühl umsetzt.

Die Undurchsichtigkeit der Prometheussage wie anderer Feuermythen wird durch den Umstand gesteigert, daß das Feuer dem Primitiven als etwas der verliebten Leidenschaft Analoges — wir würden sagen: als Symbol der Libido — erscheinen mußte. Die Wärme, die das Feuer ausstrahlt, ruft dieselbe Empfindung hervor, die den Zustand sexueller Erregtheit begleitet, und die Flamme mahnt in Form und Bewegungen an den tätigen Phallus. Daß die Flamme dem mythischen Sinn als Phallus erschien, kann nicht zweifelhaft sein, noch die Abkunftsage des römischen Königs Servius Tullius zeugt dafür. Wenn wir selbst von dem zehrenden Feuer der Leidenschaft und von den züngelnden Flammen reden, also die Flamme einer Zunge vergleichen, haben wir uns vom Denken unserer primitiven Ahnen nicht so sehr weit entfernt. In unserer Herleitung der Feuergewinnung war ja auch die Voraussetzung enthalten, daß dem Urmenschen der Versuch, das Feuer durch sein eigenes Wasser zu löschen, ein lustvolles Ringen mit einem anderen Phallus bedeutete.

Auf dem Wege dieser symbolischen Angleichung mögen also auch andere, rein phantastische Elemente in den Mythus eingedrungen und in ihm mit den historischen verwebt worden sein. Man kann sich ja kaum der Idee erwehren, daß, wenn die Leber der Sitz der Leidenschaft ist, sie symbolisch dasselbe bedeutet wie das Feuer selbst und daß dann ihre tägliche Aufzehrung und Erneuerung eine zutreffende Schilderung von dem Verhalten der Liebesgelüste ist, die, täglich befriedigt, sich täglich wiederherstellen. Dem Vogel, der sich an der Leber sättigt, fiele dabei die Bedeutung des Penis zu, die ihm auch sonst nicht fremd ist, wie Sagen, Träume, Sprachgebrauch und plastische Darstellungen aus dem Altertum erkennen lassen. Ein kleiner Schritt weiter führt zum Vogel Phönix, der aus jedem seiner Feuertode neu verjüngt hervorgeht, und der wahrscheinlich eher und früher den nach seiner Erschlaffung neu belebten Phallus gemeint hat als die im Abendrot untergehende und dann wieder aufgehende Sonne.

Man darf die Frage aufwerfen, ob man es der mythenbildenden Tätigkeit zumuten darf, sich — gleichsam spielerisch — in der verkleideten Darstellung allgemeinbekannter, wenn auch höchst interessanter seelischer Vorgänge mit körperlicher Äußerung zu versuchen ohne anderes Motiv als bloße Darstellungslust. Darauf kann man gewiß keine sichere Antwort geben, ohne das Wesen des Mythus verstanden zu haben, aber für unsere beiden Fälle ist es leicht, den nämlichen Inhalt und damit eine bestimmte Tendenz zu erkennen. Sie beschreiben die Wiederherstellung der libidinösen Gelüste nach ihrem Erlöschen durch eine Sättigung, also ihre Unzerstörbarkeit, und diese Hervorhebung ist als Trost durchaus an ihrem Platz, wenn der historische Kern des Mythus eine Niederlage des Trieblebens, einen notwendig gewordenen Triebverzicht behandelt. Es ist wie das zweite Stück der begreiflichen Reaktion des in seinem Triebleben gekränkten Urmenschen; nach der Bestrafung des Frevlers die Versicherung, daß er im Grunde doch nichts ausgerichtet hat.

An unerwarteter Stelle begegnen wir der Verkehrung ins Gegenteil in einem anderen Mythus, der anscheinend sehr wenig mit dem Feuermythus zu tun hat. Die lernäische Hydra mit ihren zahllosen züngelnden Schlangenköpfen — unter ihnen ein unsterblicher — ist nach dem Zeugnis ihres Namens ein Wasserdrache. Der Kulturheros Herakles bekämpft sie, indem er ihre

Köpfe abhaut, aber die wachsen immer nach, und er wird des Untiers erst Herr, nachdem er den unsterblichen Kopf mit Feuer ausgebrannt hat. Ein Wasserdrache, der durch das Feuer gebändigt wird — das ergibt doch keinen Sinn. Wohl aber, wie in so vielen Träumen, die Umkehrung des manifesten Inhalts. Dann ist die Hydra ein Brand, die züngelnden Schlangenköpfe sind die Flammen des Brandes, und als Beweis ihrer libidinösen Natur zeigen sie wie die Leber des Prometheus wieder das Phänomen des Nachwachsens, der Erneuerung nach der versuchten Zerstörung. Herakles löscht nun diesen Brand durch — Wasser. (Der unsterbliche Kopf ist wohl der Phallus selbst, seine Vernichtung die Kastration.) Herakles ist aber auch der Befreier des Prometheus, der den an der Leber fressenden Vogel tötet. Sollte man nicht einen tieferen Zusammenhang zwischen beiden Mythen erraten? Es ist ja so, als ob die Tat des einen Heros durch den anderen gutgemacht würde. Prometheus hatte die Löschung des Feuers verboten, — wie das Gesetz des Mongolen, — Herakles sie für den Fall des Unheil drohenden Brandes freigegeben. Der zweite Mythus scheint der Reaktion einer späteren Kulturzeit auf den Anlaß der Feuergewinnung zu entsprechen. Man gewinnt den Eindruck, daß man von hier aus ein ganzes Stück weit in die Geheimnisse des Mythus eindringen könnte, aber freilich wird man nur für eine kurze Strecke vom Gefühl der Sicherheit begleitet.

Für den Gegensatz von Feuer und Wasser, der das ganze Gebiet dieser Mythen beherrscht, ist außer dem historischen und dem symbolisch-phantastischen noch ein drittes Moment aufzeigbar, eine physiologische Tatsache, die der Dichter in den Zeilen beschreibt:

„Was dem Menschen dient zum Seichen,
Damit schafft er Seinesgleichen."   (Heine).

Das Glied des Mannes hat zwei Funktionen, deren Beisammensein manchem ein Ärgernis ist. Es besorgt die Entleerung des Harnes und es führt den Liebesakt aus, der das Sehnen der genitalen Libido stillt. Das Kind glaubt noch, die beiden Funktionen vereinen zu können; nach seiner Theorie kommen die Kinder dadurch zustande, daß der Mann in den Leib des Weibes uriniert. Aber der Erwachsene weiß, daß die beiden Akte in Wirklichkeit unverträglich miteinander sind — so unverträglich wie Feuer und Wasser. Wenn das Glied in jenen Zustand von Erregung gerät, der ihm die Gleichstellung mit dem Vogel eingetragen hat, und während jene Empfindungen verspürt werden, die an die Wärme des Feuers mahnen, ist das Urinieren unmöglich; und umgekehrt, wenn das Glied der Entleerung des Körperwassers dient, scheinen alle seine Beziehungen zur Genitalfunktion erloschen. Der Gegensatz der beiden Funktionen könnte uns veranlassen zu sagen, daß der Mensch sein eigenes Feuer durch sein eigenes Wasser löscht. Und der Urmensch, der darauf angewiesen war, die Außenwelt mit Hilfe seiner eigenen Körperempfindungen und Körperverhältnisse zu begreifen, dürfte die Analogien, die ihm das Verhalten des Feuers zeigte, nicht unbemerkt und ungenützt gelassen haben.

WARUM KRIEG?

Im Jahre 1931 hat das „Comité permanent des Lettres et des Arts de la Société des Nations" die Internationale Kommission für geistige Zusammenarbeit aufgefordert, „einen Briefwechsel zwischen den repräsentativen Vertretern des Geisteslebens anzuregen, ähnlich jenem Gedankenaustausch, der in dieser Form stets, vor allem in den großen Epochen der europäischen Geschichte stattgefunden hat; dafür Themen auszuwählen, die am besten geeignet sind, den gemeinsamen Interessen des Völkerbundes und des geistigen Lebens zu dienen; und diesen Briefwechsel periodisch zu veröffentlichen."

In Ausführung dieses Beschlusses gab das Völkerbundsinstitut für geistige Zusammenarbeit (Institut International de Coopération Intellectuelle) in Paris eine Serie „Correspondance", „Open letters" heraus. Den Inhalt des zweiten Bandes dieser Serie, der Anfang 1933 unter dem Titel „Warum Krieg?", „Pourquoi la guerre?", „Why war?" zugleich in deutscher, französischer und englischer Sprache in Paris erschienen ist (Copyright by Institut International de Coopération Intellectuelle) bilden ein Brief Albert Einsteins und der nachfolgende Brief des Verfassers. Die Übersetzung des deutschen Urtextes ins Französische hat Blaise Briod, die Übersetzung ins Englische Stuart Gilbert besorgt.

Albert Einstein hat in seinem vom 30. Juli 1932 datierten Brief an den Verfasser den Gegenstand des Briefaustausches in der Frage umrissen: „Gibt es einen Weg, die Menschen vom Verhängnis des Krieges zu befreien?" Hier entstünden Probleme, die nur der Psychologe beleuchten kann. Albert Einstein entwickelt sodann seine Gedanken zur Aufgabe der Kriegsverhütung; er führt aus, daß ihm „die äußere, bzw. organisatorische Seite des Problems" einfach erscheine: „Die Staaten schaffen eine legislative und gerichtliche Behörde zur Schlichtung aller zwischen ihnen entstehenden Konflikte" und übernehmen die Verpflichtung, sich der Autorität dieser Behörde zu fügen. Hier begegne man der ersten Schwierigkeit: das Gericht, als menschliche Einrichtung, sei außerrechtlichen Einrichtungen umso zugänglicher, je weniger Macht es besitze. Wir seien aber derzeit weit davon entfernt, eine überstaatliche Organisation zu besitzen, die der Exekution ihres Erkenntnisses absoluten Gehorsam zu erzwingen imstande wäre. Im einzelnen formuliert Einstein folgende Fragen: „Wie ist es möglich, daß die soeben genannte Minderheit" (sc. der Herrschenden) „die Masse des Volkes ihren Gelüsten dienstbar machen kann, die durch einen Krieg nur zu leiden und zu verlieren hat?" . . . „Wie ist es möglich, daß sich die Masse durch die genannten Mittel" (i. e. die Minderheit der jeweils Herrschenden habe vor allem die Schule, die Presse und meistens auch die religiösen Organisationen in ihrer Hand) „bis zur Raserei und Selbstaufopferung entflammen läßt?" . . . „Gibt es eine Möglichkeit, die psychische Entwicklung der Menschen so zu leiten, daß sie den Psychosen des Hasses und des Vernichtens gegenüber widerstandsfähiger werden?"

Wien, im September 1932

Lieber Herr Einstein!

Als ich hörte, daß Sie die Absicht haben, mich zum Gedankenaustausch über ein Thema aufzufordern, dem Sie Ihr Interesse schenken und das Ihnen auch des Interesses Anderer würdig erscheint, stimmte ich bereitwillig zu. Ich erwartete, Sie würden ein Problem an der Grenze des heute Wißbaren wählen, zu dem ein jeder von uns, der Physiker wie der Psycholog, sich seinen besonderen Zugang bahnen könnte, so daß sie sich von verschiedenen Seiten her auf demselben Boden träfen. Sie haben mich dann durch die Fragestellung überrascht, was man tun könne, um das Verhängnis des Krieges von den Menschen abzuwehren. Ich erschrak zunächst unter dem Eindruck meiner — fast hätte ich gesagt: unserer — Inkompetenz, denn das erschien mir als eine praktische Aufgabe, die den Staatsmännern zufällt. Ich verstand dann aber, daß Sie die Frage nicht als Naturforscher und Physiker erhoben haben, sondern als Menschenfreund, der den Anregungen des Völkerbunds gefolgt war, ähnlich wie der Polarforscher *Fridtjof Nansen* es auf sich genommen hatte, den Hungernden und den heimatlosen Opfern des Weltkrieges Hilfe zu bringen. Ich besann mich auch, daß mir nicht zugemutet wird, praktische Vorschläge zu machen, sondern daß ich nur angeben soll, wie sich das Problem der Kriegsverhütung einer psychologischen Betrachtung darstellt.

Aber auch hierüber haben Sie in Ihrem Schreiben das meiste

gesagt. Sie haben mir gleichsam den Wind aus den Segeln genommen, aber ich fahre gern in Ihrem Kielwasser und bescheide mich damit, alles zu bestätigen, was Sie vorbringen, indem ich es nach meinem besten Wissen — oder Vermuten — breiter ausführe.

Sie beginnen mit dem Verhältnis von Recht und Macht. Das ist gewiß der richtige Ausgangspunkt für unsere Untersuchung. Darf ich das Wort „Macht" durch das grellere, härtere Wort „Gewalt" ersetzen? Recht und Gewalt sind uns heute Gegensätze. Es ist leicht zu zeigen, daß sich das eine aus dem anderen entwickelt hat, und wenn wir auf die Uranfänge zurückgehen und nachsehen, wie das zuerst geschehen ist, so fällt uns die Lösung des Problems mühelos zu. Entschuldigen Sie mich aber, wenn ich im folgenden allgemein Bekanntes und Anerkanntes erzähle, als ob es neu wäre; der Zusammenhang nötigt mich dazu.

Interessenkonflikte unter den Menschen werden also prinzipiell durch die Anwendung von Gewalt entschieden. So ist es im ganzen Tierreich, von dem der Mensch sich nicht ausschließen sollte; für den Menschen kommen allerdings noch Meinungskonflikte hinzu, die bis zu den höchsten Höhen der Abstraktion reichen und eine andere Technik der Entscheidung zu fordern scheinen. Aber das ist eine spätere Komplikation. Anfänglich, in einer kleinen Menschenhorde, entschied die stärkere Muskelkraft darüber, wem etwas gehören oder wessen Wille zur Ausführung gebracht werden sollte. Muskelkraft verstärkt und ersetzt sich bald durch den Gebrauch von Werkzeugen; es siegt, wer die besseren Waffen hat oder sie geschickter verwendet. Mit der Einführung der Waffe beginnt bereits die geistige Überlegenheit die Stelle der rohen Muskelkraft einzunehmen; die Endabsicht des Kampfes bleibt die nämliche, der eine Teil soll durch die Schädigung, die er erfährt, und durch die Lähmung seiner Kräfte gezwungen werden, seinen Anspruch oder Widerspruch aufzugeben. Dies wird am gründlichsten erreicht, wenn die Gewalt den Gegner dauernd beseitigt, also tötet. Es hat zwei Vorteile, daß er seine Gegnerschaft nicht ein andermal wieder aufnehmen kann und daß sein Schicksal andere abschreckt, seinem Beispiel zu folgen. Außerdem befriedigt die Tötung des Feindes eine triebhafte Neigung, die später erwähnt werden muß. Der Tötungsabsicht kann sich die Erwägung widersetzen, daß der Feind zu nützlichen Dienstleistungen verwendet werden kann, wenn man ihn eingeschüchtert am Leben läßt. Dann begnügt sich also die Gewalt damit, ihn zu unterwerfen, anstatt ihn zu töten. Es ist der Anfang der Schonung des Feindes, aber der Sieger hat von nun an mit der lauernden Rachsucht des Besiegten zu rechnen, gibt ein Stück seiner eigenen Sicherheit auf.

Das ist also der ursprüngliche Zustand, die Herrschaft der größeren Macht, der rohen oder intellektuell gestützten Gewalt. Wir wissen, dies Regime ist im Laufe der Entwicklung abgeändert worden, es führte ein Weg von der Gewalt zum Recht, aber welcher? Nur ein einziger, meine ich. Er führte über die Tatsache, daß die größere Stärke des Einen wettgemacht werden konnte durch die Vereinigung mehrerer Schwachen. „L'union fait la force." Gewalt wird gebrochen durch Einigung, die Macht dieser Geeinigten stellt nun das Recht dar im Gegensatz zur Gewalt des Einzelnen. Wir sehen, das Recht ist die Macht einer Gemeinschaft. Es ist noch immer Gewalt, bereit sich gegen jeden Einzelnen zu wenden, der sich ihr widersetzt, arbeitet mit denselben Mitteln, verfolgt dieselben Zwecke; der Unterschied liegt wirklich nur darin, daß es nicht mehr die Gewalt eines Einzelnen ist, die sich durchsetzt, sondern die der Gemeinschaft. Aber damit sich dieser Übergang von der Gewalt zum neuen Recht vollziehe, muß eine psychologische Bedingung erfüllt werden. Die Einigung der Mehreren muß eine beständige, dauerhafte sein. Stellte sie sich nur zum Zweck der Bekämpfung des einen Übermächtigen her und zerfiele nach seiner Überwältigung, so wäre nichts erreicht. Der nächste, der sich für stärker hält, würde wiederum eine Gewaltherrschaft anstreben, und das Spiel würde sich endlos wiederholen. Die Gemeinschaft muß permanent erhalten werden, sich organisieren, Vorschriften schaffen, die den gefürchteten Auflehnungen vorbeugen, Organe bestimmen, die über die Einhaltung der Vorschriften — Gesetze — wachen und die Ausführung der rechtmäßigen Gewaltakte besorgen. In der Anerkennung einer solchen Interessengemeinschaft stellen sich unter den Mitgliedern einer geeinigten Menschengruppe Gefühlsbindungen her, Gemeinschaftsgefühle, in denen ihre eigentliche Stärke beruht. Damit, denke ich, ist alles Wesentliche bereits gegeben: die Überwindung der Gewalt durch Übertragung der Macht an eine größere Einheit, die durch Gefühlsbindungen ihrer Mitglieder zusammengehalten wird. Alles Weitere sind Ausführungen und Wiederholungen. Die Verhältnisse sind einfach, solange die Gemeinschaft nur aus einer Anzahl gleich starker Individuen besteht. Die Gesetze dieser Vereinigung bestimmen dann, auf welches Maß von persönlicher Freiheit, seine Kraft als Gewalt anzuwenden, der Einzelne verzichten muß, um ein gesichertes Zusammenleben zu ermöglichen. Aber ein solcher Ruhezustand ist nur theoretisch denkbar, in Wirklichkeit kompliziert sich der Sachverhalt dadurch, daß die Gemeinschaft von Anfang an ungleich mächtige Elemente umfaßt, Männer und Frauen, Eltern und Kinder, und bald infolge von Krieg und Unterwerfung Siegreiche und Besiegte, die sich in Herren und Sklaven umsetzen. Das Recht der Gemeinschaft wird dann zum Ausdruck der ungleichen Machtverhältnisse in ihrer Mitte, die Gesetze werden von und für die Herrschenden gemacht werden und den Unterworfenen wenig Rechte einräumen. Von da an gibt es in der Gemeinschaft zwei Quellen von Rechtsunruhe, aber auch von Rechtsfortbildung. Erstens die Versuche Einzelner unter den Herren, sich über die für alle gültigen Einschränkungen zu erheben, also von der Rechtsherrschaft auf die Gewaltherrschaft zurückzugreifen, zweitens die ständigen Bestrebungen der Unterdrückten, sich mehr Macht zu verschaffen und diese Änderungen im Gesetz anerkannt zu sehen, also im Gegenteil vom ungleichen Recht zum gleichen Recht für alle vorzudringen. Diese letztere Strömung wird besonders bedeutsam werden, wenn sich im Inneren des Gemeinwesens wirklich Verschiebungen der Machtverhältnisse ergeben, wie es infolge mannigfacher historischer Momente geschehen kann. Das Recht kann sich dann allmählich den neuen Machtverhältnissen anpassen, oder, was häufiger geschieht, die herrschende Klasse ist nicht bereit, dieser Änderung Rechnung zu tragen, es kommt zu Auflehnung, Bürgerkrieg, also zur zeitweiligen Aufhebung des Rechts und zu neuen Gewaltproben, nach deren Ausgang eine neue Rechtsordnung eingesetzt wird. Es gibt noch eine andere Quelle der Rechtsänderung, die sich nur in friedlicher Weise äußert, das ist die kulturelle Wandlung der Mitglieder des Gemeinwesens, aber die gehört in einen Zusammenhang, der erst später berücksichtigt werden kann.

Wir sehen also, auch innerhalb eines Gemeinwesens ist die gewaltsame Erledigung von Interessenkonflikten nicht vermieden worden. Aber die Notwendigkeiten und Gemeinsamkeiten, die sich aus dem Zusammenleben auf demselben Boden ableiten, sind einer raschen Beendigung solcher Kämpfe günstig und die Wahrscheinlichkeit friedlicher Lösungen unter diesen Bedingungen nimmt stetig zu. Ein Blick in die Menschheitsgeschichte zeigt uns aber eine unaufhörliche Reihe von Konflikten zwischen einem Gemeinwesen und einem oder mehreren anderen, zwischen größeren und kleineren Einheiten, Stadtgebieten, Landschaften, Stämmen, Völkern, Reichen, die fast immer durch die Kraftprobe des Krieges entschieden werden. Solche Kriege gehen entweder in Beraubung oder in volle Unterwerfung, Eroberung des einen Teils, aus. Man kann die Eroberungskriege nicht einheitlich beurteilen. Manche, wie die der Mongolen und Türken, haben nur Unheil gebracht, andere im Gegenteil zur Umwandlung von Gewalt in Recht beigetragen, indem sie größere Einheiten herstellten, innerhalb deren nun die Möglichkeit der Gewaltanwendung aufgehört hatte und eine neue Rechtsordnung die Konflikte schlichtete. So haben die Eroberungen der Römer den Mittelmeerländern die kostbare pax romana gegeben. Die Vergrößerungslust der französischen Könige hat ein friedlich geeinigtes, blühendes Frankreich geschaffen. So paradox es klingt, man muß doch zugestehen, der Krieg wäre kein ungeeignetes Mittel zur Herstellung des ersehnten „ewigen" Friedens, weil er imstande ist, jene großen Einheiten zu schaffen, innerhalb deren eine starke Zentralgewalt weitere Kriege unmöglich macht. Aber er taugt doch nicht dazu, denn die Erfolge der Eroberung sind in der Regel nicht dauerhaft; die neu geschaffenen Einheiten zerfallen wieder, meist infolge des mangelnden Zusammenhalts der gewaltsam geeinigten Teile. Und außerdem konnte die Eroberung bisher nur partielle Einigungen, wenn auch von größerem Umfang, schaffen, deren Konflikte die gewaltsame Entscheidung erst recht herausforderten. So ergab sich als die Folge all dieser kriegerischen Anstrengungen nur, daß die Menschheit zahlreiche, ja unaufhörliche Kleinkriege gegen seltene, aber umsomehr verheerende Großkriege eintauschte.

Auf unsere Gegenwart angewendet ergibt sich das gleiche Resultat, zu dem Sie auf kürzerem Weg gelangt sind. Eine sichere Verhütung der Kriege ist nur möglich, wenn sich die Menschen zur Einsetzung einer Zentralgewalt einigen, welcher der Richtspruch in allen Interessenkonflikten übertragen wird. Hier sind offenbar zwei Forderungen vereinigt, daß eine solche übergeordnete Instanz geschaffen und daß ihr die erforderliche Macht gegeben werde. Das eine allein würde nicht nützen. Nun ist der Völkerbund als solche Instanz gedacht, aber die andere Bedingung ist nicht erfüllt; der Völkerbund hat keine eigene Macht und kann sie nur bekommen, wenn die Mitglieder der neuen Einigung, die einzelnen Staaten, sie ihm abtreten. Dazu scheint aber derzeit wenig Aussicht vorhanden. Man stünde der Institution des Völkerbundes nun ganz ohne Verständnis gegenüber, wenn man nicht wüßte, daß hier ein Versuch vorliegt, der in der Geschichte der Menschheit nicht oft — vielleicht noch nie in diesem Maß — gewagt worden ist. Es ist der Versuch, die Autorität, — d. i. den zwingenden Einfluß, — die sonst auf dem Besitz der Macht ruht, durch die Berufung auf bestimmte ideelle Einstellungen zu erwerben. Wir haben gehört, was eine Gemeinschaft zusammenhält, sind zwei Dinge: der Zwang der Gewalt und die Gefühlsbindungen — Identifizierungen heißt man sie technisch — der Mitglieder. Fällt das eine Moment weg, so kann möglicherweise das andere die Gemeinschaft aufrecht halten. Jene Ideen haben natürlich nur dann eine Bedeutung, wenn sie wichtigen Gemeinsamkeiten der Mitglieder Ausdruck geben. Es fragt sich dann, wie stark sie sind. Die Geschichte lehrt, daß sie in der Tat ihre Wirkung geübt haben. Die panhellenische Idee z. B., das Bewußtsein, daß man etwas Besseres sei als die umwohnenden Barbaren, das in den Amphiktyonien, den Orakeln und Festspielen so kräftigen Ausdruck fand, war stark genug, um die Sitten der Kriegsführung unter Griechen zu mildern, aber selbstverständlich nicht imstande, kriegerische Streitigkeiten zwischen den Partikeln des Griechenvolkes zu verhüten, ja nicht einmal, um eine Stadt oder einen Städtebund abzuhalten, sich zum Schaden eines Rivalen mit dem Perserfeind zu verbünden. Ebensowenig hat das christliche Gemeingefühl, das doch mächtig genug war, im Renaissancezeitalter christliche Klein- und Großstaaten daran gehindert, in ihren Kriegen miteinander um die Hilfe des Sultans zu werben. Auch in unserer Zeit gibt es keine Idee, der man eine solche einigende Autorität zumuten könnte. Daß die heute die Völker beherrschenden nationalen Ideale zu einer gegenteiligen Wirkung drängen, ist ja allzu deutlich. Es gibt Personen, die vorhersagen, erst das allgemeine Durchdringen der bolschewistischen Denkungsart werde den Kriegen ein Ende machen können, aber von solchem Ziel sind wir heute jedenfalls weit entfernt, und vielleicht wäre es nur nach schrecklichen Bürgerkriegen erreichbar. So scheint es also, daß der Versuch, reale Macht durch die Macht der Ideen zu ersetzen, heute noch zum Fehlschlagen verurteilt ist. Es ist ein Fehler in der Rechnung, wenn man nicht berücksichtigt, daß Recht ursprünglich rohe Gewalt war und noch heute der Stützung durch die Gewalt nicht entbehren kann.

Ich kann nun daran gehen, einen anderen Ihrer Sätze zu glossieren. Sie verwundern sich darüber, daß es so leicht ist, die Menschen für den Krieg zu begeistern, und vermuten, daß etwas in ihnen wirksam ist, ein Trieb zum Hassen und Vernichten, der solcher Verhetzung entgegenkommt. Wiederum kann ich Ihnen nur uneingeschränkt beistimmen. Wir glauben an die Existenz eines solchen Triebes und haben uns gerade in den letzten Jahren bemüht, seine Äußerungen zu studieren. Darf ich Ihnen aus diesem Anlaß ein Stück der Trieblehre vortragen, zu der wir in der Psychoanalyse nach vielem Tasten und Schwanken gekommen sind? Wir nehmen an, daß die Triebe des Menschen nur von zweierlei Art sind, entweder solche, die erhalten und vereinigen wollen, — wir heißen sie erotische, ganz im Sinne des Eros im Symposion Platos, oder sexuelle mit bewußter Überdehnung des populären Begriffs von Sexualität, — und andere, die zerstören und töten wollen; wir fassen diese als Aggressionstrieb oder Destruktionstrieb zusammen. Sie sehen, das ist eigentlich nur die theoretische Verklärung des weltbekannten Gegensatzes von Lieben und Hassen, der vielleicht zu der Polarität von Anziehung und Abstoßung eine Urbeziehung unterhält, die auf Ihrem Gebiet eine Rolle spielt. Nun lassen Sie uns nicht zu rasch mit den Wertungen von Gut und Böse einsetzen. Der eine dieser Triebe ist ebenso unerläßlich wie der andere, aus dem Zusammen- und Gegeneinanderwirken der Beiden gehen die Erscheinungen des Lebens hervor. Nun scheint es, daß kaum jemals ein Trieb der einen Art sich isoliert betätigen kann, er ist immer mit einem gewissen Betrag von der anderen Seite verbunden, wie wir sagen: legiert, der sein Ziel modifiziert oder ihm unter Umständen dessen Erreichung erst möglich macht. So ist z. B. der Selbsterhaltungstrieb gewiß erotischer Natur, aber gerade er bedarf der Verfügung über die Aggression, wenn er seine Absicht durchsetzen soll. Ebenso benötigt der auf Objekte gerichtete Liebestrieb eines Zusatzes vom Bemächtigungstrieb, wenn er seines Objekts überhaupt habhaft werden soll. Die Schwierigkeit, die beiden Triebarten in ihren Äußerungen zu isolieren, hat uns ja solange in ihrer Erkenntnis behindert.

Wenn Sie mit mir ein Stück weitergehen wollen, so hören Sie, daß die menschlichen Handlungen noch eine Komplikation von anderer Art erkennen lassen. Ganz selten ist die Handlung das Werk einer einzigen Triebregung, die an und für sich bereits aus Eros und Destruktion zusammengesetzt sein muß. In der Regel müssen mehrere in der gleichen Weise aufgebaute Motive zusammentreffen, um die Handlung zu ermöglichen. Einer Ihrer Fachgenossen hat das bereits gewußt, ein Prof. G. Ch. Lichtenberg, der zur Zeit unserer Klassiker in Göttingen Physik lehrte; aber vielleicht war er als Psycholog noch bedeutender denn als Physiker. Er erfand die Motivenrose, indem er sagte: „Die Bewegungsgründe¹ woraus man etwas tut, könnten so wie die 32 Winde geordnet und ihre Namen auf eine ähnliche Art formiert werden, z. B. Brot — Brot — Ruhm oder Ruhm — Ruhm — Brot". Wenn also die Menschen zum Krieg aufgefordert werden, so mögen eine ganze Anzahl von Motiven in ihnen zustimmend antworten, edle und gemeine, solche, von denen man laut spricht, und andere, die man beschweigt. Wir haben keinen Anlaß sie alle bloßzulegen. Die Lust an der Aggression und Destruktion ist gewiß darunter; ungezählte Grausamkeiten der Geschichte und des Alltags bekräftigen ihre Existenz und ihre Stärke. Die Verquickung dieser destruktiven Strebungen mit anderen, erotischen und ideellen, erleichtert natürlich deren Befriedigung. Manchmal haben wir, wenn wir von den Greueltaten der Geschichte hören, den Eindruck, die ideellen Motive hätten den destruktiven Gelüsten nur als Vorwände gedient, andere Male, z. B. bei den Grausamkeiten der heiligen Inquisition, meinen wir, die ideellen Motive hätten sich

---

1) Wir sagen heute: Beweggründe.

im Bewußtsein vorgedrängt, die destruktiven ihnen eine unbewußte Verstärkung gebracht. Beides ist möglich. Ich habe Bedenken, Ihr Interesse zu mißbrauchen, das ja der Kriegsverhütung gilt, nicht unseren Theorien. Doch möchte ich noch einen Augenblick bei unserem Destruktionstrieb verweilen, dessen Beliebtheit keineswegs Schritt hält mit seiner Bedeutung. Mit etwas Aufwand von Spekulation sind wir nämlich zu der Auffassung gelangt, daß dieser Trieb innerhalb jedes lebenden Wesens arbeitet und dann das Bestreben hat, es zum Zerfall zu bringen, das Leben zum Zustand der unbelebten Materie zurückzuführen. Er verdiente in allem Ernst den Namen eines Todestriebes, während die erotischen Triebe die Bestrebungen zum Leben repräsentieren. Der Todestrieb wird zum Destruktionstrieb, indem er mit Hilfe besonderer Organe nach außen, gegen die Objekte, gewendet wird. Das Lebewesen bewahrt sozusagen sein eigenes Leben dadurch, daß es fremdes zerstört. Ein Anteil des Todestriebes verbleibt aber im Innern des Lebewesens tätig und wir haben versucht, eine ganze Anzahl von normalen und pathologischen Phänomenen von dieser Verinnerlichung des Destruktionstriebes abzuleiten. Wir haben sogar die Ketzerei begangen, die Entstehung unseres Gewissens durch eine solche Wendung der Aggression nach innen zu erklären. Sie merken, es ist gar nicht so unbedenklich, wenn sich dieser Vorgang in allzu großem Ausmaß vollzieht, es ist direkt ungesund, während die Wendung dieser Triebkräfte zur Destruktion in der Außenwelt das Lebewesen entlastet, wohltuend wirken muß. Das diene zur biologischen Entschuldigung all der häßlichen und gefährlichen Strebungen, gegen die wir ankämpfen. Man muß zugeben, sie sind der Natur näher als unser Widerstand dagegen, für den wir auch noch eine Erklärung finden müssen. Vielleicht haben Sie den Eindruck, unsere Theorien seien eine Art von Mythologie, nicht einmal eine erfreuliche in diesem Fall. Aber läuft nicht jede Naturwissenschaft auf eine solche Art von Mythologie hinaus? Geht es Ihnen heute in der Physik anders?

Aus dem Vorstehenden entnehmen wir für unsere nächsten Zwecke soviel, daß es keine Aussicht hat, die aggressiven Neigungen der Menschen abschaffen zu wollen. Es soll in glücklichen Gegenden der Erde, wo die Natur alles, was der Mensch braucht, überreichlich zur Verfügung stellt, Völkerstämme geben, deren Leben in Sanftmut verläuft, bei denen Zwang und Aggression unbekannt sind. Ich kann es kaum glauben, möchte gern mehr über diese Glücklichen erfahren. Auch die Bolschewisten hoffen, daß sie die menschliche Aggression zum Verschwinden bringen können dadurch, daß sie die Befriedigung der materiellen Bedürfnisse verbürgen und sonst Gleichheit unter den Teilnehmern an der Gemeinschaft herstellen. Ich halte das für eine Illusion. Vorläufig sind sie auf das sorgfältigste bewaffnet und halten ihre Anhänger nicht zum mindesten durch den Haß gegen alle Außenstehenden zusammen. Übrigens handelt es sich, wie Sie selbst bemerken, nicht darum, die menschliche Aggressionsneigung völlig zu beseitigen; man kann versuchen, sie so weit abzulenken, daß sie nicht ihren Ausdruck im Kriege finden muß.

Von unserer mythologischen Trieblehre her finden wir leicht eine Formel für die indirekten Wege zur Bekämpfung des Krieges. Wenn die Bereitwilligkeit zum Krieg ein Ausfluß des Destruktionstriebs ist, so liegt es nahe, gegen sie den Gegenspieler dieses Triebes, den Eros, anzurufen. Alles, was Gefühlsbindungen unter den Menschen herstellt, muß dem Krieg entgegenwirken. Diese Bindungen können von zweierlei Art sein. Erstens Beziehungen wie zu einem Liebes-objekt, wenn auch ohne sexuelle Ziele. Die Psychoanalyse braucht sich nicht zu schämen, wenn sie hier von Liebe spricht, denn die Religion sagt dasselbe: Liebe Deinen Nächsten wie Dich selbst. Das ist nun leicht gefordert, aber schwer zu erfüllen. Die andere Art von Gefühlsbindung ist die durch Identifizierung. Alles was bedeutsame Gemeinsamkeiten unter den Menschen herstellt, ruft solche Gemeingefühle, Identifizierungen, hervor. Auf ihnen ruht zum guten Teil der Aufbau der menschlichen Gesellschaft.

Einer Klage von Ihnen über den Mißbrauch der Autorität entnehme ich einen zweiten Wink zur indirekten Bekämpfung der Kriegsneigung. Es ist ein Stück der angeborenen und nicht zu beseitigenden Ungleichheit der Menschen, daß sie in Führer und in Abhängige zerfallen. Die letzteren sind die übergroße Mehrheit, sie bedürfen einer Autorität, welche für sie Entscheidungen fällt, denen sie sich meist bedingungslos unterwerfen. Hier wäre anzuknüpfen, man müßte mehr Sorge als bisher aufwenden, um eine Oberschicht selbständig denkender, der Einschüchterung unzugänglicher, nach Wahrheit ringender Menschen zu erziehen, denen die Lenkung der unselbständigen Massen zufallen würde. Daß die Übergriffe der Staatsgewalten und das Denkverbot der Kirche einer solchen Aufzucht nicht günstig sind, bedarf keines Beweises. Der ideale Zustand wäre natürlich eine Gemeinschaft von Menschen, die ihr Triebleben der Diktatur der Vernunft unterworfen haben. Nichts anderes könnte eine so vollkommene und widerstandsfähige Einigung der Menschen hervorrufen, selbst unter Verzicht auf die Gefühlsbindungen zwischen ihnen. Aber das ist höchst wahrscheinlich eine utopische Hoffnung. Die anderen Wege einer indirekten Verhinderung des Krieges sind gewiß eher gangbar, aber sie versprechen keinen raschen Erfolg. Ungern denkt man an Mühlen, die so langsam mahlen, daß man verhungern könnte, ehe man das Mehl bekommt.

Sie sehen, es kommt nicht viel dabei heraus, wenn man bei dringenden praktischen Aufgaben den weltfremden Theoretiker zu Rate zieht. Besser, man bemüht sich in jedem einzelnen Fall, der Gefahr zu begegnen mit den Mitteln, die eben zur Hand sind. Ich möchte aber noch eine Frage behandeln, die Sie in Ihrem Schreiben nicht aufwerfen und die mich besonders interessiert. Warum empören wir uns so sehr gegen den Krieg, Sie und ich und so viele andere, warum nehmen wir ihn nicht hin wie eine andere der vielen peinlichen Notlagen des Lebens? Er scheint doch naturgemäß, biologisch wohl begründet, praktisch kaum vermeidbar.

Entsetzen Sie sich nicht über meine Fragestellung. Zum Zweck einer Untersuchung darf man vielleicht die Maske einer Überlegenheit vornehmen, über die man in Wirklichkeit nicht verfügt. Die Antwort wird lauten, weil jeder Mensch ein Recht auf sein eigenes Leben hat, weil der Krieg hoffnungsvolle Menschenleben vernichtet, den einzelnen Menschen in Lagen bringt, die ihn entwürdigen, ihn zwingt, andere zu morden, was er nicht will, kostbare materielle Werte, Ergebnis von Menschenarbeit, zerstört, und anderes mehr. Auch daß der Krieg in seiner gegenwärtigen Gestaltung keine Gelegenheit mehr gibt, das alte heldische Ideal zu erfüllen, und daß ein zukünftiger Krieg infolge der Vervollkommnung der Zerstörungsmittel die Ausrottung eines oder vielleicht beider Gegner bedeuten würde. Das ist alles wahr und scheint so unbestreitbar, daß man sich nur verwundert, wenn das Kriegführen noch nicht durch allgemeine menschliche Übereinkunft verworfen worden ist. Man kann zwar über einzelne dieser Punkte diskutieren. Es ist fraglich, ob die Gemeinschaft nicht auch ein Recht auf das Leben des Einzelnen haben soll; man kann nicht alle Arten von Krieg in gleichem Maß verdammen; solange es Reiche und Nationen gibt, die zur rücksichtslosen Vernichtung anderer bereit sind, müssen diese anderen zum Krieg gerüstet sein. Aber wir wollen über all das rasch hinweggehen, das ist nicht die Diskussion, zu der Sie mich aufgefordert haben. Ich ziele auf etwas anderes hin; ich glaube, der Hauptgrund, weshalb wir uns gegen den Krieg empören, ist, daß wir nicht anders können. Wir sind Pazifisten, weil wir es aus organischen Gründen sein müssen. Wir haben es dann leicht, unsere Einstellung durch Argumente zu rechtfertigen.

Das ist wohl ohne Erklärung nicht zu verstehen. Ich meine das Folgende: Seit unvordenklichen Zeiten zieht sich über die Menschheit der Prozeß der Kulturentwicklung hin. (Ich weiß, andere heißen ihn lieber: Zivilisation.) Diesem Prozeß verdanken wir das Beste, was wir geworden sind, und ein gut Teil von dem, woran wir leiden. Seine Anlässe und Anfänge sind dunkel, sein Ausgang ungewiß, einige seiner Charaktere leicht ersichtlich. Vielleicht führt er zum Erlöschen der Menschenart, denn er beeinträchtigt die Sexualfunktion in mehr als einer Weise, und schon heute vermehren sich unkultivierte Rassen und zurückgebliebene Schichten der Bevölkerung stärker als hochkultivierte. Vielleicht ist dieser Prozeß mit der Domestikation gewisser Tierarten vergleichbar; ohne Zweifel bringt er körperliche Veränderungen mit sich; man hat sich noch nicht mit der Vorstellung vertraut gemacht, daß die Kulturentwickelung ein solcher organischer Prozeß sei. Die mit dem Kulturprozeß einhergehenden psychischen Veränderungen sind auffällig und unzweideutig. Sie bestehen in einer fortschreitenden Verschiebung der Triebziele und Einschränkung der Triebregungen. Sensationen, die unseren Vorahnen lustvoll waren, sind für uns indifferent oder selbst unleidlich geworden; es hat organische Begründungen, wenn unsere ethischen und ästhetischen Idealforderungen sich geändert haben. Von den psychologischen Charakteren der Kultur scheinen zwei die wichtigsten: die Erstarkung des Intellekts, der das Triebleben zu beherrschen beginnt, und die Verinnerlichung der Aggressionsneigung mit all ihren vorteilhaften und gefährlichen Folgen. Den psychischen Einstellungen, die uns der Kulturprozeß aufnötigt, widerspricht nun der Krieg in der grellsten Weise, darum müssen wir uns gegen ihn empören, wir vertragen ihn einfach nicht mehr, es ist nicht bloß eine intellektuelle und affektive Ablehnung, es ist bei uns Pazifisten eine konstitutionelle Intoleranz, eine Idiosynkrasie gleichsam in äußerster Vergrößerung. Und zwar scheint es, daß die ästhetischen Erniedrigungen des Krieges nicht viel weniger Anteil an unserer Auflehnung haben als seine Grausamkeiten.

Wie lange müssen wir nun warten, bis auch die Anderen Pazifisten werden? Es ist nicht zu sagen, aber vielleicht ist es keine utopische Hoffnung, daß der Einfluß dieser beiden Momente, der kulturellen Einstellung und der berechtigten Angst vor den Wirkungen eines Zukunftskrieges, dem Kriegführen in absehbarer Zeit ein Ende setzen wird. Auf welchen Wegen oder Umwegen, können wir nicht erraten. Unterdes dürfen wir uns sagen: Alles, was die Kulturentwicklung fördert, arbeitet auch gegen den Krieg.

Ich grüße Sie herzlich und bitte Sie um Verzeihung, wenn meine Ausführungen Sie enttäuscht haben.

Ihr

Sigm. Freud

NACHSCHRIFT 1935
ZUR
„SELBSTDARSTELLUNG"

NACHSCHRIFT 1935[1]

Der Herausgeber dieser Sammlung von „Selbstdarstellungen" hatte es meines Wissens nicht in Aussicht genommen, daß eine derselben nach Ablauf eines gewissen Zeitraums eine Fortsetzung finden sollte. Es ist möglich, daß es hier zum ersten Mal geschieht. Anlaß zu diesem Unternehmen wurde der Wunsch des amerikanischen Verlegers, die kleine Schrift seinem Publikum in einer neuen Ausgabe vorzulegen. Sie war zuerst im Jahre 1927 in Amerika (bei Brentano) erschienen unter dem Titel „An Autobiographical Study", aber ungeschickter Weise mit einem anderen Essay verkoppelt und durch dessen Titel „The Problem of Lay-Analyses" verdeckt. Zwei Themen ziehen sich durch diese Arbeit, das meiner Lebensschicksale und das der Geschichte der Psychoanalyse. Sie treten in die innigste Verbindung zueinander. Die „Selbstdarstellung" zeigt, wie die Psychoanalyse mein Lebensinhalt wird, und folgt dann der berechtigten Annahme, daß nichts, was mir persönlich begegnet ist, neben meinen Beziehungen zur Wissenschaft Interesse verdient. Kurz vor der Abfassung der „Selbstdarstellung" hatte es den Anschein gehabt, als würde mein Leben durch die Rezidive einer bösartigen Erkrankung zu einem baldigen Abschluß kommen; allein die Kunst des

---

[1] Siehe auch „Selbstdarstellung", Band XIV dieser Ausgabe, S. 31–96.

Chirurgen hatte mir 1923 Rettung gebracht und ich blieb lebens-
und leistungsfähig, wenn auch nie mehr beschwerdefrei. In den
mehr als zehn Jahren seither habe ich nicht aufgehört, analytisch zu
arbeiten und zu publizieren, wie meine mit dem XII. Band abge-
schlossenen „Gesammelten Schriften" (beim Internat. Psychoanalyt.
Verlag in Wien) erweisen. Aber ich finde selbst einen bedeutsamen
Unterschied gegen früher. Fäden, die sich in meiner Entwicklung
miteinander verschlungen hatten, begannen sich voneinander zu
lösen, später erworbene Interessen sind zurückgetreten und ältere,
ursprünglichere, haben sich wieder durchgesetzt. Zwar habe ich in
diesem letzten Dezennium noch manch wichtiges Stück analytischer
Arbeit unternommen, wie die Revision des Angstproblems in der
Schrift „Hemmung, Symptom und Angst" 1926, oder es gelang mir
1927 die glatte Aufklärung des sexuellen „Fetischismus"; aber es ist
doch richtig zu sagen, daß ich seit der Aufstellung der zwei Triebarten
(Eros und Todestrieb) und der Zerlegung der psychischen Persönlichkeit in Ich, Über-Ich und Es (1923) keine entscheidenden Beiträge
mehr zur Psychoanalyse geliefert, und was ich später geschrieben
habe, hätte schadlos wegbleiben können oder wäre bald von anderer
Seite beigebracht worden. Dies hing mit einer Wandlung bei mir
zusammen, mit einem Stück regressiver Entwicklung, wenn man es
so nennen will. Nach dem lebenslangen Umweg über die Natur-
wissenschaften, Medizin und Psychotherapie war mein Interesse zu
jenen kulturellen Problemen zurückgekehrt, die dereinst den kaum
zum Denken erwachten Jüngling gefesselt hatten. Bereits mitten auf
der Höhe der psychoanalytischen Arbeit, im Jahre 1912, hatte ich in
„Totem und Tabu" den Versuch gemacht, die neu gewonnenen
analytischen Einsichten zur Erforschung der Ursprünge von Religion
und Sittlichkeit auszunützen. Zwei spätere Essays „Die Zukunft einer
Illusion" 1927 und „Das Unbehagen in der Kultur" 1930 setzten
dann diese Arbeitsrichtung fort. Immer klarer erkannte ich, daß die
Geschehnisse der Menschheitsgeschichte, die Wechselwirkungen zwischen Menschennatur, Kulturentwicklung und jenen Niederschlägen

urzeitlicher Erlebnisse, als deren Vertretung sich die Religion vordrängt, nur die Spiegelung der dynamischen Konflikte zwischen Ich, Es und Über-Ich sind, welche die Psychoanalyse beim Einzelmenschen studiert, die gleichen Vorgänge, auf einer weiteren Bühne wiederholt. In der „Zukunft einer Illusion" hatte ich die Religion hauptsächlich negativ gewürdigt; ich fand später die Formel, die ihr bessere Gerechtigkeit erweist: ihre Macht beruhe allerdings auf ihrem Wahrheitsgehalt, aber diese Wahrheit sei keine materielle, sondern eine historische.

Diese von der Psychoanalyse ausgehenden, aber weit über sie hinausgreifenden Studien haben vielleicht mehr Anklang beim Publikum gefunden als die Psychoanalyse selbst. Sie mögen ihren Anteil an der Entstehung der kurzlebigen Illusion gehabt haben, daß man zu den Autoren gehört, denen eine große Nation wie die deutsche bereit ist, Gehör zu schenken. Es war im Jahre 1929, daß Thomas Mann, einer der berufensten Wortführer des deutschen Volkes, mir eine Stellung in der modernen Geistesgeschichte zuwies in ebenso inhaltsvollen wie wohlwollenden Sätzen. Wenig später wurde meine Tochter Anna auf dem Rathaus von Frankfurt a. M. gefeiert, als sie dort in meiner Vertretung erschienen war, um den mir verliehenen Goethepreis für 1930 zu holen. Es war der Höhepunkt meines bürgerlichen Lebens; kurze Zeit nachher hatte sich unser Vaterland verengt und die Nation wollte nichts von uns wissen.

Hier darf ich mir gestatten, meine autobiographischen Mitteilungen abzuschließen. Was sonst meine persönlichen Verhältnisse, meine Kämpfe, Enttäuschungen und Erfolge betrifft, so hat die Öffentlichkeit kein Recht, mehr davon zu erfahren. Ich bin ohnedies in einigen meiner Schriften — Traumdeutung, Alltagsleben — offenherziger und aufrichtiger gewesen, als Personen zu sein pflegen, die ihr Leben für die Mit- oder Nachwelt beschreiben. Man hat mir wenig Dank dafür gewußt; ich kann nach meinen Erfahrungen niemand raten, es mir gleichzutun.

Noch einige Worte über die Schicksale der Psychoanalyse in diesem letzten Jahrzehnt! Es ist kein Zweifel mehr, daß sie fortbestehen wird, sie hat ihre Lebens- und Entwicklungsfähigkeit erwiesen als Wissenszweig wie als Therapie. Die Anzahl ihrer Anhänger, die in der „Internationalen Psychoanalytischen Vereinigung" organisiert sind, hat sich erheblich vermehrt; zu den älteren Ortsgruppen Wien, Berlin, Budapest, London, Holland, Schweiz sind neue hinzugekommen in Paris, Calcutta, zwei in Japan, mehrere in den Vereinigten Staaten, zuletzt je eine in Jerusalem, Südafrika und zwei in Skandinavien. Diese Ortsgruppen unterhalten aus ihren eigenen Mitteln Lehrinstitute, in denen die Unterweisung in der Psychoanalyse nach einem einheitlichen Lehrplan geübt wird, und Ambulatorien, in denen erfahrene Analytiker wie Zöglinge den Bedürftigen unentgeltliche Behandlung geben, oder sie sind um die Schöpfung solcher Institute bemüht. Die Mitglieder der I. P. V. treffen jedes zweite Jahr in Kongressen zusammen, in denen wissenschaftliche Vorträge gehalten und Fragen der Organisation entschieden werden. Der XIII. dieser Kongresse, die ich selbst nicht mehr besuchen kann, fand 1934 in Luzern statt. Die Bestrebungen der Mitglieder gehen von dem allen Gemeinsamen aus nach verschiedenen Richtungen auseinander. Die einen legen den Hauptwert in die Klärung und Vertiefung der psychologischen Erkenntnisse, andere bemühen sich um die Pflege der Zusammenhänge mit der internen Medizin und der Psychiatrie. In praktischer Hinsicht hat sich ein Teil der Analytiker zum Ziel gesetzt, die Anerkennung der Psychoanalyse durch die Universitäten und ihre Aufnahme in den medizinischen Lehrplan zu erreichen, andere bescheiden sich damit, außerhalb dieser Institutionen zu bleiben, und wollen die pädagogische Bedeutung der Psychoanalyse nicht gegen ihre ärztliche zurücktreten lassen. Von Zeit zu Zeit ereignet es sich immer wieder, daß ein analytischer Mitarbeiter sich bei der Bemühung isoliert, einen einzigen der psychoanalytischen Funde oder Gesichtspunkte auf Kosten aller anderer zur Geltung zu bringen. Das Ganze macht aber den erfreulichen Eindruck von ernsthafter wissenschaftlicher Arbeit auf hohem Niveau.

DIE FEINHEIT EINER FEHLHANDLUNG

DIE FEINHEIT EINER
FEHLHANDLUNG

Ich bereite ein Geburtstagsgeschenk für eine Freundin vor, eine kleine Gemme, die zu einem Ring verarbeitet werden soll. Auf eine steife Karte, in deren Mitte das Steinchen befestigt ist, schreibe ich: „Bon für einen Goldring bei Uhrmacher L. anzufertigen . . . für beigelegten Stein, der ein Schiff mit Segel und Rudern zeigt." An der Stelle, die im Druck freigeblieben ist, zwischen „anzufertigen" und „für", stand aber ein Wort, das ich dann als völlig unzugehörig durchstreichen mußte, das kleine Wort „bis". Ja, warum habe ich das überhaupt geschrieben?

Beim Durchlesen des kurzen Textes fällt mir auf, daß er zweimal bald nacheinander die Präposition „für" enthält. „Bon für einen Ring — für beigelegten Stein." Das klingt übel und sollte vermieden werden. Nun bekomme ich den Eindruck, die Einschiebung von „bis" anstatt „für" sei ein solcher Versuch zur Vermeidung der stilistischen Ungeschicklichkeit gewesen. Das wird wohl richtig sein. Aber ein Versuch mit besonders unzureichenden Mitteln. Die Präposition „bis" ist an dieser Stelle ganz unpassend und kann das unbedingt erforderliche „für" nicht ersetzen. Warum also grade „bis"?

Aber vielleicht ist das Wörtchen „bis" überhaupt nicht die eine Zeitgrenze bestimmende Präposition, sondern etwas ganz anderes. Es ist das lateinische *bis* (zum zweiten Mal), das mit der gleichen Bedeutung ins Französische übergegangen ist. *Ne bis in idem* heißt es im römischen Recht. *Bis, bis,* ruft der Franzose, wenn er die Wiederholung eines Vortragsstücks verlangt. Das ist also die Erklärung meines unsinnigen Verschreibens. Vor dem zweiten „für", bekam ich die Warnung, das nämliche Wort nicht zu wiederholen. Also etwas anderes an Stelle von „für"! Der zufällige Gleichklang des fremdsprachigen *bis* im Einwand gegen die ursprüngliche Diktion mit der deutschen Präposition macht es nun möglich, das „für" wie in einem Irrtum durch „bis" zu ersetzen. Aber diese Fehlleistung erreicht ihre Absicht, nicht, indem sie sich durchsetzt, sondern erst, wenn sie gutgemacht wird. Ich muß das „bis" wieder durchstreichen und damit habe ich gleichsam die mich störende Wiederholung selbst beseitigt. Eine nicht uninteressante Variante im Mechanismus einer Fehlleistung!

Ich bin von dieser Lösung sehr befriedigt, aber bei Selbstanalysen ist die Gefahr der Unvollständigkeit besonders groß. Man begnügt sich zu bald mit einer partiellen Aufklärung, hinter der der Widerstand leicht zurückhält, was möglicherweise wichtiger ist. Meine Tochter, der ich von dieser kleinen Analyse erzähle, findet sofort ihre Fortsetzung: „Du hast ihr ja schon früher einmal eine solche Gemme für einen Ring geschenkt. Wahrscheinlich ist das die Wiederholung, die du vermeiden willst. Man mag doch nicht immer wieder dasselbe Geschenk machen." Das leuchtet mir ein, offenbar handelt es sich um einen Einwand gegen die Wiederholung des gleichen Geschenks, nicht des nämlichen Wortes. Dies letztere ist nur eine Verschiebung auf etwas Geringfügiges, zur Ablenkung von etwas Belangreicherem bestimmt, eine ästhetische Schwierigkeit vielleicht an Stelle eines Triebkonflikts.

Denn die weitere Fortsetzung ist leicht zu finden. Ich suche ein Motiv, um diese Gemme nicht zu schenken. Es findet sich in der

Erwägung, ich habe ja schon früher einmal dasselbe — etwas sehr Ähnliches — geschenkt. Warum versteckt und verkleidet sich dieser Einwand? Es muß da etwas geben, was das Licht zu scheuen hat. Und sehr bald sehe ich klar, was es ist. Ich will diese kleine Gemme überhaupt nicht verschenken, sie gefällt mir selbst sehr gut.

Große Schwierigkeiten hat die Aufklärung dieser Fehlleistung nicht bereitet. Es stellt sich ja auch bald die versöhnende Überlegung ein: Ein solches Bedauern erhöht nur den Wert des Geschenks. Was wäre das für ein Geschenk, um das es einem nicht ein bißchen leid täte! Immerhin durfte man sich wieder einmal einen Eindruck davon holen, wie kompliziert die unscheinbarsten und angeblich einfachsten seelischen Vorgänge sein können. Man hat sich in einer Niederschrift geirrt, ein „bis" hingesetzt, wo nur „für" gefordert war, hatte es bemerkt und korrigiert, und dieser kleine Irrtum — eigentlich nur der Versuch eines Irrtums — hatte so viele Voraussetzungen und dynamischen Bedingungen. Ja, er wäre auch ohne eine besondere Gunst des Materials nicht möglich geworden.

KONSTRUKTIONEN
IN DER ANALYSE

KONSTRUKTIONEN
IN DER ANALYSE

I

Ein sehr verdienter Forscher, dem ich es immer hoch angerechnet, daß er der Psychoanalyse Gerechtigkeit erwiesen zu einer Zeit, da die meisten anderen sich über diese Verpflichtung hinaussetzten, hat doch einmal eine ebenso kränkende wie ungerechte Äußerung über unsere analytische Technik getan. Er sagte, wenn wir einem Patienten unsere Deutungen vortragen, verfahren wir gegen ihn nach dem berüchtigten Prinzip: *Heads I win, Tails you lose.* Das heißt, wenn er uns zustimmt, dann ist es eben recht; wenn er aber widerspricht, dann ist es nur ein Zeichen seines Widerstandes, gibt uns also auch recht. Auf diese Weise behalten wir immer recht gegen die hilflose arme Person, die wir analysieren, gleichgiltig wie sie sich gegen unsere Zumutungen verhalten mag. Da es nun richtig ist, daß ein Nein unseres Patienten uns im allgemeinen nicht bestimmt, unsere Deutung als unrichtig aufzugeben, ist eine solche Entlarvung unserer Technik den Gegnern der Analyse sehr willkommen gewesen. Es verlohnt sich darum, eingehend darzustellen, wie wir das „Ja" und das „Nein" des Patienten während der analytischen Behandlung, den Ausdruck seiner Zustimmung und seines Widerspruchs, einzuschätzen pflegen. Freilich wird bei dieser Rechtfertigung kein ausübender Analytiker etwas erfahren, was er nicht schon weiß.

Es ist bekanntlich die Absicht der analytischen Arbeit, den Patienten dahin zu bringen, daß er die Verdrängungen — im weitesten Sinne verstanden — seiner Frühentwicklung wieder aufhebe, um sie durch Reaktionen zu ersetzen, wie sie einem Zustand von psychischer Gereiftheit entsprechen würden. Zu diesem Zwecke soll er bestimmte Erlebnisse und die durch sie hervorgerufenen Affektregungen wieder erinnern, die derzeit bei ihm vergessen sind. Wir wissen, daß seine gegenwärtigen Symptome und Hemmungen die Folgen solcher Verdrängungen, also der Ersatz für jenes Vergessene sind. Was für Materialien stellt er uns zur Verfügung, durch deren Ausnützung wir ihn auf den Weg führen können, die verlorenen Erinnerungen wieder zu gewinnen? Mancherlei, Bruchstücke dieser Erinnerungen in seinen Träumen, an sich von unvergleichlichem Wert, aber in der Regel schwer entstellt durch alle die Faktoren, die an der Traumbildung Anteil haben; Einfälle, die er produziert, wenn er sich der „freien Assoziation" überläßt, aus denen wir Anspielungen auf die verdrängten Erlebnisse und Abkömmlinge der unterdrückten Affektregungen sowie der Reaktionen gegen sie herauszufinden vermögen; endlich Andeutung von Wiederholungen der dem Verdrängten zugehörigen Affekte in wichtigeren oder geringfügigen Handlungen des Patienten innerhalb wie außerhalb der analytischen Situation. Wir haben die Erfahrung gemacht, daß das Verhältnis der Übertragung, das sich zum Analytiker herstellt, besonders geeignet ist, um die Wiederkehr solcher Affektbeziehungen zu begünstigen. Aus diesem Rohstoff — sozusagen — sollen wir das Gewünschte herstellen.

Das Gewünschte ist ein zuverlässiges und in allen wesentlichen Stücken vollständiges Bild der vergessenen Lebensjahre des Patienten. Hier werden wir aber daran gemahnt, daß die analytische Arbeit aus zwei ganz verschiedenen Stücken besteht, daß sie sich auf zwei gesonderten Schauplätzen vollzieht, an zwei Personen vor sich geht, von denen jedem eine andere Aufgabe zugewiesen ist. Man fragt sich einen Augenblick lang, warum man auf diese grundlegende Tatsache nicht längst aufmerksam gemacht wurde, aber man sagt sich sofort, daß einem hier nichts vorenthalten wurde, daß es sich um ein allgemein bekanntes, sozusagen selbstverständliches Faktum handelt, das nur hier in einer besonderen Absicht herausgehoben und für sich gewürdigt wird. Wir wissen alle, der Analysierte soll dazu gebracht werden, etwas von ihm Erlebtes und Verdrängtes zu erinnern, und die dynamischen Bedingungen dieses Vorgangs sind so interessant, daß das andere Stück der Arbeit, die Leistung des Analytikers, dagegen in den Hintergrund rückt. Der Analytiker hat von dem, worauf es ankommt, nichts erlebt und nichts verdrängt; seine Aufgabe kann es nicht sein, etwas zu erinnern. Was ist also seine Aufgabe? Er hat das Vergessene aus den Anzeichen, die es hinterlassen, zu erraten oder, richtiger ausgedrückt, zu konstruieren. Wie, wann und mit welchen Erläuterungen er seine Konstruktionen dem Analysierten mitteilt, das stellt die Verbindung her zwischen beiden Stücken der analytischen Arbeit, zwischen seinem Anteil und dem des Analysierten.

Seine Arbeit der Konstruktion oder, wenn man es so lieber hört, der Rekonstruktion, zeigt eine weitgehende Übereinstimmung mit der des Archäologen, der eine zerstörte und verschüttete Wohnstätte oder ein Bauwerk der Vergangenheit ausgräbt. Sie ist eigentlich damit identisch, nur daß der Analytiker unter besseren Bedingungen arbeitet, über mehr Hilfsmaterial verfügt, weil er sich um etwas noch Lebendes bemüht, nicht um ein zerstörtes Objekt, und vielleicht auch noch aus einem anderen Grunde. Aber wie der Archäologe aus stehengebliebenen Mauerresten die Wandungen des Gebäudes aufbaut, aus Vertiefungen im Boden die Anzahl und Stellung von Säulen bestimmt, aus den im Schutt gefundenen Resten die einstigen Wandverzierungen und Wandgemälde wiederherstellt, genau so geht der Analytiker vor, wenn er seine Schlüsse aus Erinnerungsbrocken, Assoziationen und aktiven Äußerungen des Analysierten zieht. Beiden bleibt das Recht zur Rekonstruktion durch Ergänzung und

Zusammenfügung der erhaltenen Reste unbestritten. Auch manche Schwierigkeiten und Fehlerquellen sind für beide Fälle die nämlichen. Eine der heikelsten Aufgaben der Archäologie ist bekanntlich die Bestimmung des relativen Alters eines Fundes, und wenn ein Objekt in einer bestimmten Schicht zum Vorschein kommt, bleibt es oft zu entscheiden, ob es dieser Schicht angehört oder durch eine spätere Störung in die Tiefe geraten ist. Es ist leicht zu erraten, was bei den analytischen Konstruktionen diesem Zweifel entspricht.

Wir haben gesagt, der Analytiker arbeite unter günstigeren Verhältnissen als der Archäolog, weil er auch über Material verfügt, zu dem die Ausgrabungen kein Gegenstück bringen können, z. B. die Wiederholungen von aus der Frühzeit stammenden Reaktionen und alles, was durch die Übertragung an solchen Wiederholungen aufgezeigt wird. Außerdem kommt aber in Betracht, daß der Ausgräber es mit zerstörten Objekten zu tun hat, von denen große und wichtige Stücke ganz gewiß verloren gegangen sind, durch mechanische Gewalt, Feuer und Plünderung. Keiner Bemühung kann es gelingen, sie aufzufinden, um sie mit den erhaltenen Resten zusammenzusetzen. Man ist einzig und allein auf die Rekonstruktion angewiesen, die sich darum oft genug nicht über eine gewisse Wahrscheinlichkeit erheben kann. Anders ist es mit dem psychischen Objekt, dessen Vorgeschichte der Analytiker erheben will. Hier trifft regelmäßig zu, was sich beim archäologischen Objekt nur in glücklichen Ausnahmsfällen ereignet hat wie in Pompeji und mit dem Grab des Tutankhamen. Alles Wesentliche ist erhalten, selbst was vollkommen vergessen scheint, ist noch irgendwie und irgendwo vorhanden, nur verschüttet, der Verfügung des Individuums unzugänglich gemacht. Man darf ja bekanntlich bezweifeln, ob irgend eine psychische Bildung wirklich voller Zerstörung anheimfällt. Es ist nur eine Frage der analytischen Technik, ob es gelingen wird, das Verborgene vollständig zum Vorschein zu bringen. Dieser außerordentlichen Bevorzugung der analytischen Arbeit stehen nur zwei andere Tatsachen entgegen, nämlich daß das psychische Objekt unvergleichlich komplizierter ist

als das materielle des Ausgräbers und daß unsere Kenntnis nicht
genügend vorbereitet ist auf das, was wir finden sollen, da dessen
intime Struktur noch so viel Geheimnisvolles birgt. Und nun kommt
unser Vergleich der beiden Arbeiten auch zu seinem Ende, denn der
Hauptunterschied der beiden liegt darin, daß für die Archäologie die
Rekonstruktion das Ziel und das Ende der Bemühung ist, für die
Analyse aber ist die Konstruktion nur eine Vorarbeit.

II

Vorarbeit allerdings nicht in dem Sinne, daß sie zuerst als Ganzes
erledigt werden müßte, bevor man das Nächste beginnt, etwa wie
bei einem Hausbau, wo alle Mauern aufgerichtet und alle Fenster
eingesetzt sein müssen, ehe man sich mit der inneren Dekoration der
Gemächer beschäftigen kann. Jeder Analytiker weiß, daß es in der
analytischen Behandlung anders zugeht, daß beide Arten von Arbeit
nebeneinander herlaufen, die eine immer voran, die andere an sie
anschließend. Der Analytiker bringt ein Stück Konstruktion fertig,
teilt es dem Analysierten mit, damit es auf ihn wirke; dann konstruiert er ein weiteres Stück aus dem neu zuströmenden Material,
verfährt damit auf dieselbe Weise, und in solcher Abwechslung
weiter bis zum Ende. Wenn man in den Darstellungen der analytischen Technik so wenig von „Konstruktionen" hört, so hat dies
seinen Grund darin, daß man anstatt dessen von „Deutungen" und
deren Wirkung spricht. Aber ich meine, Konstruktion ist die weitaus
angemessenere Bezeichnung. Deutung bezieht sich auf das, was man
mit einem einzelnen Element des Materials, einem Einfall, einer
Fehlleistung u. dgl. vornimmt. Eine Konstruktion ist es aber, wenn
man dem Analysierten ein Stück seiner vergessenen Vorgeschichte
etwa in folgender Art vorführt: Bis zu Ihrem $n$ten Jahr haben Sie
sich als alleinigen und unbeschränkten Besitzer der Mutter betrachtet,

dann kam ein zweites Kind und mit ihm eine schwere Enttäuschung. Die Mutter hat Sie für eine Weile verlassen, sich auch später Ihnen nicht mehr ausschließlich gewidmet. Ihre Empfindungen für die Mutter wurden ambivalent, der Vater gewann eine neue Bedeutung für Sie und so weiter.

In unserem Aufsatz ist unsere Aufmerksamkeit ausschließlich dieser Vorarbeit der Konstruktionen zugewendet. Und da erhebt sich zu allererst die Frage, welche Garantien haben wir während der Arbeit an den Konstruktionen, daß wir nicht irre gehen und den Erfolg der Behandlung durch die Vertretung einer unrichtigen Konstruktion aufs Spiel setzen? Es mag uns scheinen, daß diese Frage eine allgemeine Beantwortung überhaupt nicht zuläßt, aber noch vor dieser Erörterung wollen wir einer trostreichen Auskunft lauschen, die uns die analytische Erfahrung gibt. Die lehrt uns nämlich, es bringt keinen Schaden, wenn wir uns einmal geirrt und dem Patienten eine unrichtige Konstruktion als die wahrscheinliche historische Wahrheit vorgetragen haben. Es bedeutet natürlich einen Zeitverlust, und wer dem Patienten immer nur irrige Kombinationen zu erzählen weiß, wird ihm keinen guten Eindruck machen und es in seiner Behandlung nicht weit bringen, aber ein einzelner solcher Irrtum ist harmlos. Was in solchem Falle geschieht, ist vielmehr, daß der Patient wie unberührt bleibt, weder mit Ja noch mit Nein darauf reagiert. Das kann möglicherweise nur ein Aufschub seiner Reaktion sein; bleibt es aber so, dann dürfen wir den Schluß ziehen, daß wir uns geirrt haben, und werden dies ohne Einbuße an unserer Autorität bei passender Gelegenheit dem Patienten eingestehen. Diese Gelegenheit ist gegeben, wenn neues Material zum Vorschein gekommen ist, das eine bessere Konstruktion und somit die Korrektur des Irrtums gestattet. Die falsche Konstruktion fällt in solcher Art heraus, als ob sie nie gemacht worden wäre, ja in manchen Fällen gewinnt man den Eindruck, als hätte man, mit Polonius zu reden, den Wahrheitskarpfen grade mit Hilfe des Lügenköders gefangen. Die Gefahr, den Patienten durch Suggestion irre zu führen, indem man ihm Dinge „einredet", an die man selbst glaubt, die er aber nicht annehmen sollte, ist sicherlich maßlos übertrieben worden. Der Analytiker müßte sich sehr inkorrekt benommen haben, wenn ihm ein solches Mißgeschick zustoßen könnte; vor allem hätte er sich vorzuwerfen, daß er den Patienten nicht zu Wort kommen ließ. Ich kann ohne Ruhmredigkeit behaupten, daß ein solcher Mißbrauch der „Suggestion" in meiner Tätigkeit sich niemals ereignet hat.

Aus dem Vorstehenden geht bereits hervor, daß wir keineswegs geneigt sind, die Anzeichen zu vernachlässigen, die sich aus der Reaktion des Patienten auf die Mitteilung einer unserer Konstruktionen ableiten. Wir wollen diesen Punkt eingehend behandeln. Es ist richtig, daß wir ein „Nein" des Analysierten nicht als vollwertig hinnehmen, aber ebensowenig lassen wir sein „Ja" gelten; es ist ganz ungerechtfertigt, uns zu beschuldigen, daß wir seine Äußerung in allen Fällen in eine Bestätigung umdeuten. In Wirklichkeit geht es nicht so einfach zu, machen wir uns die Entscheidung nicht so leicht.

Das direkte „Ja" des Analysierten ist vieldeutig. Es kann in der Tat anzeigen, daß er die vernommene Konstruktion als richtig anerkennt, es kann aber auch bedeutungslos sein oder selbst, was wir „heuchlerisch" heißen können, indem es seinem Widerstand bequem ist, die nicht aufgedeckte Wahrheit durch eine solche Zustimmung weiterhin zu verbergen. Einen Wert hat dies Ja nur, wenn es von indirekten Bestätigungen gefolgt wird, wenn der Patient in unmittelbarem Anschluß an sein Ja neue Erinnerungen produziert, welche die Konstruktion ergänzen und erweitern. Nur in diesem Falle anerkennen wir das „Ja" als die volle Erledigung des betreffenden Punktes.

Das Nein des Analysierten ist ebenso vieldeutig und eigentlich noch weniger verwendbar als sein Ja. In seltenen Fällen erweist es sich als Ausdruck berechtigter Ablehnung; ungleich häufiger ist es Äußerung eines Widerstandes, der durch den Inhalt der mitgeteilten Konstruktion hervorgerufen wird, aber ebensowohl von einem anderen Faktor der komplexen analytischen Situation herrühren kann. Das

Nein des Patienten beweist also nichts für die Richtigkeit der Konstruktion, es verträgt sich aber sehr gut mit dieser Möglichkeit. Da jede solche Konstruktion unvollständig ist, nur ein Stückchen des vergessenen Geschehens erfaßt, steht es uns frei anzunehmen, daß der Analysierte nicht eigentlich das ihm Mitgeteilte leugnet, sondern seinen Widerspruch von dem noch nicht aufgedeckten Anteil her aufrecht hält. Er wird in der Regel seine Zustimmung erst dann äußern, wenn er die ganze Wahrheit erfahren hat, und die ist oft recht weitläufig. Die einzig sichere Deutung seines „Nein" ist also die auf Unvollständigkeit; die Konstruktion hat ihm gewiß nicht alles gesagt.

Es ergibt sich also, daß man aus den direkten Äußerungen des Patienten nach der Mitteilung einer Konstruktion wenig Anhaltspunkte gewinnen kann, ob man richtig oder unrichtig geraten hat. Umso interessanter ist es, daß es indirekte Arten der Bestätigung gibt, die durchaus zuverlässig sind. Eine derselben ist eine Redensart, die man in wenig abgeänderten Worten von den verschiedensten Personen wie über Verabredung zu hören bekommt. Sie lautet: Das (daran) habe ich (oder: hätte ich) nie gedacht. Man kann diese Äußerung unbedenklich übersetzen: Ja, Sie haben das Unbewußte in diesem Falle richtig getroffen. Leider hört man die dem Analytiker so erwünschte Formel häufiger nach Einzeldeutungen als nach der Mitteilung umfangreicher Konstruktionen. Eine ebenso wertvolle Bestätigung, diesmal positiv ausgedrückt, ist es, wenn der Analysierte mit einer Assoziation antwortet, die etwas dem Inhalt der Konstruktion Ähnliches oder Analoges enthält. Anstatt eines Beispieles hiefür aus einer Analyse, das leicht aufzufinden, aber weitläufig darzustellen wäre, möchte ich hier ein kleines außeranalytisches Erlebnis erzählen; das einen solchen Sachverhalt mit beinahe komisch wirkender Eindringlichkeit darstellt. Es handelte sich um einen Kollegen, der mich — es ist lange her — zum Konsiliarius in seiner ärztlichen Tätigkeit gewählt hatte. Eines Tages aber brachte er mir seine junge Frau, die ihm Ungelegenheiten bereitete. Sie verweigerte ihm unter allerlei Vorwänden den sexuellen Verkehr, und er erwartete offenbar von mir, daß ich sie über die Folgen ihres unzweckmäßigen Benehmens aufklären sollte. Ich ging darauf ein und setzte ihr auseinander, daß ihre Weigerung bei ihrem Mann wahrscheinlich bedauerliche Gesundheitsstörungen oder Versuchungen hervorrufen würde, die zum Verfall ihrer Ehe führen könnten. Dabei unterbrach er mich plötzlich, um mir zu sagen: Der Engländer, bei dem Sie einen Hirntumor diagnostiziert haben, ist auch schon gestorben. Die Rede schien zuerst unverständlich, das auch im Satze rätselhaft, es war von keinem anderen Gestorbenen gesprochen worden. Eine kurze Weile später verstand ich. Der Mann wollte mich offenbar bekräftigen, er wollte sagen: Ja, Sie haben ganz gewiß recht, Ihre Diagnose bei dem Patienten hat sich auch bestätigt. Es war ein volles Gegenstück zu den indirekten Bestätigungen durch Assoziationen, die wir in den Analysen erhalten. Daß an der Äußerung des Kollegen auch andere, von ihm beiseite geschobene Gedanken einen Anteil gehabt haben, will ich nicht bestreiten.

Die indirekte Bestätigung durch Assoziationen, die zum Inhalt der Konstruktion passen, die ein solches „auch" mit sich bringen, gibt unserem Urteil wertvolle Anhaltspunkte, um zu erraten, ob sich diese Konstruktion in der Fortsetzung der Analyse bewahrheiten wird. Besonders eindrucksvoll ist auch der Fall, wenn sich die Bestätigung mit Hilfe einer Fehlleistung in den direkten Widerspruch einschleicht. Ein schönes Beispiel dieser Art habe ich früher einmal an anderer Stelle veröffentlicht. In den Träumen des Patienten tauchte wiederholt der in Wien wohlbekannte Name Jauner auf, ohne in seinen Assoziationen genügende Aufklärung zu finden. Ich versuchte dann die Deutung, er meine wohl Gauner, wenn er Jauner sage, und der Patient antwortet prompt: Das scheint mir doch zu jewagt. Oder der Patient will die Zumutung, daß ihm eine bestimmte Zahlung zu hoch erscheine, mit den Worten zurückweisen: Zehn Dollars spielen bei mir keine Rolle, setzt aber anstatt Dollars die niedrigere Geldsorte ein und sagt: Zehn Schilling.

Wenn die Analyse unter dem Druck starker Momente steht, die eine negative therapeutische Reaktion erzwingen, wie Schuldbewußtsein, masochistisches Leidensbedürfnis, Sträuben gegen die Hilfeleistung des Analytikers, macht das Verhalten des Patienten nach der Mitteilung der Konstruktion uns oft die gesuchte Entscheidung sehr leicht. Ist die Konstruktion falsch, so ändert sich nichts beim Patienten; wenn sie aber richtig ist oder eine Annäherung an die Wahrheit bringt, so reagiert er auf sie mit einer unverkennbaren Verschlimmerung seiner Symptome und seines Allgemeinbefindens.

Zusammenfassend werden wir feststellen, wir verdienen nicht den Vorwurf, daß wir die Stellungnahme des Analysierten zu unseren Konstruktionen geringschätzig zur Seite drängen. Wir achten auf sie und entnehmen ihr oft wertvolle Anhaltspunkte. Aber diese Reaktionen des Patienten sind zumeist vieldeutig und gestatten keine endgültige Entscheidung. Nur die Fortsetzung der Analyse kann die Entscheidung über Richtigkeit oder Unbrauchbarkeit unserer Konstruktion bringen. Wir geben die einzelne Konstruktion für nichts anderes aus als für eine Vermutung, die auf Prüfung, Bestätigung oder Verwerfung wartet. Wir beanspruchen keine Autorität für sie, fordern vom Patienten keine unmittelbare Zustimmung, diskutieren nicht mit ihm, wenn er ihr zunächst widerspricht. Kurz, wir benehmen uns nach dem Vorbild einer bekannten Nestroyschen Figur, des Hausknechts, der für alle Fragen und Einwendungen die einzige Antwort bereit hat: Im Laufe der Begebenheiten wird alles klar werden.

III

Wie dies in der Fortsetzung der Analyse vor sich geht, auf welchen Wegen sich unsere Vermutung in die Überzeugung des Patienten verwandelt, das darzustellen lohnt kaum der Mühe; es ist aus täglicher Erfahrung jedem Analytiker bekannt und bietet dem Verständnis keine Schwierigkeit. Nur ein Punkt daran verlangt nach Untersuchung und Aufklärung. Der Weg, der von der Konstruktion des

Analytikers ausgeht, sollte in der Erinnerung des Analysierten enden; er führt nicht immer so weit. Oft genug gelingt es nicht, den Patienten zur Erinnerung des Verdrängten zu bringen. Anstatt dessen erreicht man bei ihm durch korrekte Ausführung der Analyse eine sichere Überzeugung von der Wahrheit der Konstruktion, die therapeutisch dasselbe leistet wie eine wiedergewonnene Erinnerung. Unter welchen Umständen dies geschieht und wie es möglich wird, daß ein scheinbar unvollkommener Ersatz doch die volle Wirkung tut, das bleibt ein Stoff für spätere Forschung.

Ich werde diese kleine Mitteilung mit einigen Bemerkungen beschließen, die eine weitere Perspektive eröffnen. Es ist mir in einigen Analysen aufgefallen, daß die Mitteilung einer offenbar zutreffenden Konstruktion ein überraschendes und zunächst unverständliches Phänomen bei den Analysierten zum Vorschein brachte. Sie bekamen lebhafte Erinnerungen, von ihnen selbst als „überdeutlich" bezeichnet, aber sie erinnerten nicht etwa die Begebenheit, die der Inhalt der Konstruktion war, sondern Details, die diesem Inhalt nahestanden, z. B. die Gesichter der darin genannten Personen überscharf, oder die Räume, in denen sich Ähnliches hätte zutragen können, oder, ein Stück weiter weg, die Einrichtungsgegenstände dieser Räumlichkeiten, von denen die Konstruktion natürlich nichts hatte wissen können. Dies geschah ebensowohl in Träumen unmittelbar nach der Mitteilung als auch im Wachen in phantasieartigen Zuständen. An diese Erinnerungen selbst schloß weiter nichts an; es lag dann nahe, sie als Ergebnis eines Kompromisses aufzufassen. Der „Auftrieb" des Verdrängten, durch die Mitteilung der Konstruktion rege geworden, hatte jene bedeutsamen Erinnerungsspuren zum Bewußtsein tragen wollen; einem Widerstand war es gelungen, zwar nicht die Bewegung aufzuhalten, aber wohl sie auf benachbarte, nebensächliche Objekte zu verschieben.

Diese Erinnerungen hätte man Halluzinationen nennen können, wenn zu ihrer Deutlichkeit der Glaube an ihre Aktualität hinzugekommen wäre. Aber die Analogie gewann an Bedeutung, als ich auf das gelegentliche Vorkommen wirklicher Halluzinationen bei anderen, gewiß nicht psychotischen, Fällen aufmerksam wurde. Der Gedankengang ging dann weiter: Vielleicht ist es ein allgemeiner Charakter der Halluzination, bisher nicht genug gewürdigt, daß in ihr etwas in der Frühzeit Erlebtes und dann Vergessenes wiederkehrt, etwas was das Kind gesehen oder gehört zur Zeit, da es noch kaum sprachfähig war, und was sich nun dem Bewußtsein aufdrängt, wahrscheinlich entstellt und verschoben in Wirkung der Kräfte, die sich einer solchen Wiederkehr widersetzen. Und bei der nahen Beziehung der Halluzination zu bestimmten Formen von Psychose darf unser Gedankengang noch weiter greifen. Vielleicht sind die Wahnbildungen, in denen wir diese Halluzinationen so regelmäßig eingefügt finden, selbst nicht so unabhängig vom Auftrieb des Unbewußten und von der Wiederkehr des Verdrängten, wie wir gemeinhin annehmen. Wir betonen im Mechanismus einer Wahnbildung in der Regel nur zwei Momente, die Abwendung von der Realwelt und deren Motive einerseits und den Einfluß der Wunscherfüllung auf den Inhalt des Wahns anderseits. Aber kann der dynamische Vorgang nicht eher der sein, daß die Abwendung von der Realität vom Auftrieb des Verdrängten ausgenützt wird, um seinen Inhalt dem Bewußtsein aufzudrängen, wobei die bei diesem Vorgang erregten Widerstände und die Tendenz zur Wunscherfüllung sich in die Verantwortlichkeit für die Entstellung und Verschiebung des Wiedererinnerten teilen? Das ist doch auch der uns bekannte Mechanismus des Traumes, den schon uralte Ahnung dem Wahnsinn gleichgesetzt hat.

Ich glaube nicht, daß diese Auffassung des Wahns vollkommen neu ist, aber sie betont doch einen Gesichtspunkt, der für gewöhnlich nicht in den Vordergrund gerückt wird. Wesentlich an ihr ist die Behauptung, daß der Wahnsinn nicht nur Methode hat, wie schon der Dichter erkannte, sondern daß auch ein Stück historischer Wahrheit in ihm enthalten ist, und es liegt uns nahe anzunehmen, daß der zwanghafte Glaube, den der Wahn findet, gerade aus solch infantiler Quelle seine Stärke bezieht. Mir stehen heute, um diese

Theorie zu erweisen, nur Reminiszenzen zu Gebote, nicht frische Eindrücke. Es würde wahrscheinlich die Mühe lohnen, wenn man versuchte, entsprechende Krankheitsfälle nach den hier entwickelten Voraussetzungen zu studieren und auch ihre Behandlung danach einzurichten.· Man würde die vergebliche Bemühung aufgeben, den Kranken von dem Irrsinn seines Wahns, von seinem Widerspruch zur Realität, zu überzeugen, und vielmehr in der Anerkennung des Wahrheitskerns einen gemeinsamen Boden finden, auf dem sich die therapeutische Arbeit entwickeln kann. Diese Arbeit bestünde darin, das Stück historischer Wahrheit von seinen Entstellungen und Anlehnungen an die reale Gegenwart zu befreien und es zurechtzurücken an die Stelle der Vergangenheit, der es zugehört. Die Verrückung aus der vergessenen Vorzeit in die Gegenwart oder in die Erwartung der Zukunft ist ja ein regelmäßiges Vorkommnis auch beim Neurotiker. Oft genug, wenn ihn ein Angstzustand erwarten läßt, daß sich etwas Schreckliches ereignen wird, steht er bloß unter dem Einfluß einer verdrängten Erinnerung, die zum Bewußtsein kommen möchte und nicht bewußt werden kann, daß etwas damals Schreckhaftes sich wirklich ereignet hat. Ich meine, man wird aus solchen Bemühungen an Psychotikern sehr viel Wertvolles erfahren, auch wenn ihnen der therapeutische Erfolg versagt bleibt.

Ich weiß, daß es nicht verdienstlich ist, ein so wichtiges Thema so beiläufig zu behandeln, wie es hier geschieht. Ich bin dabei der Verlockung einer Analogie gefolgt. Die Wahnbildungen der Kranken erscheinen mir als Äquivalente der Konstruktionen, die wir in den analytischen Behandlungen aufbauen, Versuche zur Erklärung und Wiederherstellung, die unter den Bedingungen der Psychose allerdings nur dazu führen können, das Stück Realität, das man in der Gegenwart verleugnet, durch ein anderes Stück zu ersetzen, das man in früher Vorzeit gleichfalls verleugnet hatte. Die intimen Beziehungen zwischen dem Stoff der gegenwärtigen Verleugnung und dem der damaligen Verdrängung aufzudecken, wird die Aufgabe der Einzeluntersuchung. Wie unsere Konstruktion nur dadurch wirkt, daß sie ein Stück verlorengegangener Lebensgeschichte wiederbringt, so dankt auch der Wahn seine überzeugende Kraft dem Anteil historischer Wahrheit, den er an die Stelle der abgewiesenen Realität einsetzt. In solcher Art würde auch der Wahn sich dem Satze unterwerfen, den ich früher einmal nur für die Hysterie ausgesprochen habe, der Kranke leide an seinen Reminiszenzen. Diese kurze Formel wollte auch damals nicht die Komplikation der Krankheitsverursachung bestreiten und die Wirkung so vieler anderer Momente ausschließen.

Erfaßt man die Menschheit als ein Ganzes und setzt sie an die Stelle des einzelnen menschlichen Individuums, so findet man, daß auch sie Wahnbildungen entwickelt hat, die der logischen Kritik unzugänglich sind und der Wirklichkeit widersprechen. Wenn sie trotzdem eine außerordentliche Gewalt über die Menschen äußern können, so führt die Untersuchung zum gleichen Schluß wie beim einzelnen Individuum. Sie danken ihre Macht dem Gehalt an historischer Wahrheit, die sie aus der Verdrängung vergessener Urzeiten heraufgeholt haben.

DIE ENDLICHE UND
DIE UNENDLICHE ANALYSE

DIE ENDLICHE UND
DIE UNENDLICHE ANALYSE

I

Erfahrung hat uns gelehrt, die psychoanalytische Therapie, die Befreiung eines Menschen von seinen neurotischen Symptomen, Hemmungen und Charakterabnormitäten ist eine langwierige Arbeit. Daher sind von allem Anfang an Versuche unternommen worden, um die Dauer der Analysen zu verkürzen. Solche Bemühungen bedurften keiner Rechtfertigung, sie konnten sich auf die verständigsten und zweckmäßigsten Beweggründe berufen. Aber es wirkte in ihnen wahrscheinlich auch noch ein Rest jener ungeduldigen Geringschätzung, mit der eine frühere Periode der Medizin die Neurosen betrachtet hatte, als überflüssige Erfolge unsichtbarer Schädigungen. Wenn man sich jetzt mit ihnen beschäftigen mußte, wollte man nur möglichst bald mit ihnen fertig werden. Einen besonders energischen Versuch in dieser Richtung hat O. Rank gemacht im Anschluß an sein Buch „Das Trauma der Geburt" (1924). Er nahm an, daß der Geburtsakt die eigentliche Quelle der Neurose sei, indem er die Möglichkeit mit sich bringt, daß die „Urfixierung" an die Mutter nicht überwunden wird und als „Urverdrängung" fortbesteht. Durch die nachträgliche analytische Erledigung dieses

Urtraumas hoffte Rank die ganze Neurose zu beseitigen, so daß das eine Stückchen Analyse alle übrige analytische Arbeit ersparte. Einige wenige Monate sollten für diese Leistung genügen. Man wird nicht bestreiten, daß der Ranksche Gedankengang kühn und geistreich war; aber er hielt einer kritischen Prüfung nicht stand. Der Versuch Ranks war übrigens aus der Zeit geboren, unter dem Eindruck des Gegensatzes von europäischem Nachkriegselend und amerikanischer „*prosperity*" konzipiert und dazu bestimmt, das Tempo der analytischen Therapie der Hast des amerikanischen Lebens anzugleichen. Man hat nicht viel davon gehört, was die Ausführung des Rankschen Planes für Krankheitsfälle geleistet hat. Wahrscheinlich nicht mehr, als die Feuerwehr leisten würde, wenn sie im Falle eines Hausbrandes durch eine umgestürzte Petroleumlampe sich damit begnügte, die Lampe aus dem Zimmer zu entfernen, in dem der Brand entstanden war. Eine erhebliche Abkürzung der Löschaktion wäre allerdings auf diese Weise zu erreichen. Theorie und Praxis des Rankschen Versuchs gehören heute der Vergangenheit an—nicht anders als die amerikanische „*prosperity*" selbst.

Einen anderen Weg, um den Ablauf einer analytischen Kur zu beschleunigen, hatte ich selbst noch vor der Kriegszeit eingeschlagen. Ich übernahm damals die Behandlung eines jungen Russen, der, durch Reichtum verwöhnt, in völliger Hilflosigkeit, von Leibarzt und Pfleger begleitet, nach Wien gekommen war.[1] Im Laufe einiger Jahre gelang es, ihm ein großes Stück seiner Selbständigkeit wiederzugeben, sein Interesse am Leben zu wecken, seine Beziehungen zu den für ihn wichtigsten Personen in Ordnung zu bringen, aber dann stockte der Fortschritt; die Aufklärung der Kindheitsneurose, auf der ja die spätere Erkrankung begründet war, ging nicht weiter und es war deutlich zu erkennen, daß der Patient seinen derzeitigen Zustand

---

1) Siehe die mit Einwilligung des Patienten veröffentlichte Schrift „Aus der Geschichte einer infantilen Neurose", 1918. Die spätere Erkrankung des jungen Mannes wird dort nicht ausführlich dargestellt, sondern nur gestreift, wo es der Zusammenhang mit der Kindheitsneurose unbedingt erfordert.

als recht behaglich empfand und keinen Schritt tun wollte, der ihn
dem Ende der Behandlung näher brächte. Es war ein Fall von
Selbsthemmung der Kur; sie war in Gefahr, grade an ihrem—
teilweisen — Erfolg zu scheitern. In dieser Lage griff ich zu dem
heroischen Mittel der Terminsetzung. Ich eröffnete dem Patienten
zu Beginn einer Arbeitssaison, daß dieses nächste Jahr das letzte der
Behandlung sein werde, gleichgiltig, was er in der ihm noch zugestandenen Zeit leiste. Er schenkte mir zunächst keinen Glauben, aber
nachdem er sich von dem unverbrüchlichen Ernst meiner Absicht
überzeugt hatte, trat die gewünschte Wandlung bei ihm ein. Seine
Widerstände schrumpften ein und in diesen letzten Monaten konnte
er alle Erinnerungen reproduzieren und alle Zusammenhänge auffinden, die zum Verständnis seiner frühen und zur Bewältigung seiner
gegenwärtigen Neurose notwendig schienen. Als er mich im Hochsommer 1914 verließ, ahnungslos wie wir alle der so nah bevorstehenden Ereignisse, hielt ich ihn für gründlich und dauernd geheilt.

In einem Zusatz zur Krankengeschichte (1923) habe ich schon
berichtet, daß dies nicht zutraf. Als er gegen Kriegsende als mittelloser Flüchtling nach Wien zurückkam, mußte ich ihm dabei helfen,
ein nicht erledigtes Stück der Übertragung zu bewältigen; das gelang
in einigen Monaten und ich konnte den Nachtrag mit der Mitteilung
schließen, daß „der Patient, dem der Krieg Heimat, Vermögen und
alle Familienbeziehungen geraubt hatte, sich seitdem normal gefühlt
und tadellos benommen hat". Die anderthalb Jahrzehnte seither
haben dies Urteil nicht Lügen gestraft, aber doch Einschränkungen
daran notwendig gemacht. Der Patient ist in Wien geblieben und hat
sich in einer, wenn auch bescheidenen, sozialen Position bewährt.
Aber mehrmals in diesem Zeitraum wurde sein Wohlbefinden durch
Krankheitszufälle unterbrochen, die nur als Ausläufer seiner Lebensneurose aufgefaßt werden konnten. Die Geschicklichkeit einer meiner Schülerinnen, Frau Dr. Ruth Mack Brunswick, hat diese
Zustände jedesmal nach kurzer Behandlung zu Ende gebracht; ich
hoffe, sie wird bald selbst über diese Erfahrungen berichten. In

einigen dieser Anfälle handelte es sich immer noch um Restbestände der Übertragung; sie zeigten dann bei all ihrer Flüchtigkeit deutlich paranoischen Charakter. In anderen aber bestand das pathogene Material aus Fragmenten seiner Kindergeschichte, die in der Analyse bei mir nicht zum Vorschein gekommen waren und sich nun — man kann dem Vergleich nicht ausweichen — wie Fäden nach einer Operation oder nekrotische Knochenstückchen nachträglich abstießen. Ich fand die Heilungsgeschichte dieses Patienten nicht viel weniger interessant als seine Krankengeschichte.

Ich habe die Terminsetzung später auch in anderen Fällen angewendet und auch die Erfahrungen anderer Analytiker zur Kenntnis genommen. Das Urteil über den Wert dieser erpresserischen Maßregel kann nicht zweifelhaft sein. Sie ist wirksam, vorausgesetzt, daß man die richtige Zeit für sie trifft. Aber sie kann keine Garantie für die vollständige Erledigung der Aufgabe geben. Man kann im Gegenteil sicher sein, daß während ein Teil des Materials unter dem Zwang der Drohung zugänglich wird, ein anderer Teil zurückgehalten bleibt und damit gleichsam verschüttet wird, der therapeutischen Bemühung verloren geht. Man darf ja den Termin nicht erstrecken, nachdem er einmal festgesetzt worden ist; sonst hat er für die weitere Folge jeden Glauben eingebüßt. Die Fortsetzung der Kur bei einem anderen Analytiker wäre der nächste Ausweg; man weiß freilich, daß ein solcher Wechsel neuen Verlust an Zeit und Verzicht auf den Ertrag aufgewendeter Arbeit bedeutet. Auch läßt sich nicht allgemein giltig angeben, wann die richtige Zeit für die Einsetzung dieses gewaltsamen technischen Mittels gekommen ist, es bleibt dem Takt überlassen. Ein Mißgriff ist nicht mehr gutzumachen. Das Sprichwort, daß der Löwe nur einmal springt, muß recht behalten.

II

Die Erörterungen über das technische Problem, wie man den langsamen Ablauf einer Analyse beschleunigen kann, leiten uns nun zu einer anderen Frage von tieferem Interesse, nämlich, ob es ein natürliches Ende einer Analyse gibt, ob es überhaupt möglich ist, eine Analyse zu einem solchen Ende zu führen. Der Sprachgebrauch unter Analytikern scheint eine solche Voraussetzung zu begünstigen, denn man hört oft bedauernd oder entschuldigend über ein in seiner Unvollkommenheit erkanntes Menschenkind äußern: Seine Analyse ist nicht fertig geworden, oder: Er ist nicht zu Ende analysiert worden.

Man muß sich zunächst darüber verständigen, was mit der mehrdeutigen Redensart „Ende einer Analyse" gemeint ist. Praktisch ist das leicht zu sagen. Die Analyse ist beendigt, wenn Analytiker und Patient sich nicht mehr zur analytischen Arbeitsstunde treffen. Sie werden so tun, wenn zwei Bedingungen ungefähr erfüllt sind, die erste, daß der Patient nicht mehr an seinen Symptomen leidet und seine Ängste wie seine Hemmungen überwunden hat, die zweite, daß der Analytiker urteilt, es sei beim Kranken soviel Verdrängtes bewußt gemacht, soviel Unverständliches aufgeklärt, soviel innerer Widerstand besiegt worden, daß man die Wiederholung der betreffenden pathologischen Vorgänge nicht zu befürchten braucht. Ist man durch äußere Schwierigkeiten verhindert worden, dies Ziel zu erreichen, so spricht man besser von einer unvollständigen als von einer unvollendeten Analyse.

Die andere Bedeutung des Endes einer Analyse ist weit ehrgeiziger. In ihrem Namen wird gefragt, ob man die Beeinflussung des Patienten soweit getrieben hat, daß eine Fortsetzung der Analyse keine weitere Veränderung versprechen kann. Also als ob man durch Analyse ein Niveau von absoluter psychischer Normalität erreichen könnte, dem man auch die Fähigkeit zutrauen dürfte, sich stabil zu erhalten, etwa wenn es gelungen wäre, alle vorgefallenen Verdrängungen aufzulösen und alle Lücken der Erinnerung auszufüllen. Man wird zuerst die Erfahrung befragen, ob dergleichen vorkommt, und dann die Theorie, ob es überhaupt möglich ist.

Jeder Analytiker wird einige Fälle mit so erfreulichem Ausgang behandelt haben. Es ist gelungen, die vorhandene neurotische Störung zu beseitigen, sie ist nicht wiedergekehrt und hat sich durch keine andere ersetzt. Man ist auch nicht ohne Einsicht in die Bedingungen dieser Erfolge. Das Ich der Patienten war nicht merklich verändert und die Ätiologie der Störung eine wesentlich traumatische. Die Ätiologie aller neurotischen Störungen ist ja eine gemischte; es handelt sich entweder um überstarke, also gegen die Bändigung durch das Ich widerspenstige Triebe, oder um die Wirkung von frühzeitigen, d. h. vorzeitigen Traumen, deren ein unreifes Ich nicht Herr werden konnte. In der Regel um ein Zusammenwirken beider Momente, des konstitutionellen und des akzidentellen. Je stärker das erstere, desto eher wird ein Trauma zur Fixierung führen und eine Entwicklungsstörung zurücklassen; je stärker das Trauma, desto sicherer wird es seine Schädigung auch unter normalen Triebverhältnissen äußern. Es ist kein Zweifel, daß die traumatische Ätiologie der Analyse die weitaus günstigere Gelegenheit bietet. Nur im vorwiegend traumatischen Fall wird die Analyse leisten, was sie meisterlich kann, die unzulängliche Entscheidung aus der Frühzeit dank der Erstarkung des Ichs durch eine korrekte Erledigung ersetzen. Nur in einem solchen Falle kann man von einer endgiltig beendeten Analyse sprechen. Hier hat die Analyse ihre Schuldigkeit getan und braucht nicht fortgesetzt zu werden. Wenn der so hergestellte Patient niemals wieder eine Störung produziert, die ihn der Analyse bedürftig macht, so weiß man freilich nicht, wieviel von dieser Immunität der Gunst des Schicksals zu danken ist, die ihm zu starke Belastungsproben erspart haben mag.

Die konstitutionelle Triebstärke und die im Abwehrkampf erworbene ungünstige Veränderung des Ichs, im Sinne einer Verrenkung und Einschränkung, sind die Faktoren, die der Wirkung der Analyse ungünstig sind und ihre Dauer ins Unabschließbare verlängern können. Man ist versucht, das erstere, die Triebstärke, auch für die Ausbildung des anderen, der Ichveränderung, verantwortlich zu machen, aber es scheint, daß diese auch ihre eigene Ätiologie hat, und eigentlich muß man zugestehen, daß diese Verhältnisse noch nicht genügend bekannt sind. Sie werden eben erst jetzt Gegenstand des analytischen Studiums. Das Interesse der Analytiker scheint mir in dieser Gegend überhaupt nicht richtig eingestellt zu sein. Anstatt zu untersuchen, wie die Heilung durch die Analyse zustande kommt, was ich für hinreichend aufgeklärt halte, sollte die Fragestellung lauten, welche Hindernisse der analytischen Heilung im Wege stehen. Hier anschließend möchte ich zwei Probleme behandeln, die sich direkt aus der analytischen Praxis ergeben, wie die nachstehenden Beispiele zeigen sollen. Ein Mann, der die Analyse selbst mit großem Erfolge ausgeübt hat, urteilt, daß sein Verhältnis zum Mann wie zur Frau — zu den Männern, die seine Konkurrenten sind, und zur Frau, die er liebt — doch nicht frei von neurotischen Behinderungen ist, und macht sich darum zum analytischen Objekt eines Anderen, den er für ihm überlegen hält. Diese kritische Durchleuchtung der eigenen Person bringt ihm vollen Erfolg. Er heiratet die geliebte Frau und wandelt sich zum Freund und Lehrer der vermeintlichen Rivalen. Es vergehen so viele Jahre, in denen auch die Beziehung zum einstigen Analytiker ungetrübt bleibt. Dann aber tritt ohne nachweisbaren äußeren Anlaß eine Störung ein. Der Analysierte tritt in Opposition zum Analytiker, er wirft ihm vor, daß er es versäumt hat, ihm eine vollständige Analyse zu geben. Er hätte doch wissen und in Betracht ziehen müssen, daß eine Übertragungsbeziehung niemals bloß positiv sein kann; er hätte sich um die Möglichkeiten einer negativen Übertragung bekümmern müssen. Der Analytiker verantwortet sich dahin, daß zur Zeit der Analyse von einer negativen Übertragung nichts zu merken war. Aber selbst angenommen, daß er leiseste Anzeichen einer solchen übersehen hätte, was bei der Enge des Horizonts in jener Frühzeit der Analyse nicht ausgeschlossen wäre, so bliebe es zweifelhaft, ob er die Macht gehabt hätte, ein Thema, oder, wie man sagt: einen „Komplex", durch seinen bloßen Hinweis zu aktivieren, solange er beim Patienten selbst nicht aktuell war. Dazu hätte es doch gewiß einer im realen Sinne unfreundlichen Handlung gegen den Patienten bedurft. Und außerdem sei nicht jede gute Beziehung zwischen Analytiker und Analysiertem, während und nach der Analyse, als Übertragung einzuschätzen. Es gebe auch freundschaftliche Beziehungen, die real begründet sind und sich als lebensfähig erweisen.

Ich füge gleich das zweite Beispiel an, aus dem sich das nämliche Problem erhebt. Ein älteres Mädchen ist seit ihrer Pubertät durch Gehunfähigkeit infolge heftiger Beinschmerzen aus dem Leben ausgeschaltet worden, der Zustand ist offenbar hysterischer Natur, er hat vielen Behandlungen getrotzt; eine analytische Kur von dreiviertel Jahren beseitigt ihn und gibt einer tüchtigen und wertvollen Person ihre Rechte auf einen Anteil am Leben wieder. Die Jahre nach der Genesung bringen nichts Gutes: Katastrophen in der Familie, Vermögensverlust, mit dem Altern das Schwinden jeder Aussicht auf Liebesglück und Ehe. Aber die ehemals Kranke hält allem wacker stand und wirkt in schweren Zeiten als eine Stütze für die Ihrigen. Ich weiß nicht mehr, ob es 12 oder 14 Jahre nach Beendigung der Kur war, daß profuse Blutungen eine gynäkologische Untersuchung notwendig machten. Es fand sich ein Myom, das die Totalexstirpation des Uterus berechtigte. Von dieser Operation an war das Mädchen wieder krank. Sie verliebte sich in den Operateur, schwelgte in masochistischen Phantasien von den schrecklichen Veränderungen in ihrem Inneren, mit denen sie ihren Liebesroman verhüllte, erwies sich als unzugänglich für einen neuerlichen analytischen Versuch und wurde auch bis zu ihrem Lebensende nicht mehr normal. Die erfolgreiche Behandlung liegt so weit zurück, daß man keine großen Ansprüche an sie stellen darf; sie fällt in die ersten Jahre meiner analytischen Tätigkeit. Es ist immerhin möglich, daß die zweite Erkrankung aus derselben Wurzel stammte wie die glücklich überwundene erste, daß sie ein veränderter Ausdruck derselben verdrängten Regungen war, die in der Analyse nur eine unvollkommene Erledigung gefunden hatten. Aber ich möchte doch glauben, daß es ohne das neue Trauma nicht zum neuerlichen Ausbruch der Neurose gekommen wäre.

Diese beiden Fälle, absichtlich ausgewählt aus einer großen Anzahl ähnlicher, werden hinreichen, um die Diskussion über unsere

Themen anzufachen. Skeptiker, Optimisten, Ehrgeizige werden sie in ganz verschiedener Weise verwerten. Die ersteren werden sagen, es sei nun erwiesen, daß auch eine geglückte analytische Behandlung den derzeit Geheilten nicht davor schütze, später an einer anderen Neurose, ja selbst an einer Neurose aus der nämlichen Triebwurzel, also eigentlich an einer Wiederkehr des alten Leidens, zu erkranken. Die anderen werden diesen Beweis nicht für erbracht halten. Sie werden einwenden, die beiden Erfahrungen stammten aus den Frühzeiten der Analyse, vor 20 und vor 30 Jahren. Seither haben sich unsere Einsichten vertieft und erweitert, unsere Technik habe sich in Anpassung an die neuen Errungenschaften verändert. Man dürfe heute fordern und erwarten, daß eine analytische Heilung sich als dauernd bewähre, oder zum mindesten, daß eine neuerliche Erkrankung sich nicht als Wiederbelebung der früheren Triebstörung in neuen Ausdrucksformen erweise. Die Erfahrung nötige uns nicht, die Ansprüche an unsere Therapie in so empfindlicher Weise einzuschränken.

Ich habe natürlich die beiden Beobachtungen darum ausgewählt, weil sie so weit zurückliegen. Je rezenter ein Erfolg der Behandlung ist, desto mehr wird er begreiflicher Weise unbrauchbar für unsere Erwägungen, da wir kein Mittel haben, das spätere Schicksal einer Heilung vorherzusehen. Die Erwartungen der Optimisten setzen offenbar mancherlei voraus, was nicht grade selbstverständlich ist, erstens, daß es überhaupt möglich ist, einen Triebkonflikt (d. h. besser: einen Konflikt des Ichs mit einem Trieb) endgültig für alle Zeiten zu erledigen, zweitens, daß es gelingen kann, einen Menschen, während man ihn an dem einen Triebkonflikt behandelt, gegen alle anderen solcher Konfliktmöglichkeiten sozusagen zu impfen, drittens, daß man die Macht hat, einen solchen pathogenen Konflikt, der sich derzeit durch kein Anzeichen verrät, zum Zwecke der vorbeugenden Behandlung zu wecken, und daß man weise daran tut. Ich werfe diese Fragen auf, ohne sie gegenwärtig beantworten zu wollen. Vielleicht ist uns eine sichere Beantwortung derzeit überhaupt nicht möglich.

Theoretische Überlegungen werden uns wahrscheinlich gestatten, einiges zu ihrer Würdigung beizutragen. Aber etwas anderes ist uns jetzt schon klar geworden: Der Weg zur Erfüllung der gesteigerten Ansprüche an die analytische Kur führt nicht zur oder über die Abkürzung ihrer Dauer.

III

Analytische Erfahrung, die sich über mehrere Dezennien erstreckt, und ein Wechsel in der Art und Weise meiner Betätigung ermutigen mich, die Beantwortung der gestellten Fragen zu versuchen. In früheren Zeiten hatte ich es mit einer größeren Anzahl von Patienten zu tun, die, wie begreiflich, auf rasche Erledigung drängten; in den letzten Jahren haben die Lehranalysen überwogen und eine im Verhältnis geringe Zahl von schwerer Leidenden blieb bei mir zu fortgesetzter, wenn auch durch kurze oder längere Pausen unterbrochener Behandlung. Bei diesen letzteren war die therapeutische Zielsetzung eine andere geworden. Eine Abkürzung der Kur kam nicht mehr in Betracht, die Absicht war, eine gründliche Erschöpfung der Krankheitsmöglichkeiten und tiefgehende Veränderung der Person herbeizuführen.

Von den drei Momenten, die wir als maßgebend für die Chancen der analytischen Therapie anerkannt haben: Einfluß von Traumen — konstitutionelle Triebstärke — Ichveränderung, kommt es uns hier nur auf das mittlere an, die Triebstärke. Die nächste Überlegung läßt uns in Zweifel ziehen, ob die Einschränkung durch das Beiwort konstitutionell (oder kongenital) unerläßlich ist. So entscheidend von allem Anfang das konstitutionelle Moment sein mag, so bleibt es doch denkbar, daß eine später im Leben auftretende Triebverstärkung die gleichen Wirkungen äußern mag. Die Formel wäre dann abzuändern: derzeitige Triebstärke anstatt der konstitutionellen. Die erste unserer Fragen hat gelautet: ist es möglich, einen Konflikt des Triebs mit dem Ich oder einen pathogenen Triebanspruch an das Ich durch analytische Therapie dauernd und endgültig zu erledigen? Es ist wahrscheinlich zur Vermeidung von Mißverständnis nicht unnötig, näher auszuführen, was mit der Wortfügung: dauernde Erledigung eines Triebanspruchs gemeint ist. Gewiß nicht, daß man ihn zum Verschwinden bringt, so daß er nie wieder etwas von sich hören läßt. Das ist im allgemeinen unmöglich, wäre auch gar nicht wünschenswert. Nein, sondern etwas anderes, was man ungefähr als die „Bändigung" des Triebes bezeichnen kann: das will heißen, daß der Trieb ganz in die Harmonie des Ichs aufgenommen, allen Beeinflussungen durch die anderen Strebungen im Ich zugänglich ist, nicht mehr seine eigenen Wege zur Befriedigung geht. Fragt man, auf welchen Wegen und mit welchen Mitteln das geschieht, so hat man's nicht leicht mit der Beantwortung. Man muß sich sagen: „So muß denn doch die Hexe dran". Die Hexe Metapsychologie nämlich. Ohne metapsychologisches Spekulieren und Theoretisieren — beinahe hätte ich gesagt: Phantasieren — kommt man hier keinen Schritt weiter. Leider sind die Auskünfte der Hexe auch diesmal weder sehr klar noch sehr ausführlich. Wir haben nur einen Anhaltspunkt — der allerdings unschätzbar — an dem Gegensatz zwischen Primär- und Sekundärvorgang, und auf den will ich auch hier verweisen.

Wenn wir jetzt zu unserer ersten Frage zurückkehren, so finden wir, daß unser neuer Gesichtspunkt uns eine bestimmte Entscheidung aufdrängt. Die Frage hat gelautet, ob es möglich ist, einen Triebkonflikt dauernd und endgültig zu erledigen, d. h.: den Triebanspruch in solcher Weise zu „bändigen". In dieser Fragestellung wird die Triebstärke überhaupt nicht erwähnt, aber gerade von ihr hängt der Ausgang ab. Gehen wir davon aus, daß die Analyse beim Neurotiker nichts anderes leistet, als was der Gesunde ohne diese Hilfe zustande bringt. Beim Gesunden aber, lehrt die tägliche Erfahrung, gilt jede Entscheidung eines Triebkonflikts nur für eine bestimmte Triebstärke, richtiger gesagt, nur innerhalb einer bestimmten Relation zwischen Stärke des Triebs und Stärke des Ichs.[1] Läßt die Stärke des

---

1) In gewissenhafter Korrektur: für eine gewisse Breite dieser Relation.

Ichs nach, durch Krankheit, Erschöpfung u. dgl., so können alle bis dahin glücklich gebändigten Triebe ihre Ansprüche wieder anmelden und auf abnormen Wegen ihre Ersatzbefriedigungen anstreben.[1] Den unwiderleglichen Beweis für diese Behauptung gibt schon der nächtliche Traum, der auf die Schlafeinstellung des Ichs mit dem Erwachen der Triebansprüche reagiert.

Ebenso unzweifelhaft ist das Material von der anderen Seite. Zweimal im Laufe der individuellen Entwicklung treten erhebliche Verstärkungen gewisser Triebe auf, zur Pubertät und um die Menopause bei Frauen. Wir sind nicht im geringsten überrascht, wenn Personen, die vorher nicht neurotisch waren, es um diese Zeiten werden. Die Bändigung der Triebe, die ihnen bei geringerer Stärke derselben gelungen war, mißlingt nun bei deren Verstärkung. Die Verdrängungen benehmen sich wie Dämme gegen den Andrang der Gewässer. Dasselbe, was diese beiden physiologischen Triebverstärkungen leisten, kann in irregulärer Weise zu jeder anderen Lebenszeit durch akzidentelle Einflüsse herbeigeführt werden. Es kommt zu Triebverstärkungen durch neue Traumen, aufgezwungene Versagungen, kollaterale Beeinflussungen der Triebe untereinander. Der Erfolg ist alle Male der gleiche und erhärtet die unwiderstehliche Macht des quantitativen Moments in der Krankheitsverursachung.

Ich bekomme hier den Eindruck, als müßte ich mich all dieser schwerfälligen Erörterungen schämen, da doch das, was sie sagen, längst bekannt und selbstverständlich ist. Wirklich, wir haben uns immer so benommen, als wüßten wir es; nur, daß wir in unseren

---

1) Dies zur Rechtfertigung des ätiologischen Anspruchs so unspezifischer Momente wie Überarbeitung, Schockwirkung usw., die immer der allgemeinen Anerkennung sicher waren und grade von der Psychoanalyse in den Hintergrund gedrängt werden mußten. Gesundheit läßt sich eben nicht anders denn metapsychologisch beschreiben, bezogen auf Kräfteverhältnisse zwischen den von uns erkannten, wenn man will, erschlossenen, vermuteten, Instanzen des seelischen Apparats.

theoretischen Vorstellungen zumeist versäumt haben, dem ökonomischen Gesichtspunkt in demselben Maß Rechnung zu tragen wie dem dynamischen und dem topischen. Meine Entschuldigung ist also, daß ich an dieses Versäumnis mahne.

Ehe wir uns aber für eine Antwort auf unsere Frage entscheiden, haben wir einen Einwand anzuhören, dessen Stärke darin besteht, daß wir wahrscheinlich von vornherein für ihn gewonnen sind. Er sagt, unsere Argumente sind alle aus den spontanen Vorgängen zwischen Ich und Trieb hergeleitet und setzen voraus, daß die analytische Therapie nichts machen kann, was nicht unter günstigen, normalen Verhältnissen von selbst geschieht. Aber ist das wirklich so? Erhebt nicht gerade unsere Theorie den Anspruch, einen Zustand herzustellen, der im Ich spontan nie vorhanden ist und dessen Neuschöpfung den wesentlichen Unterschied zwischen dem analysierten und dem nicht analysierten Menschen ausmacht? Halten wir uns vor, worauf sich dieser Anspruch beruft. Alle Verdrängungen geschehen in früher Kindheit; es sind primitive Abwehrmaßregeln des unreifen, schwachen Ichs. In späteren Jahren werden keine neuen Verdrängungen vollzogen, aber die alten erhalten sich und ihre Dienste werden vom Ich weiterhin zur Triebbeherrschung in Anspruch genommen. Neue Konflikte werden, wie wir es ausdrücken, durch „Nachverdrängung" erledigt. Von diesen infantilen Verdrängungen mag gelten, was wir allgemein behauptet haben, daß sie voll und ganz vom relativen Kräfteverhältnis abhängen und einer Steigerung der Triebstärke nicht standhalten können. Die Analyse aber läßt das gereifte und erstarkte Ich eine Revision dieser alten Verdrängungen vornehmen; einige werden abgetragen, andere anerkannt, aber aus soliderem Material neu aufgebaut. Diese neuen Dämme haben eine ganz andere Haltbarkeit als die früheren; ihnen darf man zutrauen, daß sie den Hochfluten der Triebsteigerung nicht so leicht nachgeben werden. Die nachträgliche Korrektur des ursprünglichen Verdrängungsvorganges, die der Übermacht des quantitativen Faktors ein Ende macht, wäre also die eigentliche Leistung der analytischen Therapie.

So weit unsere Theorie, auf die wir ohne unwidersprechlichen Zwang nicht verzichten können. Und was sagt die Erfahrung dazu? Die ist vielleicht noch nicht umfassend genug für eine sichere Entscheidung. Oft genug gibt sie unseren Erwartungen recht, doch nicht jedesmal. Man hat den Eindruck, daß man nicht überrascht sein dürfte, wenn sich am Ende herausstellt, daß der Unterschied zwischen dem nicht Analysierten und dem späteren Verhalten des Analysierten doch nicht so durchgreifend ist, wie wir es erstreben, erwarten und behaupten. Demnach würde es der Analyse zwar manchmal gelingen, den Einfluß der Triebverstärkung auszuschalten, aber nicht regelmäßig. Oder ihre Wirkung beschränkte sich darauf, die Widerstandskraft der Hemmungen zu erhöhen, so daß sie nach der Analyse weit stärkeren Anforderungen gewachsen wären als vor der Analyse oder ohne eine solche. Ich getraue mich hier wirklich keiner Entscheidung, weiß auch nicht, ob sie derzeit möglich ist.

Man kann sich dem Verständnis dieser Unstetigkeit in der Wirkung der Analyse aber von anderer Seite her nähern. Wir wissen, es ist der erste Schritt zur intellektuellen Bewältigung der Umwelt, in der wir leben, daß wir Allgemeinheiten, Regeln, Gesetze herausfinden, die Ordnung in das Chaos bringen. Durch diese Arbeit vereinfachen wir die Welt der Phänomene, können aber nicht umhin, sie auch zu verfälschen, besonders wenn es sich um Vorgänge von Entwicklung und Umwandlung handelt. Es kommt uns darauf an, eine qualitative Änderung zu erfassen, und wir vernachlässigen dabei in der Regel, wenigstens zunächst, einen quantitativen Faktor. In der Realität sind die Übergänge und Zwischenstufen weit häufiger als die scharf gesonderten gegensätzlichen Zustände. Bei Entwicklungen und Verwandlungen richtet sich unsere Aufmerksamkeit allein auf das Resultat; wir übersehen gern, daß sich solche Vorgänge gewöhnlich mehr oder weniger unvollständig vollziehen, also eigentlich im Grunde nur partielle Veränderungen sind. Der scharfsinnige Satiriker des alten Österreichs, J. Nestroy, hat einmal geäußert: „Ein jeder Fortschritt ist nur immer halb so groß, als wie er zuerst ausschaut."

Man wäre versucht, dem boshaften Satz eine recht allgemeine Geltung zuzusprechen. Es gibt fast immer Resterscheinungen, ein partielles Zurückbleiben. Wenn der freigebige Mäzen uns durch einen vereinzelten Zug von Knauserei überrascht, der sonst Übergute sich plötzlich in einer feindseligen Handlung gehen läßt, so sind diese „Resterscheinungen" unschätzbar für die genetische Forschung. Sie zeigen uns, daß jene lobenswerten und wertvollen Eigenschaften auf Kompensation und Überkompensation beruhen, die, wie zu erwarten stand, nicht durchaus, nicht nach dem vollen Betrag gelungen sind. Wenn unsere erste Beschreibung der Libidoentwicklung gelautet hat, eine ursprüngliche orale Phase mache der sadistisch-analen und diese der phallisch-genitalen Platz, so hat spätere Forschung dem nicht etwa widersprochen, sondern zur Korrektur hinzugefügt, daß diese Ersetzungen nicht plötzlich, sondern allmählich erfolgen, so daß jederzeit Stücke der früheren Organisation neben der neueren fortbestehen, und daß selbst bei normaler Entwicklung die Umwandlung nie vollständig geschieht, so daß noch in der endgültigen Gestaltung Reste der früheren Libidofixierungen erhalten bleiben können. Auf ganz anderen Gebieten sehen wir das nämliche. Keiner der angeblich überwundenen Irr- und Aberglauben der Menschheit, von dem nicht Reste heute unter uns fortleben, in den tieferen Schichten der Kulturvölker oder selbst in den obersten Schichten der Kulturgesellschaft. Was einmal zu Leben gekommen ist, weiß sich zäh zu behaupten. Manchmal könnte man zweifeln, ob die Drachen der Urzeit wirklich ausgestorben sind.

Um nun die Anwendung auf unseren Fall zu machen, ich meine, die Antwort auf die Frage, wie sich die Unstetigkeit unserer analytischen Therapie erklärt, könnte leicht sein, daß wir unsere Absicht, die undichten Verdrängungen durch zuverlässige, ichgerechte Bewältigungen zu ersetzen, auch nicht immer im vollen Umfang, also nicht gründlich genug erreichen. Die Umwandlung gelingt, aber oft nur partiell; Anteile der alten Mechanismen bleiben von der analytischen Arbeit unberührt. Es läßt sich schwer beweisen, daß dem wirklich so ist; wir haben ja keinen anderen Weg, es zu beurteilen, als eben den Erfolg, den es zu erklären gilt. Aber die Eindrücke, die man während der analytischen Arbeit empfängt, widersprechen unserer Annahme nicht, scheinen sie eher zu bestätigen. Man darf nur die Klarheit unserer eigenen Einsicht nicht zum Maß der Überzeugung nehmen, die wir beim Analysierten hervorrufen. Es mag ihr an „Tiefe" fehlen, wie wir sagen können; es handelt sich immer um den gerne übersehenen quantitativen Faktor. Wenn dies die Lösung ist, so kann man sagen, die Analyse habe mit ihrem Anspruch, sie heile Neurosen durch die Sicherung der Triebbeherrschung, in der Theorie immer recht, in der Praxis nicht immer. Und zwar darum, weil es ihr nicht immer gelingt, die Grundlagen der Triebbeherrschung in genügendem Ausmaß zu sichern. Der Grund dieses partiellen Mißerfolgs ist leicht zu finden. Das quantitative Moment der Triebstärke hatte sich seinerzeit dem Abwehrstreben des Ichs widersetzt; wir haben darum die analytische Arbeit zu Hilfe gerufen, und nun setzt dasselbe Moment der Wirksamkeit dieser neuen Bemühung eine Grenze. Bei übergroßer Triebstärke mißlingt dem gereiften und von der Analyse unterstützten Ich die Aufgabe, ähnlich wie früher dem hilflosen Ich; die Triebbeherrschung wird besser, aber sie bleibt unvollkommen, weil die Umwandlung des Abwehrmechanismus nur unvollständig ist. Daran ist nichts zu verwundern, denn die Analyse arbeitet nicht mit unbegrenzten, sondern mit beschränkten Machtmitteln und das Endergebnis hängt immer vom relativen Kräfteverhältnis der mit einander ringenden Instanzen ab.

Es ist unzweifelhaft wünschenswert, die Dauer einer analytischen Kur abzukürzen, aber der Weg zur Durchsetzung unserer therapeutischen Absicht führt nur über die Verstärkung der analytischen Hilfskraft, die wir dem Ich zuführen wollen. Die hypnotische Beeinflussung schien ein ausgezeichnetes Mittel für unsere Zwecke zu sein; es ist bekannt, warum wir darauf verzichten mußten. Ein Ersatz für die Hypnose ist bisher nicht gefunden worden, aber man versteht von diesem Gesichtspunkt aus die leider vergeblichen

therapeutischen Bemühungen, denen ein Meister der Analyse wie
Ferenczi seine letzten Lebensjahre gewidmet hat.

IV

Die beiden anschließenden Fragen, ob man den Patienten während
der Behandlung eines Triebkonflikts gegen zukünftige Triebkonflikte
schützen kann und ob es ausführbar und zweckmäßig ist, einen
derzeit nicht manifesten Triebkonflikt zum Zwecke der Vorbeugung
zu wecken, sollen miteinander behandelt werden, denn es ist offenbar,
daß man die erste Aufgabe nur lösen kann, indem man das zweite tut,
also den in der Zukunft möglichen Konflikt in einen aktuellen
verwandelt, den man der Beeinflussung unterzieht. Diese neue
Fragestellung ist im Grunde nur eine Fortführung der früheren.
Handelte es sich vorhin um eine Verhütung der Wiederkehr desselben Konflikts, so jetzt um seine mögliche Ersetzung durch einen
anderen. Was man da vorhat, klingt sehr ehrgeizig, aber man will
sich nur klar machen, welche Grenzen der Leistungsfähigkeit einer
analytischen Therapie gesteckt sind.

So sehr es den therapeutischen Ehrgeiz verlocken mag, sich derartige Aufgaben zu stellen, die Erfahrung hat nur eine glatte Abweisung bereit. Wenn ein Triebkonflikt nicht aktuell ist, sich nicht
äußert, kann man ihn auch durch die Analyse nicht beeinflussen.
Die Warnung, schlafende Hunde nicht zu wecken, die man unseren
Bemühungen um die Erforschung der psychischen Unterwelt so oft
entgegengehalten, ist für die Verhältnisse des Seelenlebens ganz besonders unangebracht. Denn, wenn die Triebe Störungen machen, ist
es ein Beweis, daß die Hunde nicht schlafen, und wenn sie wirklich zu
schlafen scheinen, liegt es nicht in unserer Macht, sie aufzuwecken.
Diese letztere Behauptung scheint aber nicht ganz zutreffend, sie
fordert eine eingehendere Diskussion heraus. Überlegen wir, welche
Mittel wir haben, um einen derzeit latenten Triebkonflikt aktuell zu
machen. Offenbar können wir nur zweierlei tun: entweder Situationen herbeiführen, in denen er aktuell wird, oder uns damit

begnügen, von ihm in der Analyse zu sprechen, auf seine Möglichkeit hinzuweisen. Die erstere Absicht kann auf zweierlei Wegen erreicht werden; erstens in der Realität, zweitens in der Übertragung, beide Male, indem wir den Patienten einem Maß von realem Leiden durch Versagung und Libidostauung aussetzen. Nun ist es richtig, daß wir uns einer solchen Technik schon in der gewöhnlichen Übung der Analyse bedienen. Was wäre sonst der Sinn der Vorschrift, daß die Analyse „in der Versagung" durchgeführt werden soll? Aber das ist eine Technik bei der Behandlung eines bereits aktuellen Konflikts. Wir suchen diesen Konflikt zuzuspitzen, ihn zur schärfsten Ausbildung zu bringen, um die Triebkraft für seine Lösung zu steigern. Die analytische Erfahrung hat uns gezeigt, daß jedes Besser ein Feind des Guten ist, daß wir in jeder Phase der Herstellung mit der Trägheit des Patienten zu kämpfen haben, die bereit ist, sich mit einer unvollkommenen Erledigung zu begnügen.

Wenn wir aber auf eine vorbeugende Behandlung von nicht aktuellen, bloß möglichen Triebkonflikten ausgehen, genügt es nicht, vorhandenes und unvermeidliches Leiden zu regulieren, man müßte sich entschließen, neues ins Leben zu rufen, und dies hat man bisher gewiß mit Recht dem Schicksal überlassen. Von allen Seiten würde man vor der Vermessenheit gewarnt werden, im Wettbewerb mit dem Schicksal so grausame Versuche mit den armen Menschenkindern anzustellen. Und welcher Art würden diese sein? Kann man es verantworten, daß man im Dienst der Prophylaxe eine befriedigende Ehe zerstört oder eine Stellung aufgeben läßt, mit der die Lebenssicherung des Analysierten verbunden ist? Zum Glück kommt man gar nicht in die Lage, über die Berechtigung solcher Eingriffe ins reale Leben nachzudenken; man hat überhaupt nicht die Machtvollkommenheit, die sie erfordern, und das Objekt dieses therapeutischen Experiments würde gewiß nicht mittun wollen. Ist dergleichen also in der Praxis so gut wie ausgeschlossen, so hat die Theorie noch andere Einwände dagegen. Die analytische Arbeit geht nämlich am besten vor sich, wenn die pathogenen Erlebnisse der Vergangenheit angehören, so daß das Ich Distanz zu ihnen gewinnen konnte. In akut krisenhaften Zuständen ist die Analyse so gut wie nicht zu brauchen. Alles Interesse des Ichs wird dann von der schmerzhaften Realität in Anspruch genommen und verweigert sich der Analyse, die hinter diese Oberfläche führen und die Einflüsse der Vergangenheit aufdecken will. Einen frischen Konflikt zu schaffen, wird also die analytische Arbeit nur verlängern und erschweren.

Man wird einwenden, das seien völlig überflüssige Erörterungen. Niemand denke daran, die Behandlungsmöglichkeit des latenten Triebkonflikts dadurch herzustellen, daß man absichtlich eine neue Leidenssituation heraufbeschwört. Das sei auch keine rühmenswerte prophylaktische Leistung. Es sei zum Beispiel bekannt, daß eine überstandene Scarlatina eine Immunität gegen die Wiederkehr der gleichen Erkrankung zurückläßt; darum fällt es doch den Internisten nicht ein, einen Gesunden, der möglicher Weise an Scarlatina erkranken kann, zum Zwecke dieser Sicherung mit Scarlatina zu infizieren. Die Schutzhandlung darf nicht dieselbe Gefahrsituation herstellen wie die der Erkrankung selbst, sondern nur eine um sehr viel geringere, wie es bei der Blatternimpfung und vielen ähnlichen Verfahren erreicht wird. Es kämen also auch bei einer analytischen Prophylaxe der Triebkonflikte nur die beiden anderen Methoden in Betracht, die künstliche Erzeugung von neuen Konflikten in der Übertragung, denen doch der Charakter der Realität abgeht, und die Erweckung solcher Konflikte in der Vorstellung des Analysierten, indem man von ihnen spricht und ihn mit ihrer Möglichkeit vertraut macht.

Ich weiß nicht, ob man behaupten darf, das erstere dieser beiden milderen Verfahren sei in der Analyse durchaus unanwendbar. Es fehlt an besonders darauf gerichteten Untersuchungen. Aber es drängen sich sofort Schwierigkeiten auf, die das Unternehmen nicht als sehr aussichtsreich erscheinen lassen. Erstens, daß man in der Auswahl solcher Situationen für die Übertragung recht eingeschränkt ist. Der Analysierte selbst kann nicht alle seine Konflikte in der

Übertragung unterbringen; ebensowenig kann der Analytiker aus der Übertragungssituation alle möglichen Triebkonflikte des Patienten wachrufen. Man kann ihn etwa eifersüchtig werden oder Liebesenttäuschungen erleben lassen, aber dazu braucht es keine technische Absicht. Dergleichen tritt ohnedies spontan in den meisten Analysen auf. Zweitens aber darf man nicht übersehen, daß alle solche Veranstaltungen unfreundliche Handlungen gegen den Analysierten notwendig machen, und durch diese schädigt man die zärtliche Einstellung zum Analytiker, die positive Übertragung, die das stärkste Motiv für die Beteiligung des Analysierten an der gemeinsamen analytischen Arbeit ist. Man wird also von diesen Verfahren keinesfalls viel erwarten dürfen.

So erübrigt also nur jener Weg, den man ursprünglich wahrscheinlich allein im Auge gehabt hat. Man erzählt dem Patienten von den Möglichkeiten anderer Triebkonflikte und weckt seine Erwartung, daß sich dergleichen auch bei ihm ereignen könnte. Man hofft nun, solche Mitteilung und Warnung werde den Erfolg haben, beim Patienten einen der angedeuteten Konflikte in bescheidenem und doch zur Behandlung zureichendem Maß zu aktivieren. Aber diesmal gibt die Erfahrung eine unzweideutige Antwort. Der erwartete Erfolg stellt sich nicht ein. Der Patient hört die Botschaft wohl, allein es fehlt der Widerhall. Er mag sich denken: Das ist ja sehr interessant, aber ich verspüre nichts davon. Man hat sein Wissen vermehrt und sonst nichts in ihm verändert. Der Fall ist ungefähr derselbe wie bei der Lektüre psychoanalytischer Schriften. Der Leser wird nur bei jenen Stellen „aufgeregt", in denen er sich getroffen fühlt, die also die in ihm derzeit wirksamen Konflikte betreffen. Alles andere läßt ihn kalt. Ich meine, man kann analoge Erfahrungen machen, wenn man Kindern sexuelle Aufklärungen gibt. Ich bin weit entfernt zu behaupten, es sei ein schädliches oder überflüssiges Vorgehen, aber man hat offenbar die vorbeugende Wirkung dieser liberalen Maßregel weit überschätzt. Die Kinder wissen jetzt etwas, was sie bisher nicht gewußt haben, aber sie machen nichts mit den neuen, ihnen geschenkten

Kenntnissen. Man überzeugt sich, daß sie nicht einmal so rasch bereit sind, ihnen jene, man möchte sagen: naturwüchsigen, Sexualtheorien zum Opfer zu bringen, die sie im Einklang mit und in Abhängigkeit von ihrer unvollkommenen Libidoorganisation gebildet haben, von der Rolle des Storchs, von der Natur des sexuellen Verkehrs, von der Art, wie die Kinder zustande kommen. Noch lange Zeit, nachdem sie die sexuelle Aufklärung empfangen haben, benehmen sie sich wie die Primitiven, denen man das Christentum aufgedrängt hat und die im Geheimen fortfahren, ihre alten Götzen zu verehren.

V

Wir sind von der Frage ausgegangen, wie man die beschwerlich lange Dauer einer analytischen Behandlung abkürzen kann, und sind dann, immer noch vom Interesse für zeitliche Verhältnisse geleitet, zur Untersuchung fortgeschritten, ob man Dauerheilung erzielen oder gar durch vorbeugende Behandlung zukünftige Erkrankung fernhalten kann. Wir haben dabei als maßgebend für den Erfolg unserer therapeutischen Bemühung erkannt die Einflüsse der traumatischen Ätiologie, die relative Stärke der zu beherrschenden Triebe und etwas, was wir die Ichveränderung nannten. Nur bei dem zweiten dieser Momente haben wir ausführlicher verweilt, hatten dabei Anlaß, die überragende Wichtigkeit des quantitativen Faktors anzuerkennen und das Anrecht der metapsychologischen Betrachtungsweise bei jedem Erklärungsversuch zu betonen.

Über das dritte Moment, das der Ichveränderung, haben wir noch nichts geäußert. Wenden wir uns ihm zu, so empfangen wir den ersten Eindruck, daß hier viel zu fragen und zu beantworten ist und daß, was wir dazu zu sagen haben, sich als sehr unzureichend erweisen wird. Dieser erste Eindruck hält auch bei weiterer Beschäftigung mit dem Problem stand. Die analytische Situation besteht bekanntlich darin, daß wir uns mit dem Ich der Objektperson verbünden, um unbeherrschte Anteile ihres Es zu unterwerfen, also sie in die Synthese des Ichs einzubeziehen. Die Tatsache, daß ein solches Zusammenarbeiten beim Psychotiker regelmäßig mißlingt, leiht unserem Urteil einen ersten festen Punkt. Das Ich, mit dem wir einen solchen Pakt schließen können, muß ein normales Ich sein. Aber ein solches Normal-Ich ist, wie die Normalität überhaupt, eine Idealfiktion. Das abnorme, für unsere Absichten unbrauchbare Ich ist leider keine. Jeder Normale ist eben nur durchschnittlich normal, sein Ich nähert sich dem des Psychotikers in dem oder jenem Stück, in größerem oder geringerem Ausmaß, und der Betrag der Entfernung von dem einen und der Annäherung an das andere Ende der Reihe wird uns vorläufig ein Maß für die so unbestimmt gekennzeichnete „Ichveränderung" sein.

Fragen wir, woher die so mannigfaltigen Arten und Grade der Ichveränderung rühren mögen, so ist die nächste unvermeidliche Alternative, sie sind entweder ursprünglich oder erworben. Der zweite Fall wird leichter zu behandeln sein. Wenn erworben, dann gewiß im Laufe der Entwicklung von den ersten Lebenszeiten an. Von allem Anfang an muß ja das Ich seine Aufgabe zu erfüllen suchen, zwischen seinem Es und der Außenwelt im Dienste des Lustprinzips vermitteln, das Es gegen die Gefahren der Außenwelt behüten. Wenn es im Laufe dieser Bemühung lernt, sich auch gegen das eigene Es defensiv einzustellen und dessen Triebansprüche wie äußere Gefahren zu behandeln, so geschieht dies wenigstens zum Teil darum, weil es versteht, daß die Triebbefriedigung zu Konflikten mit der Außenwelt führen würde. Das Ich gewöhnt sich dann unter dem Einfluß der Erziehung, den Schauplatz des Kampfes von außen nach innen zu verlegen, die innere Gefahr zu bewältigen, ehe sie zur äußeren geworden ist, und tut wahrscheinlich zumeist gut daran. Während dieses Kampfes auf zwei Fronten — später wird eine dritte Front hinzukommen — bedient sich das Ich verschiedener Verfahren, um seiner Aufgabe zu genügen, allgemein ausgedrückt, um Gefahr, Angst, Unlust zu vermeiden. Wir nennen diese Verfahren „Abwehrmechanismen". Sie sind uns noch nicht erschöpfend genug bekannt. Das Buch von Anna Freud hat uns einen ersten Einblick in ihre Mannigfaltigkeit und vielseitige Bedeutung gestattet.[1]

Von einem dieser Mechanismen, von der Verdrängung, hat das Studium der neurotischen Vorgänge überhaupt seinen Ausgang genommen. Es war nie ein Zweifel daran, daß die Verdrängung nicht das einzige Verfahren ist, das dem Ich für seine Absichten zu Gebote steht. Immerhin ist sie etwas ganze Besonderes, das von den anderen Mechanismen schärfer geschieden ist als diese untereinander. Ich möchte ihr Verhältnis zu diesen anderen durch einen Vergleich deutlich machen, weiß aber, daß in diesen Gebieten Vergleichungen nie weit tragen. Man denke also an die möglichen Schicksale eines Buches zur Zeit, als Bücher noch nicht in Auflagen gedruckt, sondern einzeln geschrieben wurden. Ein solches Buch enthalte Angaben, die in späteren Zeiten als unerwünscht betrachtet werden. Etwa wie nach Robert Eisler[2] die Schriften des Flavius Josephus Stellen über Jesus Christus enthalten haben müssen, an denen die spätere Christenheit Anstoß nahm. Die amtliche Zensur würde in der Jetztzeit keinen anderen Abwehrmechanismus anwenden als die Konfiskation und Vernichtung jedes Exemplars der ganzen Auflage. Damals wandte man verschiedene Methoden zur Unschädlichmachung an. Entweder die anstößigen Stellen wurden dick durchgestrichen, so daß sie unleserlich waren; sie konnten dann auch nicht abgeschrieben werden und der nächste Kopist des Buches lieferte einen tadellosen Text, aber an einigen Stellen lückenhaft und vielleicht dort unverständlich. Oder man begnügte sich nicht damit, wollte auch den Hinweis auf die Verstümmelung des Textes vermeiden; man ging also dazu über, den Text zu entstellen. Man ließ einzelne Worte aus oder ersetzte sie durch andere, man schaltete neue Sätze ein; am besten strich man die ganze Stelle heraus und fügte an ihrer Statt eine

---

1) Anna Freud: Das Ich und die Abwehrmechanismen, Imago Publishing Co., London, 1946; 1. Auflage, Wien, 1936.

2) Robert Eisler: Jesus Basileus. Religionswissenschaftliche Bibliothek, begründet von W. Streitberg, Band 9, Heidelberg bei Carl Winter, 1929.

andere ein, die das genaue Gegenteil besagte. Der nächste Abschreiber des Buches konnte dann einen unverdächtigen Text herstellen, der aber verfälscht war; er enthielt nicht mehr, was der Autor hatte mitteilen wollen, und sehr wahrscheinlich war er nicht zur Wahrheit korrigiert worden.

Wenn man den Vergleich nicht allzu strenge durchführt, kann man sagen, die Verdrängung verhält sich zu den anderen Abwehrmethoden wie die Auslassung zur Textentstellung, und in den verschiedenen Formen dieser Verfälschung kann man die Analogien zur Mannigfaltigkeit der Ichveränderung finden. Man kann den Einwand versuchen, dieser Vergleich gleite in einem wesentlichen Punkte ab, denn die Textentstellung ist das Werk einer tendenziösen Zensur, zu der die Ichentwicklung kein Gegenstück zeigt. Aber dem ist nicht so, denn diese Tendenz wird durch den Zwang des Lustprinzips weitgehend vertreten. Der psychische Apparat verträgt die Unlust nicht, er muß sich ihrer um jeden Preis erwehren, und wenn die Wahrnehmung der Realität Unlust bringt, muß sie — die Wahrheit also — geopfert werden. Gegen die äußere Gefahr kann man sich eine ganze Weile durch Flucht und Vermeidung der Gefahrsituation helfen, bis man später einmal stark genug wird, um die Drohung durch aktive Veränderung der Realität aufzuheben. Aber vor sich selbst kann man nicht fliehen, gegen die innere Gefahr hilft keine Flucht, und darum sind die Abwehrmechanismen des Ichs dazu verurteilt, die innere Wahrnehmung zu verfälschen und uns nur eine mangelhafte und entstellte Kenntnis unseres Es zu ermöglichen. Das Ich ist dann in seinen Beziehungen zum Es durch seine Einschränkungen gelähmt oder durch seine Irrtümer verblendet, und der Erfolg im psychischen Geschehen wird derselbe sein müssen, wie wenn man auf der Wanderung die Gegend nicht kennt und nicht rüstig ist im Gehen.

Die Abwehrmechanismen dienen der Absicht, Gefahren abzuhalten. Es ist unbestreitbar, daß ihnen solches gelingt; es ist zweifelhaft, ob das Ich während seiner Entwicklung völlig auf sie verzichten kann, aber es ist auch sicher, daß sie selbst zu Gefahren werden können. Manchmal stellt es sich heraus, daß das Ich für die Dienste, die sie ihm leisten, einen zu hohen Preis gezahlt hat. Der dynamische Aufwand, der erfordert wird, um sie zu unterhalten, sowie die Icheinschränkungen, die sie fast regelmäßig mit sich bringen, erweisen sich als schwere Belastungen der psychischen Ökonomie. Auch werden diese Mechanismen nicht aufgelassen, nachdem sie dem Ich in den schweren Jahren seiner Entwicklung ausgeholfen haben. Jede Person verwendet natürlich nicht alle möglichen Abwehrmechanismen, sondern nur eine gewisse Auswahl von ihnen, aber diese fixieren sich im Ich, sie werden regelmäßige Reaktionsweisen des Charakters, die durchs ganze Leben wiederholt werden, so oft eine der ursprünglichen Situation ähnliche wiederkehrt. Damit werden sie zu Infantilismen, teilen das Schicksal so vieler Institutionen, die sich über die Zeit ihrer Brauchbarkeit hinaus zu erhalten streben. „Vernunft wird Unsinn, Wohltat Plage", wie es der Dichter beklagt. Das erstarkte Ich des Erwachsenen fährt fort, sich gegen Gefahren zu verteidigen, die in der Realität nicht mehr bestehen, ja es findet sich gedrängt, jene Situationen der Realität herauszusuchen, die die ursprüngliche Gefahr ungefähr ersetzen können, um sein Festhalten an den gewohnten Reaktionsweisen an ihnen rechtfertigen zu können. Somit wird es leicht verständlich, wie die Abwehrmechanismen durch immer weiter greifende Entfremdung von der Außenwelt und dauernde Schwächung des Ichs den Ausbruch der Neurose vorbereiten und begünstigen.

Unser Interesse ist aber gegenwärtig nicht auf die pathogene Rolle der Abwehrmechanismen gerichtet; wir wollen untersuchen, wie die ihnen entsprechende Ichveränderung unsere therapeutische Bemühung beeinflußt. Das Material zur Beantwortung dieser Frage ist in dem erwähnten Buch von Anna Freud gegeben. Das Wesentliche daran ist, daß der Analysierte diese Reaktionsweisen auch während der analytischen Arbeit wiederholt, uns gleichsam vor Augen führt; eigentlich kennen wir sie nur daher. Damit ist nicht gesagt, daß sie die Analyse unmöglich machen. Sie legen vielmehr die eine Hälfte

unserer analytischen Aufgabe fest. Die andere, die in der Frühzeit der
Analyse zuerst in Angriff genommen wurde, ist die Aufdeckung des
im Es Verborgenen. Unsere therapeutische Bemühung pendelt während
der Behandlung beständig von einem Stückchen Esanalyse zu
einem Stückchen Ichanalyse. Im einen Fall wollen wir etwas vom Es
bewußt machen, im anderen etwas am Ich korrigieren. Die entscheidende
Tatsache ist nämlich, daß die Abwehrmechanismen gegen
einstige Gefahren in der Kur als Widerstände gegen die Heilung
wiederkehren. Es läuft darauf hinaus, daß die Heilung selbst vom Ich
wie eine neue Gefahr behandelt wird.

Der therapeutische Effekt ist an die Bewußtmachung des im Es im
weitesten Sinn Verdrängten gebunden; wir bereiten dieser Bewußtmachung
den Weg durch Deutungen und Konstruktionen, aber wir
haben nur für uns, nicht für den Analysierten gedeutet, solange das
Ich an den früheren Abwehren festhält, die Widerstände nicht aufgibt.
Nun sind diese Widerstände, obwohl dem Ich angehörig, doch
unbewußt und in gewissem Sinne innerhalb des Ichs abgesondert. Der
Analytiker erkennt sie leichter als das Verborgene im Es; es sollte
hinreichen, sie wie Anteile des Es zu behandeln und durch Bewußtmachung
mit dem übrigen Ich in Beziehung zu bringen. Auf diesem
Weg wäre die eine Hälfte der analytischen Aufgabe zu erledigen; auf
einen Widerstand gegen die Aufdeckung von Widerständen möchte
man nicht rechnen. Es ereignet sich aber folgendes. Während der
Arbeit an den Widerständen tritt das Ich — mehr oder weniger
ernsthaft — aus dem Vertrag aus, auf dem die analytische Situation
ruht. Das Ich unterstützt unsere Bemühung um die Aufdeckung des
Es nicht mehr, es widersetzt sich ihr, hält die analytische Grundregel
nicht ein, läßt keine weiteren Abkömmlinge des Verdrängten auftauchen.
Eine starke Überzeugung von der heilenden Macht der
Analyse kann man vom Patienten nicht erwarten; er mag ein Stück
Vertrauen zum Analytiker mitgebracht haben, das durch die zu erweckenden
Momente der positiven Übertragung zur Leistungsfähigkeit
verstärkt wird. Unter dem Einfluß der Unlustregungen,

die durch das neuerliche Abspielen der Abwehrkonflikte verspürt werden, können jetzt negative Übertragungen die Oberhand gewinnen und die analytische Situation völlig aufheben. Der Analytiker ist jetzt für den Patienten nur ein fremder Mensch, der unangenehme Zumutungen an ihn stellt, und er benimmt sich gegen ihn ganz wie das Kind, das den Fremden nicht mag und ihm nichts glaubt. Versucht der Analytiker, dem Patienten eine der in der Abwehr vorgenommenen Entstellungen aufzuzeigen und sie zu korrigieren, so findet er ihn verständnislos und unzugänglich für gute Argumente. So gibt es wirklich einen Widerstand gegen die Aufdeckung von Widerständen und die Abwehrmechanismen verdienen wirklich den Namen, mit dem wir sie anfänglich bezeichnet haben, ehe sie genauer erforscht wurden; es sind Widerstände nicht nur gegen die Bewußtmachung der Es-Inhalte, sondern auch gegen die Analyse überhaupt und somit gegen die Heilung.

Die Wirkung der Abwehren im Ich können wir wohl als „Ichveränderung" bezeichnen, wenn wir darunter den Abstand von einem fiktiven Normal-Ich verstehen, das der analytischen Arbeit unerschütterliche Bündnistreue zusichert. Es ist nun leicht zu glauben, was die tägliche Erfahrung zeigt, daß es wesentlich davon abhängt, wie stark und wie tief eingewurzelt diese Widerstände der Ichveränderung sind, wo es sich um den Ausgang einer analytischen Kur handelt. Wieder tritt uns hier die Bedeutung des quantitativen Faktors entgegen, wieder werden wir daran gemahnt, daß die Analyse nur bestimmte und begrenzte Mengen von Energien aufwenden kann, die sich mit den feindlichen Kräften zu messen haben. Und als ob der Sieg wirklich meist bei den stärkeren Bataillonen wäre.

VI

Die nächste Frage wird lauten, ob alle Ichveränderung — in unserem Sinne — während der Abwehrkämpfe der Frühzeit erworben wird. Die Antwort kann nicht zweifelhaft sein. Es besteht kein Grund, die Existenz und Bedeutung ursprünglicher, mitgeborener Ichverschiedenheiten zu bestreiten. Schon die eine Tatsache ist entscheidend, daß jede Person ihre Auswahl unter den möglichen Abwehrmechanismen trifft, immer nur einige und dann stets dieselben verwendet. Das deutet darauf hin, daß das einzelne Ich von vornherein mit individuellen Dispositionen und Tendenzen ausgestattet ist, deren Art und Bedingtheit wir nun freilich nicht angeben können. Außerdem wissen wir, daß wir den Unterschied zwischen ererbten und erworbenen Eigenschaften nicht zu einem Gegensatz überspannen dürfen; unter dem Ererbten ist, was die Vorfahren erworben haben, gewiß ein wichtiger Anteil. Wenn wir von „archaischer Erbschaft" sprechen, denken wir gewöhnlich nur an das Es und scheinen anzunehmen, daß ein Ich am Beginn des Eigenlebens noch nicht vorhanden ist. Aber wir wollen nicht übersehen, daß Es und Ich ursprünglich eins sind, und es bedeutet noch keine mystische Überschätzung der Erblichkeit, wenn wir für glaubwürdig halten, daß dem noch nicht existierenden Ich bereits festgelegt ist, welche Entwicklungsrichtungen, Tendenzen und Reaktionen es späterhin zum Vorschein bringen wird. Die psychologischen Besonderheiten von Familien, Rassen und Nationen auch in ihrem Verhalten gegen die Analyse lassen keine andere Erklärung zu. Ja noch mehr, die analytische Erfahrung hat uns die Überzeugung aufgedrängt, daß selbst bestimmte psychische Inhalte wie die Symbolik keine anderen Quellen haben als die erbliche Übertragung, und in verschiedenen völkerpsychologischen Untersuchungen wird uns nahegelegt, noch andere, ebenso spezialisierte Niederschläge frühmenschlicher Entwicklung in der archaischen Erbschaft vorauszusetzen.

Mit der Einsicht, daß die Eigenheiten des Ichs, die wir als Widerstände zu spüren bekommen, ebensowohl hereditär bedingt als in Abwehrkämpfen erworben sein können, hat die topische Unterscheidung, ob Ich, ob Es, viel von ihrem Wert für unsere Untersuchung eingebüßt. Ein weiterer Schritt in unserer analytischen Erfahrung führt uns zu Widerständen anderer Art, die wir nicht mehr lokalisieren können und die von fundamentalen Verhältnissen im seelischen Apparat abzuhängen scheinen. Ich kann nur einige Proben dieser Gattung aufführen, das ganze Gebiet ist noch verwirrend fremd, ungenügend erforscht. Man trifft z. B. auf Personen, denen man eine besondere „Klebrigkeit der Libido" zuschreiben möchte. Die Prozesse, die die Kur bei ihnen einleitet, verlaufen so viel langsamer als bei anderen, weil sie sich, wie es scheint, nicht entschließen können, Libidobesetzungen von einem Objekt abzulösen und auf ein neues zu verschieben, obwohl besondere Gründe für solche Besetzungstreue nicht zu finden sind. Man begegnet auch dem entgegengesetzten Typus, bei dem die Libido besonders leicht beweglich erscheint, rasch auf die von der Analyse vorgeschlagenen Neubesetzungen eingeht und die früheren für sie aufgibt. Es ist ein Unterschied, wie ihn der bildende Künstler verspüren mag, ob er in hartem Stein oder in weichem Ton arbeitet. Leider zeigen sich die analytischen Resultate bei diesem zweiten Typus oft als sehr hinfällig; die neuen Besetzungen werden bald wieder verlassen, man bekommt den Eindruck, als habe man nicht in Ton gearbeitet, sondern in Wasser geschrieben. Die Warnung „Wie gewonnen, so zerronnen" behält hier Recht.

Bei einer anderen Gruppe von Fällen wird man durch ein Verhalten überrascht, das man nur auf eine Erschöpfung der sonst zu erwartenden Plastizität, der Fähigkeit zur Abänderung und Weiterentwicklung beziehen kann. Auf ein gewisses Maß von psychischer Trägheit sind wir in der Analyse wohl vorbereitet; wenn die analytische Arbeit der Triebregung neue Wege eröffnet hat, so beobachten wir fast regelmäßig, daß sie nicht ohne deutliche Verzögerung begangen werden. Wir haben dies Verhalten, vielleicht nicht ganz richtig, als „Widerstand vom Es" bezeichnet. Aber bei den Fällen, die hier gemeint sind, erweisen sich alle Abläufe, Beziehungen und Kraftverteilungen als unabänderlich, fixiert und erstarrt. Es ist so, wie man es bei sehr alten Leuten findet, durch die sogenannte Macht der Gewohnheit, die Erschöpfung der Aufnahmsfähigkeit, durch eine

Art von psychischer Entropie erklärt; aber es handelt sich hier um noch jugendliche Individuen. Unsere theoretische Vorbereitung scheint unzureichend, um die so beschriebenen Typen richtig aufzufassen; es kommen wohl zeitliche Charaktere in Betracht, Abänderungen eines noch nicht gewürdigten Entwicklungsrhythmus im psychischen Leben.

Anders und noch tiefer begründet mögen die Ichverschiedenheiten sein, die in einer weiteren Gruppe von Fällen als Quellen des Widerstands gegen die analytische Kur und als Verhinderungen des therapeutischen Erfolgs zu beschuldigen sind. Hier handelt es sich um das letzte, was die psychologische Erforschung überhaupt zu erkennen vermag, das Verhalten der beiden Urtriebe, deren Verteilung, Vermengung und Entmischung, Dinge, die nicht auf eine einzige Provinz des seelischen Apparates, Es, Ich und Über-Ich beschränkt vorzustellen sind. Es gibt keinen stärkeren Eindruck von den Widerständen während der analytischen Arbeit als den von einer Kraft, die sich mit allen Mitteln gegen die Genesung wehrt und durchaus an Krankheit und Leiden festhalten will. Einen Anteil dieser Kraft haben wir, sicherlich mit Recht, als Schuldbewußtsein und Strafbedürfnis agnosziert und im Verhältnis des Ichs zum Über-Ich lokalisiert. Aber das ist nur jener Anteil, der vom Über-Ich sozusagen psychisch gebunden ist und in solcher Weise kenntlich wird; andere Beträge derselben Kraft mögen, unbestimmt wo, in gebundener oder freier Form, am Werke sein. Hält man sich das Bild in seiner Gesamtheit vor, zu dem sich die Erscheinungen des immanenten Masochismus so vieler Personen, der negativen therapeutischen Reaktion und des Schuldbewußtseins der Neurotiker zusammensetzen, so wird man nicht mehr dem Glauben anhängen können, daß das seelische Geschehen ausschließlich vom Luststreben beherrscht wird. Diese Phänomene sind unverkennbare Hinweise auf das Vorhandensein einer Macht im Seelenleben, die wir nach ihren Zielen Aggressions- oder Destruktionstrieb heißen und von dem ursprünglichen Todestrieb der belebten Materie ableiten. Ein Gegensatz einer optimistischen zu einer pessimistischen Lebenstheorie kommt nicht in Frage; nur das Zusammen- und Gegeneinanderwirken beider Urtriebe Eros und Todestrieb erklärt die Buntheit der Lebenserscheinungen, niemals einer von ihnen allein.

Wie Anteile der beiden Triebarten zur Durchsetzung der einzelnen Lebensfunktionen miteinander zusammentreten, unter welchen Bedingungen diese Vereinigungen sich lockern oder zerfallen, welche Störungen diesen Veränderungen entsprechen und mit welchen Empfindungen die Wahrnehmungsskala des Lustprinzips auf sie antwortet, das klarzustellen wäre die lohnendste Aufgabe der psychologischen Forschung. Vorläufig beugen wir uns vor der Übermacht der Gewalten, an der wir unsere Bemühungen scheitern sehen. Schon die psychische Beeinflussung des einfachen Masochismus stellt unser Können auf eine harte Probe.

Beim Studium der Phänomene, die die Betätigung des Destruktionstriebs erweisen, sind wir nicht auf Beobachtungen an pathologischem Material eingeschränkt. Zahlreiche Tatsachen des normalen Seelenlebens drängen nach einer solchen Erklärung, und je mehr unser Blick sich schärft, desto reichlicher werden sie uns auffallen. Es ist ein Thema, zu neu und zu wichtig, um es in dieser Erörterung wie beiläufig zu behandeln; ich werde mich damit bescheiden, einige wenige Proben herauszuheben. Die folgende als Beispiel:

Es ist bekannt, daß es zu allen Zeiten Menschen gegeben hat und noch gibt, die Personen des gleichen wie des anderen Geschlechts zu ihren Sexualobjekten nehmen können, ohne daß die eine Richtung die andere beeinträchtigt. Wir heißen diese Leute Bisexuelle, nehmen ihre Existenz hin, ohne uns viel darüber zu verwundern. Wir haben aber gelernt, daß alle Menschen in diesem Sinne bisexuell sind, ihre Libido entweder in manifester oder in latenter Weise auf Objekte beider Geschlechter verteilen. Nur fällt uns folgendes dabei auf. Während im ersten Falle die beiden Richtungen sich ohne Anstoß mit einander vertragen haben, befinden sie sich im anderen und häufigeren Falle im Zustand eines unversöhnlichen Konflikts. Die Heterosexualität eines Mannes duldet keine Homosexualität, und ebenso ist es umgekehrt. Ist die erstere die stärkere, so gelingt es ihr, die letztere latent zu erhalten und von der Realbefriedigung abzudrängen; andererseits gibt es keine größere Gefahr für die heterosexuelle Funktion eines Mannes als die Störung durch die latente Homosexualität. Man könnte die Erklärung versuchen, daß eben nur ein bestimmter Betrag von Libido verfügbar ist, um den die beiden mit einander rivalisierenden Richtungen ringen müssen. Allein man sieht nicht ein, warum die Rivalen nicht regelmäßig den verfügbaren Betrag der Libido je nach ihrer relativen Stärke unter sich aufteilen, wenn sie es doch in manchen Fällen tun können. Man bekommt durchaus den Eindruck, als sei die Neigung zum Konflikt etwas Besonderes, was neu zur Situation hinzukommt, unabhängig von der Quantität der Libido. Eine solche unabhängig auftretende Konfliktneigung wird man kaum auf anderes zurückführen können als auf das Eingreifen eines Stückes von freier Aggression.

Wenn man den hier erörterten Fall als Äußerung des Destruktions- oder Aggressionstriebs anerkennt, so erhebt sich sofort die Frage, ob man nicht dieselbe Auffassung auf andere Beispiele von Konflikt ausdehnen, ja ob man nicht überhaupt all unser Wissen vom psychischen Konflikt unter diesem neuen Gesichtspunkt revidieren soll. Wir nehmen doch an, daß auf dem Weg der Entwicklung vom Primitiven zum Kulturmenschen eine sehr erhebliche Verinnerlichung, Einwärtswendung der Aggression stattfindet, und für die Außenkämpfe, die dann unterbleiben, wären die inneren Konflikte sicherlich das richtige Äquivalent. Es ist mir wohl bekannt, daß die dualistische Theorie, die einen Todes-, Destruktions- oder Aggressionstrieb als gleichberechtigten Partner neben den in der Libido sich kundgebenden Eros hinstellen will, im allgemeinen wenig Anklang gefunden und sich auch unter Psychoanalytikern nicht eigentlich durchgesetzt hat. Umsomehr mußte es mich erfreuen, als ich unlängst unsere Theorie bei einem der großen Denker der griechischen Frühzeit wiederfand. Ich opfere dieser Bestätigung gern das Prestige der Originalität, zumal da ich bei dem Umfang meiner Lektüre in

Die endliche und die unendliche Analyse

früheren Jahren doch nie sicher werden kann, ob meine angebliche Neuschöpfung nicht eine Leistung der Kryptomnesie war.

Empedokles aus Akragas (Girgenti),[1] etwa 495 a. Chr. geboren, erscheint als eine der großartigsten und merkwürdigsten Gestalten der griechischen Kulturgeschichte. Seine vielseitige Persönlichkeit betätigte sich in den verschiedensten Richtungen; er war Forscher und Denker, Prophet und Magier, Politiker, Menschenfreund und naturkundiger Arzt; er soll die Stadt Selinunt von der Malaria befreit haben, von seinen Zeitgenossen wurde er wie ein Gott verehrt. Sein Geist scheint die schärfsten Gegensätze in sich vereinigt zu haben; exakt und nüchtern in seinen physikalischen und physiologischen Forschungen, scheut er doch vor dunkler Mystik nicht zurück, baut kosmische Spekulation auf von erstaunlich phantastischer Kühnheit. Capelle vergleicht ihn dem Dr. Faust, „dem gar manch Geheimnis wurde kund". Zu einer Zeit entstanden, da das Reich des Wissens noch nicht in so viele Provinzen zerfiel, müssen manche seiner Lehren uns primitiv anmuten. Er erklärte die Verschiedenheiten der Dinge durch Mischungen der vier Elemente, Erde, Wasser, Feuer und Luft, glaubte an die Allbelebtheit der Natur und an die Seelenwanderung, aber auch so moderne Ideen wie die stufenweise Entwicklung der Lebewesen, das Überbleiben des Tauglichsten und die Anerkennung der Rolle des Zufalls (τύχη) bei dieser Entwicklung gehen in sein Lehrgebäude ein.

Unser Interesse gebührt aber jener Lehre des Empedokles, die der psychoanalytischen Triebtheorie so nahe kommt, daß man versucht wird zu behaupten, die beiden wären identisch, bestünde nicht der Unterschied, daß die des Griechen eine kosmische Phantasie ist, während unsere sich mit dem Anspruch auf biologische Geltung bescheidet. Der Umstand freilich, daß Empedokles dem Weltall dieselbe Beseelung zuspricht wie dem einzelnen Lebewesen, entzieht dieser Differenz ein großes Stück ihrer Bedeutung.

---

[1] Das Folgende nach Wilhelm Capelle: Die Vorsokratiker, Alfred Kröner, Leipzig, 1935.

Der Philosoph lehrt also, daß es zwei Prinzipien des Geschehens im weltlichen wie im seelischen Leben gibt, die in ewigem Kampf mit einander liegen. Er nennt sie φιλία — Liebe — und νεῖκος — Streit. Die eine dieser Mächte, die für ihn im Grunde „triebhaft wirkende Naturkräfte, durchaus keine zweckbewußten Intelligenzen"[1] sind, strebt darnach, die Ur-Teilchen der vier Elemente zu einer Einheit zusammenzuballen, die andere im Gegenteil will all diese Mischungen rückgängig machen und die Ur-Teilchen der Elemente von einander sondern. Den Weltprozeß denkt er sich als fortgesetzte, niemals aufhörende Abwechslung von Perioden, in denen die eine oder die andere der beiden Grundkräfte den Sieg davonträgt, so daß einmal die Liebe, das nächste Mal der Streit seine Absicht voll durchsetzt und die Welt beherrscht, worauf der andere, unterlegene, Teil einsetzt und nun seinerseits den Partner niederringt.

Die beiden Grundprinzipien des Empedokles — φιλία und νεῖκος — sind dem Namen wie der Funktion nach das Gleiche wie unsere beiden Urtriebe Eros und Destruktion, der eine bemüht, das Vorhandene zu immer größeren Einheiten zusammenzufassen, der andere, diese Vereinigungen aufzulösen und die durch sie entstandenen Gebilde zu zerstören. Wir werden uns aber auch nicht verwundern, daß diese Theorie in manchen Zügen verändert ist, wenn sie nach zweiundeinhalb Jahrtausenden wieder auftaucht. Von der Einschränkung auf das Biopsychische abgesehen, die uns auferlegt ist, unsere Grundstoffe sind nicht mehr die vier Elemente des Empedokles, das Leben hat sich für uns scharf vom Unbelebten gesondert, wir denken nicht mehr an Vermengung und Trennung von Stoffteilchen, sondern an Verlötung und Entmischung von Triebkomponenten. Auch haben wir das Prinzip des „Streites" gewissermaßen biologisch unterbaut, indem wir unseren Destruktionstrieb auf den Todestrieb zurückführten, den Drang des Lebenden, zum Leblosen zurückzukehren. Das will nicht in Abrede stellen, daß ein analoger Trieb schon vorher bestanden hat, und natürlich nicht

---

[1] l. c., S. 186.

behaupten, daß ein solcher Trieb erst mit dem Erscheinen des Lebens entstanden ist. Und niemand kann vorhersehen, in welcher Einkleidung der Wahrheitskern in der Lehre des Empedokles sich späterer Einsicht zeigen wird.

VII

Ein inhaltreicher Vortrag, den S. Ferenczi 1927 gehalten, „Das Problem der Beendigung der Analysen",[1] schließt mit der tröstlichen Versicherung, „daß die Analyse kein endloser Prozeß ist, sondern bei entsprechender Sachkenntnis und Geduld des Analytikers zu einem natürlichen Abschluß gebracht werden kann". Ich meine, im ganzen kommt dieser Aufsatz doch einer Mahnung gleich, sich nicht die Abkürzung, sondern die Vertiefung der Analyse zum Ziel zu setzen. Ferenczi fügt noch die wertvolle Bemerkung an, es sei so sehr entscheidend für den Erfolg, daß der Analytiker aus seinen eigenen „Irrungen und Irrtümern" genügend gelernt und die „schwachen Punkte der eigenen Persönlichkeit" in seine Gewalt bekommen habe. Das ergibt eine wichtige Ergänzung zu unserem Thema. Nicht nur die Ichbeschaffenheit des Patienten, auch die Eigenart des Analytikers fordert ihre Stelle unter den Momenten, die die Aussichten der analytischen Kur beeinflussen und dieselbe nach Art der Widerstände erschweren.

Es ist unbestreitbar, daß die Analytiker in ihrer eigenen Persönlichkeit nicht durchwegs das Maß von psychischer Normalität erreicht haben, zu dem sie ihre Patienten erziehen wollen. Gegner der Analyse pflegen auf diese Tatsache höhnend hinzuweisen und sie als Argument für die Nutzlosigkeit der analytischen Bemühung zu verwerten. Man könnte diese Kritik als ungerechte Anforderung zurückweisen. Analytiker sind Personen, die eine bestimmte Kunst auszuüben gelernt haben und daneben Menschen sein dürfen wie auch andere. Man behauptet doch sonst nicht, daß jemand zum Arzt für interne Krankheiten nicht taugt, wenn seine internen Organe nicht gesund sind; man kann im Gegenteil gewisse Vorteile dabei

---

[1] Internationale Zeitschrift für Psychoanalyse, Bd. XIV, 1928.

finden, wenn ein selbst von Tuberkulose Bedrohter sich in der Behandlung von Tuberkulösen spezialisiert. Aber die Fälle liegen doch nicht gleich. Der lungen- oder herzkranke Arzt wird, insoweit er überhaupt leistungsfähig geblieben ist, durch sein Kranksein weder in der Diagnostik noch in der Therapie interner Leiden behindert sein, während der Analytiker infolge der besonderen Bedingungen der analytischen Arbeit durch seine eigenen Defekte wirklich darin gestört wird, die Verhältnisse des Patienten richtig zu erfassen und in zweckdienlicher Weise auf sie zu reagieren. Es hat also seinen guten Sinn, wenn man vom Analytiker als Teil seines Befähigungsnachweises ein höheres Maß von seelischer Normalität und Korrektheit fordert; dazu kommt noch, daß er auch eine gewisse Überlegenheit benötigt, um auf den Patienten in gewissen analytischen Situationen als Vorbild, in anderen als Lehrer zu wirken. Und endlich ist nicht zu vergessen, daß die analytische Beziehung auf Wahrheitsliebe, d. h. auf die Anerkennung der Realität gegründet ist und jeden Schein und Trug ausschließt.

Machen wir einen Moment halt, um den Analytiker unserer aufrichtigen Anteilnahme zu versichern, daß er bei Ausübung seiner Tätigkeit so schwere Anforderungen erfüllen soll. Es hat doch beinahe den Anschein, als wäre das Analysieren der dritte jener „unmöglichen" Berufe, in denen man des ungenügenden Erfolgs von vornherein sicher sein kann. Die beiden anderen, weit länger bekannten, sind das Erziehen und das Regieren. Daß der zukünftige Analytiker ein vollkommener Mensch sei, ehe er sich mit der Analyse beschäftigt hat, also daß nur Personen von so hoher und so seltener Vollendung sich diesem Beruf zuwenden, kann man offenbar nicht verlangen. Wo und wie soll aber der Ärmste sich jene ideale Eignung erwerben, die er in seinem Berufe brauchen wird? Die Antwort wird lauten: in der Eigenanalyse, mit der seine Vorbereitung für seine zukünftige Tätigkeit beginnt. Aus praktischen Gründen kann diese nur kurz und unvollständig sein, ihr hauptsächlicher Zweck ist, dem Lehrer ein Urteil zu ermöglichen, ob der Kandidat zur weiteren Ausbildung

zugelassen werden kann. Ihre Leistung ist erfüllt, wenn sie dem
Lehrling die sichere Überzeugung von der Existenz des Unbewußten
bringt, ihm die sonst unglaubwürdigen Selbstwahrnehmungen beim
Auftauchen des Verdrängten vermittelt und ihm an einer ersten
Probe die Technik zeigt, die sich in der analytischen Tätigkeit allein
bewährt hat. Dies allein würde als Unterweisung nicht ausreichen,
allein man rechnet darauf, daß die in der Eigenanalyse erhaltenen
Anregungen mit deren Aufhören nicht zu Ende kommen, daß die
Prozesse der Ichumarbeitung sich spontan beim Analysierten fortsetzen und alle weiteren Erfahrungen in dem neu erworbenen Sinn
verwenden werden. Das geschieht auch wirklich, und soweit es
geschieht, macht es den Analysierten tauglich zum Analytiker.

Es ist bedauerlich, daß außerdem noch anderes geschieht. Man
bleibt auf Eindrücke angewiesen, wenn man dies beschreiben will;
Feindseligkeit auf der einen, Parteilichkeit auf der anderen Seite
schaffen eine Atmosphäre, die der objektiven Erforschung nicht
günstig ist. Es scheint also, daß zahlreiche Analytiker es erlernen,
Abwehrmechanismen anzuwenden, die ihnen gestatten, Folgerungen
und Forderungen der Analyse von der eigenen Person abzulenken,
wahrscheinlich indem sie sie gegen andere richten, so daß sie selbst
bleiben, wie sie sind, und sich dem kritisierenden und korrigierenden
Einfluß der Analyse entziehen können. Es mag sein, daß dieser
Vorgang dem Dichter recht gibt, der uns mahnt, wenn einem
Menschen Macht verliehen wird, falle es ihm schwer, sie nicht zu mißbrauchen.[1] Mitunter drängt sich dem um ein Verständnis Bemühten
die unliebsame Analogie mit der Wirkung der Röntgenstrahlen auf,
wenn man ohne besondere Vorsichten mit ihnen hantiert. Es wäre
nicht zu verwundern, wenn durch die unausgesetzte Beschäftigung
mit all dem Verdrängten, was in der menschlichen Seele nach Befreiung ringt, auch beim Analytiker alle jene Triebansprüche wach-
gerüttelt würden, die er sonst in der Unterdrückung erhalten kann.
Auch dies sind „Gefahren der Analyse", die zwar nicht dem passiven,

---

1) Anatole France: La revolte des anges.

sondern dem aktiven Partner der analytischen Situation drohen, und man sollte es nicht unterlassen, ihnen zu begegnen. Es kann nicht zweifelhaft sein, auf welche Weise. Jeder Analytiker sollte periodisch, etwa nach Verlauf von fünf Jahren, sich wieder zum Objekt der Analyse machen, ohne sich dieses Schrittes zu schämen. Das hieße also, auch die Eigenanalyse würde aus einer endlichen eine unendliche Aufgabe, nicht nur die therapeutische Analyse am Kranken.

Indes hier ist es an der Zeit, ein Mißverständnis abzuwehren. Ich habe nicht die Absicht zu behaupten, daß die Analyse überhaupt eine Arbeit ohne Abschluß ist. Wie immer man sich theoretisch zu dieser Frage stellen mag, die Beendigung einer Analyse ist, meine ich, eine Angelegenheit der Praxis. Jeder erfahrene Analytiker wird sich an eine Reihe von Fällen erinnern können, in denen er *rebus bene gestis* vom Patienten dauernden Abschied genommen hat. Weit weniger entfernt sich die Praxis von der Theorie in Fällen der sogenannten Charakteranalyse. Hier wird man nicht leicht ein natürliches Ende voraussehen können, auch wenn man sich von übertriebenen Erwartungen ferne hält und der Analyse keine extremen Aufgaben stellt. Man wird sich nicht zum Ziel setzen, alle menschlichen Eigenarten zugunsten einer schematischen Normalität abzuschleifen oder gar zu fordern, daß der „gründlich Analysierte" keine Leidenschaften verspüren und keine inneren Konflikte entwickeln dürfe. Die Analyse soll die für die Ichfunktionen günstigsten psychologischen Bedingungen herstellen; damit wäre ihre Aufgabe erledigt.

VIII

In therapeutischen ebenso wie in Charakteranalysen wird man auf die Tatsache aufmerksam, daß zwei Themen sich besonders hervortun und dem Analytiker ungewöhnlich viel zu schaffen machen. Man kann das Gesetzmäßige, das sich darin äußert, nicht lange verkennen. Die beiden Themen sind an die Differenz der Geschlechter gebunden; das eine ist ebenso charakteristisch für den Mann wie das andere für das Weib. Trotz der Verschiedenheit des Inhalts sind es offenbare Entsprechungen. Etwas, das beiden Geschlechtern gemeinsam ist, ist durch den Geschlechtsunterschied in eine andere Ausdrucksform gepreßt worden. Die beiden einander entsprechenden Themen sind für das Weib der Penisneid — das positive Streben nach dem Besitz eines männlichen Genitales —, für den Mann das Sträuben gegen seine passive oder feminine Einstellung zum anderen Mann. Das Gemeinsame hat die psychoanalytische Nomenklatur frühzeitig als Verhalten zum Kastrationskomplex herausgehoben, Alfred Adler hat später die für den Mann voll zutreffende Bezeichnung „männlicher Protest" in Gebrauch gebracht; ich meine, „Ablehnung der Weiblichkeit" wäre vom Anfang an die richtige Beschreibung dieses so merkwürdigen Stückes des menschlichen Seelenlebens gewesen.

Beim Versuch einer Einfügung in unser theoretisches Lehrgebäude darf man nicht übersehen, daß dieser Faktor seiner Natur nach nicht die gleiche Unterbringung bei beiden Geschlechtern finden kann. Beim Mann ist das Männlichkeitsstreben von Anfang an und durchaus ichgerecht; die passive Einstellung wird, da sie die Annahme der Kastration voraussetzt, energisch verdrängt, und oftmals weisen nur exzessive Überkompensationen auf ihr Vorhandensein hin. Auch beim Weib ist das Streben nach Männlichkeit zu einer gewissen Zeit ichgerecht, nämlich in der phallischen Phase, vor der Entwicklung zur Femininität. Dann aber unterliegt es jenem bedeutsamen Verdrängungsprozeß, von dessen Ausgang, wie oft dargestellt, die Schicksale der Weiblichkeit abhängig sind. Sehr viel wird darauf ankommen, ob genug vom Männlichkeitskomplex sich der Verdrängung entzieht und den Charakter dauernd beeinflußt; große Anteile des Komplexes werden normaler Weise umgewandelt, um zum Aufbau der Weiblichkeit beizutragen; aus dem ungestillten Wunsch nach dem Penis soll der Wunsch nach dem Kind und nach dem Manne werden, der den Penis trägt. Ungewöhnlich oft aber werden wir finden, daß der Männlichkeitswunsch im Unbewußten erhalten geblieben ist und von der Verdrängung her seine störenden Wirkungen entfaltet.

Wie man aus dem Vorstehenden ersieht, ist es in beiden Fällen das Gegengeschlechtliche, das der Verdrängung verfällt. Ich habe bereits an anderer Stelle erwähnt,[1] daß mir dieser Gesichtspunkt seinerzeit von Wilhelm Fließ vorgetragen wurde, der geneigt war, den Gegensatz der Geschlechter für den eigentlichen Anlaß und das Urmotiv der Verdrängung zu erklären. Ich wiederhole nur meinen damaligen Widerspruch, wenn ich es ablehne, die Verdrängung in solcher Art zu sexualisieren, also sie biologisch anstatt nur psychologisch zu begründen.

Die hervorragende Bedeutung dieser beiden Themen — des Peniswunsches beim Weibe und des Sträubens gegen die passive Einstellung beim Manne — ist der Aufmerksamkeit Ferenczis nicht entgangen. In seinem 1927 gehaltenen Vortrag stellt er die Forderung auf, daß jede erfolgreiche Analyse diese beiden Komplexe bewältigt haben müßte.[2] Ich möchte aus eigener Erfahrung hinzufügen, daß ich Ferenczi hier besonders anspruchsvoll finde. Zu keiner Zeit der analytischen Arbeit leidet man mehr unter dem bedrückenden Gefühl erfolglos wiederholter Anstrengung, unter dem Verdacht, daß man „Fischpredigten" abhält, als wenn man die Frauen bewegen will, ihren Peniswunsch als undurchsetzbar aufzugeben, und wenn man die Männer überzeugen möchte, daß eine passive Einstellung zum Mann nicht immer die Bedeutung einer Kastration hat und in vielen Lebensbeziehungen unerläßlich ist. Aus der trotzigen Überkompensation des Mannes leitet sich einer der stärksten Übertragungswiderstände ab. Der Mann will sich einem Vaterersatz nicht unterwerfen, will ihm nicht zu Dank verpflichtet sein, will also auch vom Arzt die

---

1) „Ein Kind wird geschlagen", Ges. Werke, Bd. XII, S. 222.

2) „... jeder männliche Patient muß dem Arzt gegenüber als Zeichen der Überwindung der Kastrationsangst ein Gefühl der Gleichberechtigung erlangen; alle weiblichen Kranken müssen, soll ihre Neurose als eine vollständig erledigte gelten, mit ihrem Männlichkeitskomplex fertig werden und sich ohne Ranküne den Denkmöglichkeiten der weiblichen Rolle hingeben." (l. c., S. 8.)

Heilung nicht annehmen. Eine analoge Übertragung kann sich aus dem Peniswunsch des Weibes nicht herstellen, dagegen stammen aus dieser Quelle Ausbrüche von schwerer Depression um die innere Sicherheit, daß die analytische Kur nichts nützen wird und daß der Kranken nicht geholfen werden kann. Man wird ihr nicht unrecht geben, wenn man erfährt, daß die Hoffnung, das schmerzlich vermißte männliche Organ doch noch zu bekommen, das stärkste Motiv war, das sie in die Kur gedrängt hat.

Man lernt aber auch daraus, daß es nicht wichtig ist, in welcher Form der Widerstand auftritt, ob als Übertragung oder nicht. Entscheidend bleibt, daß der Widerstand keine Änderung zustande kommen läßt, daß alles so bleibt, wie es ist. Man hat oft den Eindruck, mit dem Peniswunsch und dem männlichen Protest sei man durch alle psychologische Schichtung hindurch zum „gewachsenen Fels" durchgedrungen und so am Ende seiner Tätigkeit. Das muß wohl so sein, denn für das Psychische spielt das Biologische wirklich die Rolle des unterliegenden gewachsenen Felsens. Die Ablehnung der Weiblichkeit kann ja nichts anderes sein als eine biologische Tatsache, ein Stück jenes großen Rätsels der Geschlechtlichkeit.[1] Ob und wann es uns in einer analytischen Kur gelungen ist, diesen Faktor zu bewältigen, wird schwer zu sagen sein. Wir trösten uns mit der Sicherheit, daß wir dem Analysierten jede mögliche Anregung geboten haben, seine Einstellung zu ihm zu überprüfen und zu ändern.

---

[1] Man darf sich durch die Bezeichnung „männlicher Protest" nicht zur Annahme verleiten lassen, die Ablehnung des Mannes gelte der passiven Einstellung, dem sozusagen sozialen Aspekt der Femininität. Dem widerspricht die leicht zu bestätigende Beobachtung, daß solche Männer häufig ein masochistisches Verhalten gegen das Weib, gradezu eine Hörigkeit zur Schau tragen. Der Mann wehrt sich nur gegen die Passivität im Verhältnis zum Mann, nicht gegen die Passivität überhaupt. Mit anderen Worten, der „männliche Protest" ist in der Tat nichts anderes als Kastrationsangst.

DER MANN MOSES
UND DIE
MONOTHEISTISCHE RELIGION

DER MANN MOSES UND DIE MONOTHEISTISCHE RELIGION

I

MOSES EIN ÄGYPTER

Einem Volkstum den Mann abzusprechen, den es als den größten unter seinen Söhnen rühmt, ist nichts, was man gern oder leichthin unternehmen wird, zumal wenn man selbst diesem Volke angehört. Aber man wird sich durch kein Beispiel bewegen lassen, die Wahrheit zugunsten vermeintlicher nationaler Interessen zurückzusetzen, und man darf ja auch von der Klärung eines Sachverhalts einen Gewinn für unsere Einsicht erwarten.

Der Mann *Moses*, der dem jüdischen Volke Befreier, Gesetzgeber und Religionsstifter war, gehört so entlegenen Zeiten an, daß man die Vorfrage nicht umgehen kann, ob er eine historische Persönlichkeit oder eine Schöpfung der Sage ist. Wenn er gelebt hat, so war es im 13., vielleicht aber im 14. Jahrhundert vor unserer Zeitrechnung; wir haben keine andere Kunde von ihm als aus den heiligen Büchern und den schriftlich niedergelegten Traditionen der Juden. Wenn darum auch die Entscheidung der letzten Sicherheit entbehrt, so hat sich doch die überwiegende Mehrheit der Historiker dafür ausgesprochen, daß Moses wirklich gelebt und der an ihn geknüpfte Auszug aus

Ägypten in der Tat stattgefunden hat. Man behauptet mit gutem Recht, daß die spätere Geschichte des Volkes Israel unverständlich wäre, wenn man diese Voraussetzung nicht zugeben würde. Die heutige Wissenschaft ist ja überhaupt vorsichtiger geworden und verfährt weit schonungsvoller mit Überlieferungen als in den Anfangszeiten der historischen Kritik.

Das Erste, das an der Person Moses' unser Interesse anzieht, ist der Name, der im Hebräischen *Mosche* lautet. Man darf fragen: woher stammt er? Was bedeutet er? Bekanntlich bringt schon der Bericht in Exodus, Kap. 2, eine Antwort. Dort wird erzählt, daß die ägyptische Prinzessin, die das im Nil ausgesetzte Knäblein gerettet, ihm diesen Namen gegeben mit der etymologischen Begründung: denn ich habe ihn aus dem Wasser gezogen. Allein diese Erklärung ist offenbar unzulänglich. „Die biblische Deutung des Namens ‚Der aus dem Wasser Gezogene' ", urteilt ein Autor im „Jüdischen Lexikon",[1] „ist Volksetymologie, mit der schon die aktive hebräische Form (‚Mosche' kann höchstens ‚der Herauszieher' heißen) nicht in Einklang zu bringen ist." Man kann diese Ablehnung mit zwei weiteren Gründen unterstützen, erstens, daß es unsinnig ist, einer ägyptischen Prinzessin eine Ableitung des Namens aus dem Hebräischen zuzuschreiben, und zweitens, daß das Wasser, aus dem das Kind gezogen wurde, höchstwahrscheinlich nicht das Wasser des Nils war.

Hingegen ist seit langem und von verschiedenen Seiten die Vermutung ausgesprochen worden, daß der Name Moses aus dem ägyptischen Sprachschatz herrührt. Anstatt alle Autoren anzuführen, die sich in diesem Sinn geäußert haben, will ich die entsprechende Stelle aus einem neueren Buch von J. H. Breasted übersetzt einschalten,[2] einem Autor, dessen „History of Egypt" (1906) als maßgebend geschätzt wird. „Es ist bemerkenswert, daß sein (dieses

---

[1] Jüdisches Lexikon, begründet von Herlitz und Kirschner, Bd. IV, 1930, Jüdischer Verlag, Berlin.

[2] The Dawn of Conscience, London 1934, S. 350.

Führers) Name, Moses, ägyptisch war. Es ist einfach das ägyptische Wort ‚mose', das ‚Kind' bedeutet, und ist die Abkürzung von volleren Namensformen wie z. B. Amen-mose, das heißt Amon-Kind, oder Ptah-mose, Ptah-Kind, welche Namen selbst wieder Abkürzungen der längeren Sätze sind: Amon (hat geschenkt ein) Kind oder Ptah (hat geschenkt ein) Kind. Der Name ‚Kind' wurde bald ein bequemer Ersatz für den weitläufigen vollen Namen und die Namensform ‚Mose' findet sich auf ägyptischen Denkmälern nicht selten vor. Der Vater des Moses hatte seinem Sohn sicherlich einen mit Ptah oder Amon zusammengesetzten Namen gegeben, und der Gottesname fiel im täglichen Leben nach und nach aus, bis der Knabe einfach ‚Mose' gerufen wurde. (Das ‚s' am Ende des Namens Moses stammt aus der griechischen Übersetzung des alten Testaments. Es gehört auch nicht dem Hebräischen an, wo der Name ‚Mosche' lautet.)" Ich habe die Stelle wörtlich wiedergegeben und bin keineswegs bereit, die Verantwortung für ihre Einzelheiten zu teilen. Ich verwundere mich auch ein wenig, daß Breasted in seiner Aufzählung grade die analogen theophoren Namen übergangen hat, die sich in der Liste der ägyptischen Könige vorfinden, wie *Ah-mose*, *Thut-mose* (Tothmes) und *Ra-mose* (Ramses).

Nun sollte man erwarten, daß irgendeiner der Vielen, die den Namen Moses als ägyptisch erkannt haben, auch den Schluß gezogen oder wenigstens die Möglichkeit erwogen hätte, daß der Träger des ägyptischen Namens selbst ein Ägypter gewesen sei. Für moderne Zeiten gestatten wir uns solche Schlüsse ohne Bedenken, obwohl gegenwärtig eine Person nicht einen Namen führt, sondern zwei, Familiennamen und Vornamen, und obwohl Namensänderungen und Angleichungen unter neueren Bedingungen nicht ausgeschlossen sind. Wir sind dann keineswegs überrascht, bestätigt zu finden, daß der Dichter Chamisso französischer Abkunft ist, Napoleon Buonaparte dagegen italienischer, und daß Benjamin Disraeli wirklich ein italienischer Jude ist, wie sein Name erwarten läßt. Und für alte und frühe Zeiten, sollte man meinen, müßte ein solcher Schluß vom Namen

auf die Volkszugehörigkeit noch weit zuverlässiger sein und eigentlich zwingend erscheinen. Dennoch hat meines Wissens im Falle Moses' kein Historiker diesen Schluß gezogen, auch keiner von denen, die, wie gerade wieder Breasted, bereit sind anzunehmen, daß Moses „mit aller Weisheit der Ägypter" vertraut war.[1]
Was da im Wege stand, ist nicht sicher zu erraten. Vielleicht war der Respekt vor der biblischen Tradition unüberwindlich. Vielleicht erschien die Vorstellung zu ungeheuerlich, daß der Mann Moses etwas anderes als ein Hebräer gewesen sein sollte. Jedenfalls stellt sich heraus, daß die Anerkennung des ägyptischen Namens nicht als entscheidend für die Beurteilung der Abkunft Moses' betrachtet, daß nichts weiter aus ihr gefolgert wird. Hält man die Frage nach der Nationalität dieses großen Mannes für bedeutsam, so wäre es wohl wünschenswert, neues Material zu deren Beantwortung vorzubringen.

Dies unternimmt meine kleine Abhandlung. Ihr Anspruch auf einen Platz in der Zeitschrift „Imago" gründet sich darauf, daß ihr Beitrag eine Anwendung der Psychoanalyse zum Inhalt hat. Das so gewonnene Argument wird gewiß nur auf jene Minderheit von Lesern Eindruck machen, die mit analytischem Denken vertraut ist und dessen Ergebnisse zu schätzen weiß. Ihnen aber wird es hoffentlich bedeutsam scheinen.

Im Jahre 1909 hat O. Rank, damals noch unter meinem Einfluß, auf meine Anregung eine Schrift veröffentlicht, die betitelt ist „Der Mythus von der Geburt des Helden".[2] Sie behandelt die Tatsache, daß „fast alle bedeutenden Kulturvölker .... frühzeitig ihre Helden, sagenhaften Könige und Fürsten, Religionsstifter, Dynastie-, Reichs- und Städtegründer, kurz ihre Nationalhelden in Dichtungen und

---

1) l. c., S. 334.
Obwohl die Vermutung, daß Moses Ägypter war, von den ältesten Zeiten bis zur Gegenwart häufig genug ohne Berufung auf den Namen geäußert wurde.

2) Fünftes Heft der „Schriften zur angewandten Seelenkunde", Fr. Deuticke, Wien. Es liegt mir ferne, den Wert der selbständigen Beiträge Ranks zu dieser Arbeit zu verkleinern.

Sagen verherrlicht" haben. „Besonders haben sie die Geburts- und Jugendgeschichte dieser Personen mit phantastischen Zügen ausgestattet, deren verblüffende Ähnlichkeit, ja teilweise wörtliche Übereinstimmung bei verschiedenen, mitunter weit getrennten und völlig unabhängigen Völkern längst bekannt und vielen Forschern aufgefallen ist." Konstruiert man nach dem Vorgang von Rank, etwa in Galtonscher Technik, eine „Durchschnittssage", welche die wesentlichen Züge all dieser Geschichten heraushebt, so erhält man folgendes Bild:

„Der Held ist das Kind vornehmster Eltern, meist ein Königssohn.

Seiner Entstehung gehen Schwierigkeiten voraus, wie Enthaltsamkeit oder lange Unfruchtbarkeit oder heimlicher Verkehr der Eltern infolge äußerer Verbote oder Hindernisse. Während der Schwangerschaft oder schon früher erfolgt eine vor seiner Geburt warnende Verkündigung (Traum, Orakel), die meist dem Vater Gefahr droht.

Infolgedessen wird das neugeborene Kind meist auf Veranlassung des Vaters oder der ihn vertretenden Person zur Tötung oder Aussetzung bestimmt; in der Regel wird es in einem Kästchen dem Wasser übergeben.

Es wird dann von Tieren oder geringen Leuten (Hirten) gerettet und von einem weiblichen Tiere oder einem geringen Weibe gesäugt.

Herangewachsen, findet es auf einem sehr wechselvollen Wege die vornehmen Eltern wieder, rächt sich am Vater einerseits, wird anerkannt anderseits und gelangt zu Größe und Ruhm."

Die älteste der historischen Personen, an welche dieser Geburtsmythus geknüpft wurde, ist *Sargon von Agade*, der Gründer von *Babylon* (um 2800 v. Chr.). Es ist grade für uns nicht ohne Interesse, den ihm selbst zugeschriebenen Bericht hier wiederzugeben:

„*Sargon*, der mächtige König, König von Agade bin ich. Meine Mutter war eine Vestalin, meinen Vater kannte ich nicht, während der Bruder meines Vaters das Gebirge bewohnte. In meiner Stadt

Azupirani, welche am Ufer des Euphrats gelegen ist, wurde mit mir schwanger die Mutter, die Vestalin. Im Verborgenen gebar sie mich. Sie legte mich in ein Gefäß von Schilfrohr, verschloß mit Erdpech meine Türe und ließ mich nieder in den Strom, welcher mich nicht ertränkte. Der Strom führte mich zu Akki, dem Wasserschöpfer. Akki, der Wasserschöpfer, in der Güte seines Herzens hob er mich heraus. Akki, der Wasserschöpfer, als seinen eigenen Sohn zog er mich auf. Akki, der Wasserschöpfer, zu seinem Gärtner machte er mich. In meinem Gärtneramt gewann Istar mich lieb, ich wurde König und 45 Jahre übte ich die Königsherrschaft aus."

Die uns vertrautesten Namen in der mit *Sargon* von *Agade* beginnenden Reihe sind Moses, Kyros und Romulus. Außerdem aber hat Rank eine große Anzahl von der Dichtung oder der Sage angehörigen Heldengestalten zusammengestellt, denen dieselbe Jugendgeschichte, entweder in ihrer Gänze oder in gut kenntlichen Teilstücken, nachgesagt wird, als: Ödipus, Karna, Paris, Telephos, Perseus, Herakles, Gilgamesch, Amphion und Zethos u. a.

Quelle und Tendenz dieses Mythus sind uns durch die Untersuchungen von Rank bekannt gemacht worden. Ich brauche mich nur mit knappen Andeutungen darauf zu beziehen. Ein Held ist, wer sich mutig gegen seinen Vater erhoben und ihn am Ende siegreich überwunden hat. Unser Mythus verfolgt diesen Kampf bis in die Urzeit des Individuums, indem er das Kind gegen den Willen des Vaters geboren und gegen seine böse Absicht gerettet werden läßt. Die Aussetzung im Kästchen ist eine unverkennbare symbolische Darstellung der Geburt, das Kästchen der Mutterleib, das Wasser das Geburtswasser. In ungezählten Träumen wird das Eltern-Kind-Verhältnis durch aus dem Wasser Ziehen oder aus dem Wasser Retten dargestellt. Wenn die Volksphantasie an eine hervorragende Persönlichkeit den hier behandelten Geburtsmythus heftet, so will sie den Betreffenden hiedurch als Helden anerkennen, verkünden, daß er das Schema eines Heldenlebens erfüllt hat. Die Quelle der ganzen Dichtung ist aber der sogenannte „Familienroman" des Kindes, in dem der Sohn auf die Veränderung seiner Gefühlsbeziehungen zu den Eltern, insbesondere zum Vater, reagiert. Die ersten Kinderjahre werden von einer großartigen Überschätzung des Vaters beherrscht, der entsprechend König und Königin in Traum und Märchen immer nur die Eltern bedeuten, während später unter dem Einfluß von Rivalität und realer Enttäuschung die Ablösung von den Eltern und die kritische Einstellung gegen den Vater einsetzt. Die beiden Familien des Mythus, die vornehme wie die niedrige, sind demnach beide Spiegelungen der eigenen Familie, wie sie dem Kind in aufeinander folgenden Lebenszeiten erscheinen.

Man darf behaupten, daß durch diese Aufklärungen sowohl die Verbreitung wie die Gleichartigkeit des Mythus von der Geburt des Helden voll verständlich werden. Umsomehr verdient es unser Interesse, daß die Geburts- und Aussetzungssage von Moses eine Sonderstellung einnimmt, ja, in einem wesentlichen Punkt den anderen widerspricht.

Wir gehen von den zwei Familien aus, zwischen denen die Sage das Schicksal des Kindes spielen läßt. Wir wissen, daß sie in der analytischen Deutung zusammenfallen, sich nur zeitlich von einander sondern. In der typischen Form der Sage ist die erste Familie, in die das Kind geboren wird, die vornehme, meist ein königliches Milieu; die zweite, in der das Kind aufwächst, die geringe oder erniedrigte, wie es übrigens den Verhältnissen, auf welche die Deutung zurückgeht, entspricht. Nur in der Ödipussage ist dieser Unterschied verwischt. Das aus der einen Königsfamilie ausgesetzte Kind wird von einem anderen Königspaar aufgenommen. Man sagt sich, es ist kaum ein Zufall, wenn gerade in diesem Beispiel die ursprüngliche Identität der beiden Familien auch in der Sage durchschimmert. Der soziale Kontrast der beiden Familien eröffnet dem Mythus, der, wie wir wissen, die Heldennatur des großen Mannes betonen soll, eine zweite Funktion, die besonders für historische Persönlichkeiten bedeutungsvoll wird. Er kann auch dazu verwendet werden, dem Helden einen

Adelsbrief zu schaffen, ihn sozial zu erhöhen. So ist Kyros für die Meder ein fremder Eroberer, auf dem Wege der Aussetzungssage wird er zum Enkel des Mederkönigs. Ähnlich bei Romulus; wenn eine ihm entsprechende Person gelebt hat, so war es ein hergelaufener Abenteurer, ein Emporkömmling; durch die Sage wird er Abkomme und Erbe des Königshauses von Alba Longa.

Ganz anders ist es im Falle des Moses. Hier ist die erste Familie, sonst die vornehme, bescheiden genug. Er ist das Kind jüdischer Leviten. Die zweite aber, die niedrige Familie, in der sonst der Held aufwächst, ist durch das Königshaus von Ägypten ersetzt; die Prinzessin zieht ihn als ihren eigenen Sohn auf. Diese Abweichung vom Typus hat auf Viele befremdend gewirkt. Ed. Meyer, und andere nach ihm, haben angenommen, die Sage habe ursprünglich anders gelautet: Der Pharao sei durch einen prophetischen Traum[1] gewarnt worden, daß ein Sohn seiner Tochter ihm und dem Reiche Gefahr bringen werde. Er läßt darum das Kind nach seiner Geburt im Nil aussetzen. Aber es wird von jüdischen Leuten gerettet und als ihr Kind aufgezogen. Zufolge von „nationalen Motiven", wie Rank es ausdrückt,[2] habe die Sage eine Umarbeitung in die uns bekannte Form erfahren.

Aber die nächste Überlegung lehrt, daß eine solche ursprüngliche Mosessage, die nicht mehr von den anderen abweicht, nicht bestanden haben kann. Denn die Sage ist entweder ägyptischen oder jüdischen Ursprungs. Der erste Fall schließt sich aus; Ägypter hatten kein Motiv, Moses zu verherrlichen, er war kein Held für sie. Also sollte die Sage im jüdischen Volk geschaffen, d. h. in ihrer bekannten Form an die Person des Führers geknüpft worden sein. Allein dazu war sie ganz ungeeignet, denn was sollte dem Volke eine Sage fruchten, die seinen großen Mann zu einem Volksfremden machte?

In der Form, in der die Mosessage uns heute vorliegt, bleibt sie in bemerkenswerter Weise hinter ihren geheimen Absichten zurück.

---

1) Auch im Bericht von Flavius Josephus erwähnt.
2) l. c., S. 80, Anmerkung.

Wenn Moses kein Königssprosse ist, so kann ihn die Sage nicht zum Helden stempeln; wenn er ein Judenkind bleibt, hat sie nichts zu seiner Erhöhung getan. Nur ein Stückchen des ganzen Mythus bleibt wirksam, die Versicherung, daß das Kind starken äußeren Gewalten zum Trotz sich erhalten hat, und diesen Zug hat denn auch die Kindheitsgeschichte Jesu wiederholt, in der König Herodes die Rolle des Pharao übernimmt. Es steht uns dann wirklich frei anzunehmen, daß irgend ein später, ungeschickter Bearbeiter des Sagenstoffes sich veranlaßt fand, etwas der klassischen, den Helden auszeichnenden, Aussetzungssage Ähnliches bei seinem Helden Moses unterzubringen, was wegen der besonderen Verhältnisse des Falles zu ihm nicht passen konnte.

Mit diesem unbefriedigenden und überdies unsicheren Ergebnis müßte sich unsere Untersuchung begnügen und hätte auch nichts zur Beantwortung der Frage geleistet, ob Moses ein Ägypter war. Aber es gibt zur Würdigung der Aussetzungssage noch einen anderen, vielleicht hoffnungsvolleren Zugang.

Wir kehren zu den zwei Familien des Mythus zurück. Wir wissen, auf dem Niveau der analytischen Deutung sind sie identisch, auf mythischem Niveau unterscheiden sie sich als die vornehme und die niedrige. Wenn es sich aber um eine historische Person handelt, an die der Mythus geknüpft ist, dann gibt es ein drittes Niveau, das der Realität. Die eine Familie ist die reale, in der die Person, der große Mann, wirklich geboren wurde und aufgewachsen ist; die andere ist fiktiv, vom Mythus in der Verfolgung seiner Absichten erdichtet. In der Regel fällt die reale Familie mit der niedrigen, die erdichtete mit der vornehmen zusammen. Im Falle Moses schien irgendetwas anders zu liegen. Und nun führt vielleicht der neue Gesichtspunkt zur Klärung, daß die erste Familie, die, aus der das Kind ausgesetzt wird, in allen Fällen, die sich verwerten lassen, die erfundene ist, die spätere aber, in der es aufgenommen wird und aufwächst, die wirkliche. Haben wir den Mut, diesen Satz als eine Allgemeinheit anzuerkennen, der wir auch die Mosessage unterwerfen, so erkennen wir mit einem

Male klar: Moses ist ein — wahrscheinlich vornehmer — Ägypter, der durch die Sage zum Juden gemacht werden soll. Und das wäre unser Resultat! Die Aussetzung im Wasser war an ihrer richtigen Stelle; um sich der neuen Tendenz zu fügen, mußte ihre Absicht, nicht ohne Gewaltsamkeit, umgebogen werden; aus einer Preisgabe wurde sie zum Mittel der Rettung.

Die Abweichung der Mosessage von allen anderen ihrer Art konnte aber auf eine Besonderheit der Mosesgeschichte zurückgeführt werden. Während sonst ein Held sich im Laufe seines Lebens über seine niedrigen Anfänge erhebt, begann das Heldenleben des Mannes Moses damit, daß er von seiner Höhe herabstieg, sich herabließ zu den Kindern Israels.

Wir haben diese kleine Untersuchung in der Erwartung unternommen, aus ihr ein zweites, neues Argument für die Vermutung zu gewinnen, daß Moses ein Ägypter war. Wir haben gehört, daß das erste Argument, das aus dem Namen, auf Viele keinen entscheidenden Eindruck gemacht hat.[1] Man muß darauf vorbereitet sein, daß das neue Argument, aus der Analyse der Aussetzungssage, kein besseres Glück haben wird. Die Einwendungen werden wohl lauten, daß die Verhältnisse der Bildung und Umgestaltung von Sagen doch zu undurchsichtig sind, um einen Schluß wie den unsrigen zu rechtfertigen, und daß die Traditionen über die Heldengestalt Moses in ihrer Verworrenheit, ihren Widersprüchen, mit den unverkennbaren Anzeichen von jahrhundertelang fortgesetzter tendenziöser Umarbeitung und Überlagerung alle Bemühungen vereiteln müssen, den Kern von historischer Wahrheit dahinter ans Licht zu bringen. Ich

---

1) So sagt z. B. Ed. Meyer: Die Mosessagen und die Leviten, Berliner Sitzber. 1905: „Der Name Mose ist wahrscheinlich, der Name *Pinchas* in dem Priestergeschlecht von Silo... zweifellos ägyptisch. Das beweist natürlich nicht, daß diese Geschlechter ägyptischen Ursprungs waren, wohl aber, daß sie Beziehungen zu Ägypten hatten" (S. 651). Man kann freilich fragen, an welche Art von Beziehungen man dabei denken soll.

selbst teile diese ablehnende Einstellung nicht, aber ich bin auch nicht imstande, sie zurückzuweisen.

Wenn nicht mehr Sicherheit zu erreichen war, warum habe ich diese Untersuchung überhaupt zur Kenntnis der Öffentlichkeit gebracht? Ich bedauere es, daß auch meine Rechtfertigung nicht über Andeutungen hinausgehen kann. Läßt man sich nämlich von den beiden hier angeführten Argumenten fortreißen und versucht, Ernst zu machen mit der Annahme, daß Moses ein vornehmer Ägypter war, so ergeben sich sehr interessante und weitreichende Perspektiven. Mit Hilfe gewisser, nicht weit abliegender Annahmen glaubt man die Motive zu verstehen, die Moses bei seinem ungewöhnlichen Schritt geleitet haben, und in engem Zusammenhang damit erfaßt man die mögliche Begründung von zahlreichen Charakteren und Besonderheiten der Gesetzgebung und der Religion, die er dem Volke der Juden gegeben hat, und wird selbst zu bedeutsamen Ansichten über die Entstehung der monotheistischen Religionen im allgemeinen angeregt. Allein Aufschlüsse so wichtiger Art kann man nicht allein auf psychologische Wahrscheinlichkeiten gründen. Wenn man das Ägyptertum Moses' als den einen historischen Anhalt gelten läßt, so bedarf man zum mindesten noch eines zweiten festen Punktes, um die Fülle der auftauchenden Möglichkeiten gegen die Kritik zu schützen, sie seien Erzeugnis der Phantasie und zu weit von der Wirklichkeit entfernt. Ein objektiver Nachweis, in welche Zeit das Leben Moses' und damit der Auszug aus Ägypten fällt, hätte etwa dem Bedürfnis genügt. Aber ein solcher fand sich nicht, und darum soll die Mitteilung aller weiteren Schlüsse aus der Einsicht, daß Moses ein Ägypter war, besser unterbleiben.

II
WENN MOSES EIN ÄGYPTER WAR . . .

In einem früheren Beitrag zu dieser Zeitschrift[1] habe ich die Vermutung, daß der Mann *Moses*, der Befreier und Gesetzgeber des jüdischen Volkes, kein Jude, sondern ein Ägypter war, durch ein neues Argument zu bekräftigen versucht. Daß sein Name aus dem ägyptischen Sprachschatz stammt, war längst bemerkt, wenn auch nicht entsprechend gewürdigt worden; ich habe hinzugefügt, daß die Deutung des an Moses geknüpften Aussetzungsmythus zum Schluß nötige, er sei ein Ägypter gewesen, den das Bedürfnis eines Volkes zum Juden machen wollte. An Ende meines Aufsatzes habe ich gesagt, daß sich wichtige und weittragende Folgerungen aus der Annahme ableiten, daß Moses ein Ägypter gewesen sei; ich sei aber nicht bereit, öffentlich für diese einzutreten, denn sie ruhen nur auf psychologischen Wahrscheinlichkeiten und entbehren eines objektiven Beweises. Je bedeutsamer die so gewonnenen Einsichten sind, desto stärker verspüre man die Warnung, sie nicht ohne sichere Begründung dem kritischen Angriff der Umwelt auszusetzen, gleichsam wie ein ehernes Bild auf tönernen Füßen. Keine noch so verführerische Wahrscheinlichkeit schütze vor Irrtum; selbst wenn alle Teile eines Problems sich einzuordnen scheinen wie die Stücke eines Zusammenlegspieles, müßte man daran denken, daß das Wahrscheinliche nicht

---

1) Imago, Bd. XXIII, 1937, Heft 1: „Moses ein Ägypter".

notwendig das Wahre sei und die Wahrheit nicht immer wahrscheinlich. Und endlich sei es nicht verlockend, den Scholastikern und Talmudisten angereiht zu werden, die es befriedigt, ihren Scharfsinn spielen zu lassen, gleichgültig dagegen, wie fremd der Wirklichkeit ihre Behauptung sein mag.

Ungeachtet dieser Bedenken, die heute so schwer wiegen wie damals, ist aus dem Widerstreit meiner Motive der Entschluß hervorgegangen, auf jene erste Mitteilung diese Fortsetzung folgen zu lassen. Aber es ist wiederum nicht das Ganze und nicht das wichtigste Stück des Ganzen.

(1)

Wenn also Moses ein Ägypter war —, so ist der erste Gewinn aus dieser Annahme eine neue, schwer zu beantwortende Rätselfrage. Wenn ein Volk oder ein Stamm[1] sich zu einer großen Unternehmung anschickt, so ist nichts anderes zu erwarten, als daß einer von den Volksgenossen sich zum Führer aufwirft oder zu dieser Rolle durch Wahl bestimmt wird. Aber was einen vornehmen Ägypter — vielleicht Prinz, Priester, hoher Beamter — bewegen sollte, sich an die Spitze eines Haufens von eingewanderten, kulturell rückständigen Fremdlingen zu stellen und mit ihnen das Land zu verlassen, das ist nicht leicht zu erraten. Die bekannte Verachtung des Ägypters für ein ihm fremdes Volkstum macht einen solchen Vorgang besonders unwahrscheinlich. Ja, ich möchte glauben, gerade darum haben selbst Historiker, die den Namen als ägyptisch erkannten und dem Mann alle Weisheit Ägyptens zuschrieben, die naheliegende Möglichkeit nicht aufnehmen wollen, daß Moses ein Ägypter war.

Zu dieser ersten Schwierigkeit kommt bald eine zweite hinzu. Wir dürfen nicht vergessen, daß Moses nicht nur der politische Führer der in Ägypten ansässigen Juden war, er war auch ihr Gesetzgeber, Erzieher, und zwang sie in den Dienst einer neuen Religion, die noch

---

[1] Wir haben keine Vorstellung davon, um welche Zahlen es sich beim Auszug aus Ägypten handelt.

heute nach ihm die mosaische genannt wird. Aber kommt ein einzelner Mensch so leicht dazu, eine neue Religion zu schaffen? Und wenn jemand die Religion eines anderen beeinflussen will, ist es nicht das natürlichste, daß er ihn zu seiner eigenen Religion bekehrt? Das Judenvolk in Ägypten war sicherlich nicht ohne irgend eine Form von Religion, und wenn Moses, der ihm eine neue gegeben, ein Ägypter war, so ist die Vermutung nicht abzuweisen, daß die andere, neue Religion die ägyptische war.

Dieser Möglichkeit steht etwas im Wege: die Tatsache des schärfsten Gegensatzes zwischen der auf Moses zurückgeführten jüdischen Religion und der ägyptischen. Die erstere ein großartig starrer Monotheismus; es gibt nur einen Gott, er ist einzig, allmächtig, unnahbar; man verträgt seinen Anblick nicht, darf sich kein Bild von ihm machen, nicht einmal seinen Namen aussprechen. In der ägyptischen Religion eine kaum übersehbare Schar von Gottheiten verschiedener Würdigkeit und Herkunft, einige Personifikationen von großen Naturmächten wie Himmel und Erde, Sonne und Mond, auch einmal eine Abstraktion wie die *Maat* (Wahrheit, Gerechtigkeit), oder eine Fratze wie der zwerghafte *Bes*, die meisten aber Lokalgötter aus der Zeit, da das Land in zahlreiche Gaue zerfallen war, tiergestaltig, als hätten sie die Entwicklung aus den alten Totemtieren noch nicht überwunden, unscharf voneinander unterschieden, kaum daß einzelnen besondere Funktionen zugewiesen sind. Die Hymnen zu Ehren dieser Götter sagen ungefähr von jedem das nämliche aus, identifizieren sie miteinander ohne Bedenken in einer Weise, die uns hoffnungslos verwirren würde. Götternamen werden mit einander kombiniert, so daß der eine fast zum Beiwort des anderen herabsinkt; so heißt in der Blütezeit des „Neuen Reiches" der Hauptgott der Stadt Theben *Amon-Re*, in welcher Zusammensetzung der erste Teil den widderköpfigen Stadtgott bedeutet, während *Re* der Name des sperberköpfigen Sonnengottes von *On* ist. Magische und Zeremoniellhandlungen, Zaubersprüche und Amulette beherrschten den Dienst dieser Götter wie das tägliche Leben des Ägypters.

Manche dieser Verschiedenheiten mögen sich leicht aus dem prinzipiellen Gegensatz eines strengen Monotheismus zu einem uneingeschränkten Polytheismus ableiten. Andere sind offenbar Folgen des Unterschieds im geistigen Niveau, da die eine Religion primitiven Phasen sehr nahe steht, die andere sich zu den Höhen sublimer Abstraktion aufgeschwungen hat. Auf diese beiden Momente mag es zurückgehen, wenn man gelegentlich den Eindruck empfängt, der Gegensatz zwischen der mosaischen und der ägyptischen Religion sei ein gewollter und absichtlich verschärfter; z. B. wenn die eine jede Art von Magie und Zauberwesen aufs strengste verdammt, die doch in der anderen aufs üppigste wuchern. Oder wenn der unersättlichen Lust der Ägypter, ihre Götter in Ton, Stein und Erz zu verkörpern, der heute unsere Museen so viel verdanken, das rauhe Verbot entgegengestellt wird, irgend ein lebendes oder gedachtes Wesen in einem Bildnis darzustellen. Aber es gibt noch einen anderen Gegensatz zwischen beiden Religionen, der durch die von uns versuchten Erklärungen nicht getroffen wird. Kein anderes Volk des Altertums hat soviel getan, um den Tod zu verleugnen, hat so peinlich vorgesorgt, eine Existenz im Jenseits zu ermöglichen, und dem entsprechend war der Totengott *Osiris*, der Beherrscher dieser anderen Welt, der populärste und unbestrittenste aller ägyptischen Götter. Die altjüdische Religion hingegen hat auf die Unsterblichkeit voll verzichtet; der Möglichkeit einer Fortsetzung der Existenz nach dem Tode wird nirgends und niemals Erwähnung getan. Und dies ist um so merkwürdiger, als ja spätere Erfahrungen gezeigt haben, daß der Glaube an ein jenseitiges Dasein mit einer monotheistischen Religion sehr gut vereinbart werden kann.

Wir hatten gehofft, die Annahme, Moses sei ein Ägypter gewesen, werde sich nach verschiedenen Richtungen als fruchtbar und aufklärend erweisen. Aber unsere erste Folgerung aus dieser Annahme, die neue Religion, die er den Juden gegeben, sei seine eigene, die ägyptische gewesen, ist an der Einsicht in die Verschiedenheit, ja Gegensätzlichkeit der beiden Religionen gescheitert.

(2)

Eine merkwürdige Tatsache der ägyptischen Religionsgeschichte, die erst spät erkannt und gewürdigt worden ist, eröffnet uns noch eine Aussicht. Es bleibt möglich, daß die Religion, die Moses seinem Judenvolke gab, doch seine eigene war, eine ägyptische Religion, wenn auch nicht die ägyptische. In der glorreichen 18ten Dynastie, unter der Ägypten zuerst ein Weltreich wurde, kam um das Jahr 1375 v. Chr. ein junger Pharao auf den Thron, der zuerst *Amenhotep* (IV.) hieß wie sein Vater, später aber seinen Namen änderte, und nicht bloß seinen Namen. Dieser König unternahm es, seinen Ägyptern eine neue Religion aufzudrängen, die ihren jahrtausendealten Traditionen und all ihren vertrauten Lebensgewohnheiten zuwiderlief. Es war ein strenger Monotheismus, der erste Versuch dieser Art in der Weltgeschichte, soweit unsere Kenntnis reicht, und mit dem Glauben an einen einzigen Gott wurde wie unvermeidlich die religiöse Intoleranz geboren, die dem Altertum vorher — und noch lange nachher — fremd geblieben. Aber die Regierung *Amenhoteps* dauerte nur 17 Jahre; sehr bald nach seinem 1358 erfolgten Tode war die neue Religion hinweggefegt, das Andenken des ketzerischen Königs geächtet worden. Aus dem Trümmerfeld der neuen Residenz, die er erbaut und seinem Gott geweiht hatte, und aus den Inschriften in den zu ihr gehörigen Felsgräbern rührt das wenige her, was wir über ihn wissen. Alles, was wir über diese merkwürdige, ja einzigartige Persönlichkeit erfahren können, ist des höchsten Interesses würdig.[1]

Alles Neue muß seine Vorbereitungen und Vorbedingungen in Früherem haben. Die Ursprünge des ägyptischen Monotheismus lassen sich mit einiger Sicherheit ein Stück weit zurückverfolgen.[2] In

---

1) „The first individual in human history" nennt ihn Breasted.

2) Das Nachfolgende hauptsächlich nach den Darstellungen von J. H. Breasted in seiner „History of Egypt", 1906, sowie in „The Dawn of Conscience", 1934, und den entsprechenden Abschnitten in „The Cambridge Ancient History", Vol. II.

der Priesterschule des Sonnentempels zu *On* (Heliopolis) waren seit längerer Zeit Tendenzen tätig, um die Vorstellung eines universellen Gottes zu entwickeln und die ethische Seite seines Wesens zu betonen. *Maat*, die Göttin der Wahrheit, Ordnung, Gerechtigkeit war eine Tochter des Sonnengottes *Re*. Schon unter *Amenhotep* III., dem Vater und Vorgänger des Reformators, nahm die Verehrung des Sonnengottes einen neuen Aufschwung, wahrscheinlich in Gegnerschaft zum übermächtig gewordenen *Amon von Theben*. Ein uralter Name des Sonnengottes *Aton* oder *Atum* wurde neu hervorgeholt und in dieser *Aton*religion fand der junge König eine Bewegung vor, die er nicht erst zu erwecken brauchte, der er sich anschließen konnte.

Die politischen Verhältnisse Ägyptens hatten um diese Zeit begonnen, die ägyptische Religion nachhaltig zu beeinflussen. Durch die Waffentaten des großen Eroberers *Thotmes* III. war Ägypten eine Weltmacht geworden, im Süden war Nubien, im Norden Palästina, Syrien und ein Stück von Mesopotamien zum Reich hinzugekommen. Dieser Imperialismus spiegelte sich nun in der Religion als Universalismus und Monotheismus. Da die Fürsorge des Pharao jetzt außer Ägypten auch Nubien und Syrien umfaßte, mußte auch die Gottheit ihre nationale Beschränkung aufgeben, und wie der Pharao der einzige und unumschränkte Herrscher der dem Ägypter bekannten Welt war, so mußte wohl auch die neue Gottheit der Ägypter werden. Zudem war es natürlich, daß mit der Erweiterung der Reichsgrenzen Ägypten für ausländische Einflüsse zugänglicher wurde; manche der königlichen Frauen[1] waren asiatische Prinzessinnen und möglicherweise waren selbst direkte Anregungen zum Monotheismus aus Syrien eingedrungen.

Amenhotep hat seinen Anschluß an den Sonnenkult von *On* niemals verleugnet. In den zwei Hymnen an den *Aton*, die uns durch die Inschriften in den Felsgräbern erhalten geblieben sind und wahrscheinlich von ihm selbst gedichtet wurden, preist er die Sonne als

---

1) Vielleicht selbst *Amenhoteps* geliebte Gemahlin *Nofretete*.

Schöpfer und Erhalter alles Lebenden in und außerhalb Ägyptens mit einer Inbrunst, wie sie erst viele Jahrhunderte später in den Psalmen zu Ehren des jüdischen Gottes *Jahve* wiederkehrt. Er begnügte sich aber nicht mit dieser erstaunlichen Vorwegnahme der wissenschaftlichen Erkenntnis von der Wirkung der Sonnenstrahlung. Es ist kein Zweifel, daß er einen Schritt weiter ging, daß er die Sonne nicht als materielles Objekt verehrte, sondern als Symbol eines göttlichen Wesens, dessen Energie sich in ihren Strahlen kundgab.[1]

Wir werden dem König aber nicht gerecht, wenn wir ihn nur als den Anhänger und Förderer einer schon vor ihm bestehenden Atonreligion betrachten. Seine Tätigkeit war weit eingreifender. Er brachte etwas Neues hinzu, wodurch die Lehre vom universellen Gott erst zum Monotheismus wurde, das Moment der Ausschließlichkeit. In einer seiner Hymnen wird es direkt ausgesagt: „O Du einziger Gott, neben dem kein anderer ist."[2] Und wir wollen nicht vergessen, daß für die Würdigung der neuen Lehre die Kenntnis ihres positiven Inhalts allein nicht genügt; beinahe ebenso wichtig ist ihre negative Seite, die Kenntnis dessen, was sie verwirft. Es wäre auch irrtümlich anzunehmen, daß die neue Religion mit einem Schlage fertig und voll gerüstet ins Leben gerufen wurde wie Athene aus dem Haupt des Zeus. Vielmehr spricht alles dafür, daß sie während der Regierung Amenhoteps allmählich erstarkte zu immer größerer Klarheit, Konsequenz, Schroffheit und Unduldsamkeit. Wahrscheinlich vollzog sich diese Entwicklung unter dem Einfluß der heftigen Gegnerschaft, die

---

1) Breasted, History of Egypt, S. 360: „But however evident the Heliopolitan origin of the new state religion might be, it was not merely sun-worship; the word Aton was employed in the place of the old word for ‚god' (nuter) and the god is clearly distinguished from the material sun." „It is evident that what the king was deifying was the force, by which the Sun made itself felt on earth" (Dawn of Conscience, S. 279) — ähnlich das Urteil über eine Formel zu Ehren des Gottes bei A. Erman (Die Ägyptische Religion, 1905): „es sind ... Worte, die möglichst abstrakt ausdrücken sollen, daß man nicht das Gestirn selbst verehrt, sondern das Wesen, das sich in ihm offenbart."

2) l. c. History of Egypt, S. 374.

sich unter den Priestern des Amon gegen die Reform des Königs erhob. Im sechsten Jahre der Regierung Amenhoteps war die Verfeindung soweit gediehen, daß der König seinen Namen änderte, von dem der nun verpönte Gottesname Amon ein Teil war. Er nannte sich anstatt *Amenhotep* jetzt *Ikhnaton*.[1] Aber nicht nur aus seinem Namen tilgte er den des verhaßten Gottes aus, sondern auch aus allen Inschriften und selbst dort, wo er sich im Namen seines Vaters *Amenhotep* III. fand. Bald nach der Namensänderung verließ Ikhnaton das von Amon beherrschte Theben und erbaute sich stromabwärts eine neue Residenz, die er *Akhetaton* (Horizont des *Aton*) nannte. Ihre Trümmerstätte heißt heute *Tell-el-Amarna*.[2]

Die Verfolgung des Königs traf *Amon* am härtesten, aber nicht ihn allein. Überall im Reiche wurden die Tempel geschlossen, der Gottesdienst untersagt, die Tempelgüter beschlagnahmt. Ja, der Eifer des Königs ging so weit, daß er die alten Denkmäler untersuchen ließ, um das Wort „Gott" in ihnen auszumerzen, wenn es in der Mehrzahl gebraucht war.[3] Es ist nicht zu verwundern, daß diese Maßnahmen *Ikhnatons* eine Stimmung fanatischer Rachsucht bei der unterdrückten Priesterschaft und beim unbefriedigten Volk hervorriefen, die sich nach des Königs Tode frei betätigen konnte. Die Atonreligion war nicht populär geworden, war wahrscheinlich auf einen kleinen Kreis um seine Person beschränkt geblieben. Der Ausgang *Ikhnatons* bleibt für uns in Dunkel gehüllt. Wir hören von einigen kurzlebigen, schattenhaften Nachfolgern aus seiner Familie. Schon sein Schwiegersohn *Tutankhaton* wurde genötigt, nach Theben zurückzukehren und in seinem Namen den Gott *Aton* durch *Amon* zu ersetzen. Dann folgte eine Zeit der Anarchie, bis es dem Feldherrn *Haremhab* 1350 gelang,

---

1) Ich folge bei diesem Namen der englischen Schreibart (sonst *Akhenaton*). Der neue Name des Königs bedeutet ungefähr dasselbe wie sein früherer: Der Gott ist zufrieden. Vgl. unser Gotthold, Gottfried.

2) Dort wurde 1887 die für die Geschichtskenntnis so wichtige Korrespondenz der ägyptischen Könige mit den Freunden und Vasallen in Asien gefunden.

3) l. c. History of Egypt, S. 363.

die Ordnung wiederherzustellen. Die glorreiche 18te Dynastie war erloschen, gleichzeitig deren Eroberungen in Nubien und Asien verloren gegangen. In dieser trüben Zwischenzeit waren die alten Religionen Ägyptens wieder eingesetzt worden. Die Atonreligion war abgetan, die Residenz *Ikhnatons* zerstört und geplündert, sein Andenken als das eines Verbrechers geächtet.

Es dient einer bestimmten Absicht, wenn wir nun einige Punkte aus der negativen Charakteristik der Atonreligion herausheben. Zunächst, daß alles Mythische, Magische und Zauberische von ihr ausgeschlossen ist.[1]

Sodann die Art der Darstellung des Sonnengottes, nicht mehr wie in früher Zeit durch eine kleine Pyramide und einen Falken, sondern, was beinahe nüchtern zu nennen ist, durch eine runde Scheibe, von der Strahlen ausgehen, die in menschlichen Händen endigen. Trotz aller Kunstfreudigkeit der Amarnaperiode ist eine andere Darstellung des Sonnengottes, ein persönliches Bild des *Aton*, nicht gefunden worden, und man darf es zuversichtlich sagen, es wird nicht gefunden werden.[2]

Endlich das völlige Schweigen über den Totengott *Osiris* und das Totenreich. Weder die Hymnen, noch die Grabinschriften wissen etwas von dem, was dem Herzen des Ägypters vielleicht am nächsten lag. Der Gegensatz zur Volksreligion kann nicht deutlicher veranschaulicht werden.[3]

---

1) Weigall (The Life and Times of Ikhnaton, 1923, S. 121) sagt, Ikhnaton wollte nichts von einer Hölle wissen, gegen deren Schrecken man sich durch ungezählte Zauberformeln schützen sollte. „Akhnaton flung all these formulae into the fire. Djins, bogies, spirits, monsters, demigods and Osiris himself with all his court, were swept into the blaze and reduced to ashes."

2) A. Weigall (l. c.). „Akhnaton did not permit any graven image to be made of the Aton. The true God, said the King, had no form; and he held to this opinion throughout his life." (S. 103).

3) Erman l. c. S. 70: „vom Osiris und seinem Reich sollte man nichts mehr hören." — Breasted, D. of C., S. 291: „Osiris is completely ignored. He is never mentioned in any record of Ikhnaton or in any of the tombs at Amarna."

(3)

Wir möchten jetzt den Schluß wagen: wenn Moses ein Ägypter war und wenn er den Juden seine eigene Religion übermittelte, so war es die des *Ikhnaton*, die *Aton*religion.

Wir haben vorhin die jüdische Religion mit der ägyptischen Volksreligion verglichen und die Gegensätzlichkeit zwischen beiden festgestellt. Nun sollen wir einen Vergleich der jüdischen mit der *Aton*religion anstellen, in der Erwartung, die ursprüngliche Identität der beiden zu erweisen. Wir wissen, daß uns keine leichte Aufgabe gestellt ist. Von der *Aton*religion wissen wir dank der Rachsucht der Amonpriester vielleicht zu wenig. Die mosaische Religion kennen wir nur in einer Endgestaltung, wie sie etwa 800 Jahre später in nachexilischer Zeit von der jüdischen Priesterschaft fixiert wurde. Sollten wir trotz dieser Ungunst des Materials einzelne Anzeichen finden, die unserer Annahme günstig sind, so werden wir sie hoch einschätzen dürfen.

Es gäbe einen kurzen Weg zum Erweis unserer These, daß die mosaische Religion nichts anderes ist als die des *Aton*, nämlich über ein Geständnis, eine Proklamation. Aber ich fürchte, man wird uns sagen, daß dieser Weg nicht gangbar ist. Das jüdische Glaubensbekenntnis lautet bekanntlich: Schema Jisroel Adonai Elohenu Adonai Echod. Wenn der Name des ägyptischen *Aton* (oder *Atum*) nicht nur zufällig an das hebräische Wort *Adonai* und den syrischen Gottesnamen *Adonis* anklingt, sondern infolge urzeitlicher Sprach- und Sinngemeinschaft, so könnte man jene jüdische Formel übersetzen: Höre Israel, unser Gott Aton (Adonai) ist ein einziger Gott. Ich bin leider völlig inkompetent, um diese Frage zu beantworten, konnte auch nur wenig darüber in der Literatur finden,[1] aber wahrscheinlich

---

1) Nur einige Stellen bei Weigall (l. c.): „Der Gott *Atum*, der Re als die untergehende Sonne bezeichnete, war vielleicht gleichen Ursprungs wie der in Nordsyrien allgemein verehrte *Aton*, und eine ausländische Königin sowie ihr Gefolge mag sich darum eher zu Heliopolis hingezogen gefühlt haben als zu Theben" (S. 12 und S. 19).

darf man es sich nicht so leicht machen. Übrigens werden wir auf die Probleme des Gottesnamens noch einmal zurückkommen müssen.

Die Ähnlichkeiten wie die Verschiedenheiten der beiden Religionen sind leicht ersichtlich, ohne uns viel Aufklärung zu bringen. Beide sind Formen eines strengen Monotheismus, und man wird von vornherein geneigt sein, was an ihnen Übereinstimmung ist, auf diesen Grundcharakter zurückzuführen. Der jüdische Monotheismus benimmt sich in manchen Punkten noch schroffer als der ägyptische, z. B. wenn er bildliche Darstellungen überhaupt verbietet. Der wesentlichste Unterschied zeigt sich — vom Gottesnamen abgesehen — darin, daß die jüdische Religion völlig von der Sonnenverehrung abgeht, an die sich die ägyptische noch angelehnt hatte. Beim Vergleich mit der ägyptischen Volksreligion hatten wir den Eindruck empfangen, daß außer dem prinzipiellen Gegensatz ein Moment von absichtlichem Widerspruch an der Verschiedenheit der beiden Religionen beteiligt wäre. Dieser Eindruck erscheint nun als berechtigt, wenn wir im Vergleich die jüdische durch die *Aton*religion ersetzen, die *Ikhnaton*, wie wir wissen, in absichtlicher Feindseligkeit gegen die Volksreligion entwickelt hat. Wir hatten uns mit Recht darüber verwundert, daß die jüdische Religion vom Jenseits und vom Leben nach dem Tode nichts wissen will, denn eine solche Lehre wäre mit dem strengsten Monotheismus vereinbar. Diese Verwunderung schwindet, wenn wir von der jüdischen auf die *Aton*religion zurückgehen und annehmen, daß diese Ablehnung von dort her übernommen worden ist, denn für *Ikhnaton* war sie eine Notwendigkeit bei der Bekämpfung der Volksreligion, in der der Totengott Osiris eine vielleicht größere Rolle spielte als irgend ein Gott der Oberwelt. Die Übereinstimmung der jüdischen mit der *Aton*religion in diesem wichtigen Punkte ist das erste starke Argument zugunsten unserer These. Wir werden hören, daß es nicht das einzige ist.

Moses hat den Juden nicht nur eine neue Religion gegeben; man kann auch mit gleicher Bestimmtheit behaupten, daß er die Sitte der Beschneidung bei ihnen eingeführt hat. Diese Tatsache hat eine entscheidende Bedeutung für unser Problem und ist kaum je gewürdigt worden. Der biblische Bericht widerspricht ihr zwar mehrfach, er führt einerseits die Beschneidung in die Urväterzeit zurück als Zeichen des Bundes zwischen Gott und Abraham, anderseits erzählt er an einer ganz besonders dunkeln Stelle, daß Gott Moses zürnte, weil er den geheiligten Gebrauch vernachlässigt hatte, daß er ihn darum töten wollte, und daß Moses' Ehefrau, eine Midianiterin, den bedrohten Mann durch rasche Ausführung der Operation vor Gottes Zorn rettete. Aber dies sind Entstellungen, die uns nicht irre machen dürfen; wir werden später Einsicht in ihre Motive gewinnen. Es bleibt bestehen, daß es auf die Frage, woher die Sitte der Beschneidung zu den Juden kam, nur eine Antwort gibt: aus Ägypten. *Herodot*, der „Vater der Geschichte", teilt uns mit, daß die Sitte der Beschneidung in Ägypten seit langen Zeiten heimisch war, und seine Angaben sind durch die Befunde an Mumien, ja durch Darstellungen an den Wänden von Gräbern bestätigt worden. Kein anderes Volk des östlichen Mittelmeeres hat, soviel wir wissen, diese Sitte geübt; von den Semiten, Babyloniern, Sumerern ist es sicher anzunehmen, daß sie unbeschnitten waren. Von den Einwohnern Kanaans sagt es die biblische Geschichte selbst; es ist die Voraussetzung für den Ausgang des Abenteuers der Tochter Jakobs mit dem Prinzen von Sichem.[1] Die Möglichkeit, daß die in Ägypten weilenden Juden die Sitte der Beschneidung auf anderem Wege angenommen haben als im

---

1) Wenn wir mit der biblischen Tradition so selbstherrlich und willkürlich verfahren, sie zur Bestätigung heranziehen, wo sie uns taugt, und sie unbedenklich verwerfen, wo sie uns widerspricht, so wissen wir sehr wohl, daß wir uns dadurch ernster methodischer Kritik aussetzen und die Beweiskraft unserer Ausführungen abschwächen. Aber es ist die einzige Art, wie man ein Material behandeln kann, von dem man mit Bestimmtheit weiß, daß seine Zuverlässigkeit durch den Einfluß entstellender Tendenzen schwer geschädigt worden ist. Eine gewisse Rechtfertigung hofft man später zu erwerben, wenn man jenen geheimen Motiven auf die Spur kommt. Sicherheit ist ja überhaupt nicht zu erreichen, und übrigens dürfen wir sagen, daß alle anderen Autoren ebenso verfahren sind.

Zusammenhange mit der Religionsstiftung Moses', dürfen wir als völlig haltlos abweisen. Nun halten wir fest, daß die Beschneidung als allgemeine Volkssitte in Ägypten geübt wurde, und nehmen für einen Augenblick die gebräuchliche Annahme hinzu, daß Moses ein Jude war, der seine Volksgenossen vom ägyptischen Frondienst befreien, sie zur Entwicklung einer selbständigen und selbstbewußten nationalen Existenz außer Landes führen wollte — wie es ja wirklich geschah —, welchen Sinn konnte es haben, daß er ihnen zur gleichen Zeit eine beschwerliche Sitte aufdrängte, die sie gewissermaßen selbst zu Ägyptern machte, die ihre Erinnerung an Ägypten immer wachhalten mußte, während sein Streben doch nur aufs Gegenteil gerichtet sein konnte, daß sein Volk sich dem Lande der Knechtschaft entfremden und die Sehnsucht nach den „Fleischtöpfen Ägyptens" überwinden sollte? Nein, die Tatsache, von der wir ausgingen, und die Annahme, die wir an sie anfügten, sind so unvereinbar miteinander, daß man den Mut zu einer Schlußfolge findet: Wenn Moses den Juden nicht nur eine neue Religion, sondern auch das Gebot der Beschneidung gab, so war er kein Jude, sondern ein Ägypter, und dann war die mosaische Religion wahrscheinlich eine ägyptische und zwar wegen des Gegensatzes zur Volksreligion die Religion des *Aton*, mit der die spätere jüdische Religion auch in einigen bemerkenswerten Punkten übereinstimmt.

Wir haben bemerkt, daß unsere Annahme, Moses sei kein Jude, sondern ein Ägypter, ein neues Rätsel schafft. Die Handlungsweise, die beim Juden leicht verständlich schien, wird beim Ägypter unbegreiflich. Wenn wir aber Moses in die Zeit des *Ikhnaton* versetzen und in Beziehung zu diesem Pharao bringen, dann schwindet dieses Rätsel und es enthüllt sich die Möglichkeit einer Motivierung, die alle unsere Fragen beantwortet. Gehen wir von der Voraussetzung aus, daß Moses ein vornehmer und hochstehender Mann war, vielleicht wirklich ein Mitglied des königlichen Hauses, wie die Sage von ihm behauptet. Er war gewiß seiner großen Fähigkeiten bewußt, ehrgeizig und tatkräftig; vielleicht schwebte ihm selbst das Ziel vor, eines Tages das Volk zu leiten, das Reich zu beherrschen. Dem Pharao nahe, war er ein überzeugter Anhänger der neuen Religion, deren Grundgedanken er sich zu eigen gemacht hatte. Mit dem Tod des Königs und dem Einsetzen der Reaktion sah er all seine Hoffnungen und Aussichten zerstört; wenn er seine ihm teuren Überzeugungen nicht abschwören wollte, hatte ihm Ägypten nichts mehr zu bieten, er hatte sein Vaterland verloren. In dieser Notlage fand er einen ungewöhnlichen Ausweg. Der Träumer *Ikhnaton* hatte sich seinem Volk entfremdet und hatte sein Weltreich zerbröckeln lassen. Moses' energischer Natur entsprach der Plan, ein neues Reich zu gründen, ein neues Volk zu finden, dem er die von Ägypten verschmähte Religion zur Verehrung schenken wollte. Es war, wie man erkennt, ein heldenhafter Versuch, das Schicksal zu bestreiten, sich nach zwei Richtungen zu entschädigen für die Verluste, die ihm die Katastrophe *Ikhnatons* gebracht hatte. Vielleicht war er zur Zeit Statthalter jener Grenzprovinz (Gosen), in der sich (noch zur Zeit der *Hyksos?*) gewisse semitische Stämme niedergelassen hatten. Diese wählte er aus, daß sie sein neues Volk sein sollten. Eine weltgeschichtliche Entscheidung![1] Er setzte sich mit ihnen ins Einvernehmen, stellte sich an ihre Spitze, besorgte ihre Abwanderung „mit starker Hand". In vollem Gegensatz zur biblischen Tradition sollte man annehmen, daß sich dieser Auszug friedlich und ohne Verfolgung vollzog. Die Autorität Moses' ermöglichte ihn, und eine Zentralgewalt, die ihn hätte verhindern wollen, war damals nicht vorhanden.

Zufolge dieser unserer Konstruktion würde der Auszug aus Ägypten in die Zeit zwischen 1358 und 1350 fallen, d. h. nach dem Tode

---

1) Wenn Moses ein hoher Beamter war, so erleichtert dies unser Verständnis für die Führerrolle, die er bei den Juden übernahm; wenn ein Priester, dann lag es ihm nahe, als Religionsstifter aufzutreten. In beiden Fällen wäre es die Fortsetzung seines bisherigen Berufs gewesen. Ein Prinz des königlichen Hauses konnte leicht beides sein, Statthalter und Priester. In der Erzählung des Flavius Josephus (Antiqu. jud.), der die Aussetzungssage annimmt, aber andere Traditionen als die biblische zu kennen scheint, hat Moses als ägyptischer Feldherr einen siegreichen Feldzug in Äthiopien durchgeführt.

Ikhnatons und *vor* der Herstellung der staatlichen Autorität durch *Haremhab*.[1] Das Ziel der Wanderung konnte nur das Land *Kanaan* sein. Dort waren nach dem Zusammenbruch der ägyptischen Herrschaft Scharen von kriegerischen Aramäern eingebrochen, erobernd und plündernd, und hatten so gezeigt, wo ein tüchtiges Volk sich neuen Landbesitz holen konnte. Wir kennen diese Krieger aus den Briefen, die 1887 im Archiv der Ruinenstadt *Amarna* gefunden wurden. Sie werden dort *Habiru* genannt, und der Name ist, man weiß nicht wie, auf die später kommenden jüdischen Eindringlinge — *Hebräer* — übergegangen, die in den Amarnabriefen nicht gemeint sein können. Südlich von Palästina — in Kanaan — wohnten auch jene Stämme, die die nächsten Verwandten der jetzt aus Ägypten ausziehenden Juden waren.

Die Motivierung, die wir für das Ganze des Auszugs erraten haben, deckt auch die Einsetzung der Beschneidung. Man weiß, in welcher Weise sich die Menschen, Völker wie Einzelne, zu diesem uralten, kaum mehr verstandenen Gebrauch verhalten. Denjenigen, die ihn nicht üben, erscheint er sehr befremdlich, und sie grausen sich ein wenig davor — die anderen aber, die die Beschneidung angenommen haben, sind stolz darauf. Sie fühlen sich durch sie erhöht, wie geadelt, und schauen verächtlich auf die anderen herab, die ihnen als unrein gelten. Noch heute beschimpft der Türke den Christen als „unbeschnittenen Hund". Es ist glaublich, daß Moses, der als Ägypter selbst beschnitten war, diese Einstellung teilte. Die Juden, mit denen er das Vaterland verließ, sollten ihm ein besserer Ersatz für die Ägypter sein, die er im Lande zurückließ. Auf keinen Fall durften sie hinter diesen zurückstehen. Ein „geheiligtes Volk" wollte er aus ihnen machen, wie noch ausdrücklich im biblischen Text gesagt wird, und als Zeichen

---

1) Das wäre etwa ein Jahrhundert früher, als die meisten Historiker annehmen, die ihn in die 19te Dynastie unter *Merneptah* verlegen. Vielleicht etwas später, denn die offizielle Geschichtsschreibung scheint das Interregnum in die Regierungszeit *Haremhabs* eingerechnet zu haben.

solcher Weihe führte er auch bei ihnen die Sitte ein, die sie den Ägyptern mindestens gleichstellte. Auch konnte es ihm nur willkommen sein, wenn sie durch ein solches Zeichen isoliert und von der Vermischung mit den Fremdvölkern abgehalten wurden, zu denen ihre Wanderung sie führen sollte, ähnlich wie die Ägypter selbst sich von allen Fremden abgesondert hatten.[1]

Die jüdische Tradition aber benahm sich später, als wäre sie durch die Schlußfolge bedrückt, die wir vorhin entwickelt haben. Wenn man zugestand, daß die Beschneidung eine ägyptische Sitte war, die Moses eingeführt hatte, so war das beinahe so viel wie eine Anerkennung, daß die Religion, die Moses ihnen überliefert, auch eine ägyptische gewesen war. Aber man hatte gute Gründe, diese Tatsache zu verleugnen; folglich mußte man auch dem Sachverhalt in betreff der Beschneidung widersprechen.

---

1) Herodot, der Ägypten um 450 v. Chr. besuchte, gibt in seinem Reisebericht eine Charakteristik des ägyptischen Volkes, die eine erstaunliche Ähnlichkeit mit bekannten Zügen des späteren Judentums aufzeigt: „Sie sind überhaupt in allen Punkten frömmer als die übrigen Menschen, von denen sie sich auch schon durch manche ihrer Sitten trennen. So durch die Beschneidung, die sie zuerst, und zwar aus Reinlichkeitsgründen, eingeführt haben; des weiteren durch ihren Abscheu vor den Schweinen, der gewiß damit zusammenhängt, daß *Set* als ein schwarzes Schwein den *Horus* verwundet hatte, und endlich und am meisten durch ihre Ehrfurcht vor den Kühen, die sie nie essen oder opfern würden, weil sie damit die kuhhörnige Isis beleidigen würden. Deshalb würde kein Ägypter und keine Ägypterin je einen Griechen küssen oder sein Messer, seinen Bratspieß oder seinen Kessel gebrauchen oder von dem Fleisch eines (sonst) reinen Ochsen essen, das mit einem griechischen Messer geschnitten wäre . . . sie sahen in hochmütiger Beschränktheit auf die anderen Völker herab, die unrein waren und den Göttern nicht so nahe standen wie sie." (Nach Erman, Die Ägyptische Religion, S. 181, u. ff.)

Wir wollen natürlich Parallelen hiezu aus dem Leben des indischen Volkes nicht vergessen. Wer hat es übrigens dem jüdischen Dichter H. Heine im 19. Jahrhundert n. Chr. eingegeben, seine Religion zu beklagen als „die aus dem Niltal mitgeschleppte Plage, den altägyptisch ungesunden Glauben"?

(4)

An dieser Stelle erwarte ich den Vorwurf, daß ich meine Konstruktion, die Moses, den Ägypter, in die Zeit von Ikhnaton versetzt, seinen Entschluß, sich des Judenvolkes anzunehmen, aus den derzeitigen politischen Zuständen im Lande ableitet, die Religion, die er seinen Schützlingen schenkt oder auferlegt, als die des *Aton* erkennt, die eben in Ägypten selbst zusammengebrochen war, daß ich diesen Aufbau von Mutmaßungen also mit allzugroßer, im Material nicht begründeter Bestimmtheit vorgetragen habe. Ich meine, der Vorwurf ist unberechtigt. Ich habe das Moment des Zweifels bereits in der Einleitung betont, es gleichsam vor die Klammer gesetzt, und durfte es mir dann ersparen, es bei jedem Posten innerhalb der Klammer zu wiederholen.

Einige meiner eigenen kritischen Bemerkungen dürfen die Erörterung fortsetzen. Das Kernstück unserer Aufstellung, die Abhängigkeit des jüdischen Monotheismus von der monotheistischen Episode in der Geschichte Ägyptens, ist von verschiedenen Autoren geahnt und angedeutet worden. Ich erspare mir, diese Stimmen hier wiederzugeben, da keine von ihnen anzugeben weiß, auf welchem Weg sich diese Beeinflussung vollzogen haben kann. Bleibt sie für uns an die Person des Moses geknüpft, so sind auch dann andere Möglichkeiten als die von uns bevorzugte zu erwägen. Es ist nicht anzunehmen, daß der Sturz der offiziellen Atonreligion die monotheistische Strömung in Ägypten völlig zu Ende gebracht hat. Die Priesterschule in *On*, von der sie ausgegangen war, überstand die Katastrophe und mochte noch Generationen nach *Ikhnaton* in den Bann ihrer Gedankengänge ziehen. Somit ist die Tat des Moses denkbar, auch wenn er nicht zur Zeit *Ikhnatons* lebte und nicht dessen persönlichen Einfluß erfahren hatte, wenn er nur Anhänger oder gar Mitglied der Schule von *On* war. Diese Möglichkeit würde den Zeitpunkt des Auszugs verschieben und näher an das gewöhnlich angenommene Datum (im 13ten Jahrhundert) heranrücken; sie hat aber sonst nichts, was sie empfiehlt.

Die Einsicht in die Motive Moses' ginge verloren und die Erleichterung des Auszugs durch die im Lande herrschende Anarchie fiele weg. Die nächsten Könige der 19ten Dynastie haben ein starkes Regiment geführt. Alle für den Auszug günstigen äußeren und inneren Bedingungen treffen nur in der Zeit unmittelbar nach dem Tode des Ketzerkönigs zusammen.

Die Juden besitzen eine reichhaltige außerbiblische Literatur, in der man die Sagen und Mythen findet, die sich im Verlauf der Jahrhunderte um die großartige Figur des ersten Führers und Religionsstifters gebildet, sie verklärt und verdunkelt haben. In diesem Material mögen Stücke guter Tradition versprengt sein, die in den fünf Büchern keinen Raum gefunden haben. Eine solche Sage schildert in ansprechender Weise, wie sich der Ehrgeiz des Mannes Moses schon in seiner Kindheit geäußert. Als ihn der Pharao einmal in die Arme nahm und im Spiele hoch hob, riß ihm das dreijährige Knäblein die Krone vom Haupt und setzte sie seinem eigenen auf. Der König erschrak über dies Vorzeichen und versäumte nicht, seine Weisen darüber zu befragen.[1] Ein andermal wird von siegreichen Kriegstaten erzählt, die er als ägyptischer Feldherr in Äthiopien vollführt, und daran geknüpft, daß er aus Ägypten floh, weil er den Neid einer Partei am Hofe oder des Pharao selbst zu fürchten hatte. Die biblische Darstellung selbst legt Moses einige Züge bei, denen man Glaubwürdigkeit zusprechen möchte. Sie beschreibt ihn als zornmütig, leicht aufbrausend, wie er in der Entrüstung den brutalen Aufseher erschlägt, der einen jüdischen Arbeiter mißhandelt, wie er in der Erbitterung über den Abfall des Volkes die Gesetzestafeln zerschmettert, die er vom Berge Gottes geholt, ja Gott selbst straft ihn am Ende wegen einer Tat der Ungeduld; es wird nicht gesagt, was sie war. Da eine solche Eigenschaft nicht der Verherrlichung dient, könnte sie historischer Wahrheit entsprechen. Man kann auch die Möglichkeit nicht abweisen, daß manche Charakterzüge, die die Juden in die

---

1) Dieselbe Anekdote in leichter Abänderung bei Josephus.

frühe Vorstellung ihres Gottes eintrugen, indem sie ihn eifervoll, streng und unerbittlich hießen, im Grunde von der Erinnerung an Moses hergenommen waren, denn in Wirklichkeit hatte nicht ein unsichtbarer Gott, hatte der Mann Moses sie aus Ägypten herausgeführt.

Ein anderer ihm zugeschriebener Zug hat besonderen Anspruch auf unser Interesse. Moses soll „schwer von Sprache" gewesen sein, also eine Sprachhemmung oder einen Sprachfehler besessen haben, so daß er bei den angeblichen Verhandlungen mit dem Pharao der Unterstützung des *Aaron* bedurfte, der sein Bruder genannt wird. Das mag wiederum historische Wahrheit sein und wäre ein erwünschter Beitrag zur Belebung der Physiognomie des großen Mannes. Es kann aber auch eine andere und wichtigere Bedeutung haben. Der Bericht mag in leichter Entstellung der Tatsache gedenken, daß Moses ein Anderssprachiger war, der mit seinen semitischen Neu-Ägyptern nicht ohne Dolmetsch verkehren konnte, wenigstens nicht zu Anfang ihrer Beziehungen. Also eine neue Bestätigung der These: Moses war ein Ägypter.

Nun aber, scheint es, ist unsere Arbeit zu einem vorläufigen Ende gekommen. Aus unserer Annahme, daß Moses ein Ägypter war, sei sie erwiesen oder nicht, können wir zunächst nichts weiter ableiten. Den biblischen Bericht über Moses und den Auszug kann kein Historiker für anderes halten als für fromme Dichtung, die eine entlegene Tradition im Dienste ihrer eigenen Tendenzen umgearbeitet hat. Wie die Tradition ursprünglich gelautet hat, ist uns unbekannt; welches die entstellenden Tendenzen waren, möchten wir gern erraten, werden aber durch die Unkenntnis der historischen Vorgänge im Dunkel erhalten. Daß unsere Rekonstruktion für so manche Prunkstücke der biblischen Erzählung wie die zehn Plagen, den Durchzug durchs Schilfmeer, die feierliche Gesetzgebung am Berge Sinai, keinen Raum hat, dieser Gegensatz kann uns nicht beirren. Aber es kann uns nicht gleichgültig lassen, wenn wir finden, daß wir in Widerspruch zu den Ergebnissen der nüchternen Geschichtsforschung unserer Tage geraten sind.

Diese neueren Historiker, als deren Vertreter wir Ed. Meyer[1] anerkennen mögen, schließen sich dem biblischen Bericht in einem entscheidenden Punkte an. Auch sie meinen, daß die jüdischen Stämme, aus denen später das Volk Israel hervorging, zu einem gewissen Zeitpunkt eine neue Religion angenommen haben. Aber dies Ereignis vollzog sich nicht in Ägypten, auch nicht am Fuße eines Berges auf der Sinaihalbinsel, sondern in einer Örtlichkeit, die *Meribat-Qadeš* genannt wird, einer durch ihren Reichtum an Quellen und Brunnen ausgezeichneten Oase in dem Landstrich südlich von Palästina zwischen dem östlichen Ausgang der Sinaihalbinsel und dem Westrand von Arabien. Sie übernahmen dort die Verehrung eines Gottes *Jahve*, wahrscheinlich von dem arabischen Stamm der nahebei wohnenden *Midianiter*. Vermutlich waren auch andere Nachbarstämme Anhänger dieses Gottes.

Jahve war sicherlich ein Vulkangott. Nun ist Ägypten bekanntlich frei von Vulkanen und auch die Berge der Sinaihalbinsel sind nie vulkanisch gewesen; dagegen finden sich Vulkane, die noch bis in späte Zeiten tätig gewesen sein mögen, längs des Westrandes Arabiens. Einer dieser Berge muß also der *Sinai-Horeb* gewesen sein, den man sich als den Wohnsitz *Jahves* dachte.[2] Trotz aller Umarbeitungen, die der biblische Bericht erlitten hat, läßt sich nach Ed. Meyer das ursprüngliche Charakterbild des Gottes rekonstruieren: Er ist ein unheimlicher, blutgieriger Dämon, der bei Nacht umgeht und das Tageslicht scheut.[3]

Der Mittler zwischen Gott und Volk bei dieser Religionsstiftung wird Moses genannt. Er ist Schwiegersohn des midianitischen Priesters *Jethro*, hütete dessen Herden, als er die göttliche Berufung erfuhr. Er erhält auch in Qadeš den Besuch Jethros, der ihm Unterweisungen gibt.

Ed. Meyer sagt zwar, es sei ihm nie zweifelhaft gewesen, daß die

---

1) Ed. Meyer, Die Israeliten und ihre Nachbarstämme, 1906.

2) An einigen Stellen des biblischen Textes ist noch stehengeblieben, daß *Jahve* vom Sinai herab nach *Meribat-Qadeš* kam.

3) l. c. S. 38, 58.

Geschichte vom Aufenthalt in Ägypten und von der Katastrophe der Ägypter irgendeinen historischen Kern enthält,[1] aber er weiß offenbar nicht, wie er die von ihm anerkannte Tatsache unterbringen und verwerten soll. Nur die Sitte der Beschneidung ist er bereit, von Ägypten abzuleiten. Er bereichert unsere frühere Argumentation durch zwei wichtige Hinweise. Erstens, daß *Josua* das Volk zur Beschneidung auffordert, „um das Höhnen der Ägypter von sich abzuwälzen", sodann durch das Zitat aus Herodot, daß die Phöniker (wohl die Juden) und die Syrer in Palästina selbst zugeben, die Beschneidung von den Ägyptern gelernt zu haben.[2] Aber für einen ägyptischen Moses hat er wenig übrig. „Der Moses, den wir kennen, ist der Ahnherr der Priester von *Qadeš*, also eine mit dem Kultus in Beziehung stehende Gestalt der genealogischen Sage, nicht eine geschichtliche Persönlichkeit. Es hat denn auch (abgesehen von denen, die die Tradition in Bausch und Bogen als geschichtliche Wahrheit hinnehmen) noch niemand von denen, die ihn als eine geschichtliche Gestalt behandeln, ihn mit irgendwelchem Inhalt zu erfüllen, ihn als eine konkrete Individualität darzustellen oder etwas anzugeben gewußt, was er geschaffen hätte und was sein geschichtliches Werk wäre."[3]

Dagegen wird er nicht müde, die Beziehung Moses' zu *Qadeš* und *Midian* zu betonen. „Die Gestalt des Moses, die mit Midian und den Kultusstätten in der Wüste eng verwachsen ist."[4] „Diese Gestalt des Mose ist nun mit Qadeš (Massa und Merîba) untrennbar verbunden, die Verschwägerung mit dem midianitischen Priester bildet die Ergänzung dazu. Die Verbindung mit dem Exodus dagegen und vollends die Jugendgeschichte sind durchaus sekundär und lediglich die Folge der Einfügung Moses in eine zusammenhängend fortlaufende Sagengeschichte."[5] Er verweist auch darauf, daß die in der

---

1) l. c. S. 49.
2) l. c. S. 449.
3) l. c. S. 451.
4) l. c. S. 49.
5) l. c. S. 72.

Jugendgeschichte des Moses enthaltenen Motive später sämtlich fallen gelassen werden. „Mose in Midian ist nicht mehr ein Ägypter und Enkel des Pharao, sondern ein Hirt, dem Jahve sich offenbart. In den Erzählungen von den Plagen ist von seinen alten Beziehungen nicht mehr die Rede, so leicht sie sich effektvoll hätten verwerten lassen, und der Befehl, die israelitischen Knaben zu töten, ist vollkommen vergessen. Bei dem Auszug und dem Untergang der Ägypter spielt Mose überhaupt keine Rolle, er wird nicht einmal genannt. Der Heldencharakter, den die Kindheitssage voraussetzt, fehlt dem späteren Mose gänzlich; er ist nur noch der Gottesmann, ein von *Jahve* mit übernatürlichen Kräften ausgestatteter Wundertäter. . . ."[1]

Wir können den Eindruck nicht bestreiten, dieser Moses von *Qadeš* und Midian, dem die Tradition selbst die Aufrichtung einer ehernen Schlange als Heilgott zuschreiben durfte, ist ein ganz anderer als der von uns erschlossene großherrliche Ägypter, der dem Volk eine Religion eröffnete, in der alle Magie und Zauberei aufs strengste verpönt war. Unser ägyptischer Moses ist vom midianitischen Moses vielleicht nicht weniger verschieden als der universelle Gott *Aton* von dem auf dem Götterberg hausenden Dämon *Jahve*. Und wenn wir den Ermittlungen der neueren Historiker irgend ein Maß von Glauben schenken, müssen wir uns eingestehen, daß der Faden, den wir von der Annahme her spinnen wollten, Moses sei ein Ägypter gewesen, nun zum zweiten Mal abgerissen ist. Diesmal, wie es scheint, ohne Hoffnung auf Wiederanknüpfung.

(5)

Unerwarteterweise findet sich auch hier ein Ausweg. Die Bemühungen, in Moses eine Gestalt zu erkennen, die über den Priester von *Qadeš* hinausreicht, und die Großartigkeit zu bestätigen, welche die Tradition an ihm rühmt, sind auch nach Ed. Meyer nicht zur Ruhe gekommen (*Gressmann* u. a.). Im Jahre 1922 hat dann Ed. Sellin

---

1) l. c. S. 47.

eine Entdeckung gemacht, die unser Problem entscheidend beeinflußt.¹ Er fand beim Propheten *Hosea* (zweite Hälfte des achten Jahrhunderts) die unverkennbaren Anzeichen einer Tradition, die zum Inhalt hat, daß der Religionsstifter Moses in einem Aufstand seines widerspenstigen und halsstarrigen Volkes ein gewaltsames Ende fand. Gleichzeitig wurde die von ihm eingesetzte Religion abgeworfen. Diese Tradition ist aber nicht auf *Hosea* beschränkt, sie kehrt bei den meisten späteren Propheten wieder, ja, sie ist nach Sellin die Grundlage aller späteren messianischen Erwartungen geworden. Am Ausgang des babylonischen Exils entwickelte sich im jüdischen Volke die Hoffnung, der so schmählich Gemordete werde von den Toten wiederkommen und sein reuiges Volk, vielleicht dieses nicht allein, in das Reich einer dauernden Seligkeit führen. Die naheliegenden Beziehungen zum Schicksal eines späteren Religionsstifters liegen nicht auf unserem Weg.

Ich bin natürlich wiederum nicht in der Lage zu entscheiden, ob Sellin die prophetischen Stellen richtig gedeutet hat. Aber wenn er recht hat, so darf man der von ihm erkannten Tradition historische Glaubwürdigkeit zusprechen, denn solche Dinge erdichtet man nicht leicht. Es fehlt an einem greifbaren Motiv dafür; haben sie sich aber wirklich ereignet, so versteht sich leicht, daß man sie vergessen will. Wir brauchen nicht alle Einzelheiten der Tradition anzunehmen. Sellin meint, daß *Schittim* im Ostjordanland als der Schauplatz der Gewalttat an Moses bezeichnet wird. Wir werden bald erkennen, daß eine solche Lokalität für unsere Überlegungen unannehmbar ist.

Wir entlehnen von Sellin die Annahme, daß der ägyptische Moses von den Juden erschlagen, die von ihm eingeführte Religion aufgegeben wurde. Sie gestattet uns, unsere Fäden weiter zu spinnen, ohne glaubwürdigen Ergebnissen der historischen Forschung zu widersprechen. Aber wir wagen es, uns sonst unabhängig von den Autoren zu halten, selbständig „einherzutreten auf der eigenen

---

1) Ed. Sellin, Mose und seine Bedeutung für die israelitisch-jüdische Religionsgeschichte, 1922.

Spur". Der Auszug aus Ägypten bleibt unser Ausgangspunkt. Es muß eine beträchtliche Anzahl von Personen gewesen sein, die mit Moses das Land verließ; ein kleiner Haufe hätte dem ehrgeizigen, auf Großes abzielenden Mann nicht der Mühe gelohnt. Wahrscheinlich hatten die Einwanderer lange genug im Lande geweilt, um sich zu einer ansehnlichen Volkszahl zu entwickeln. Aber wir werden gewiß nicht irren, wenn wir mit der Mehrzahl der Autoren annehmen, daß nur ein Bruchteil des späteren Judenvolkes die Schicksale in Ägypten erfahren hat. Mit anderen Worten, der aus Ägypten zurückgekehrte Stamm vereinigte sich später im Landstrich zwischen Ägypten und Kanaan mit anderen verwandten Stämmen, die dort seit längerer Zeit ansässig gewesen waren. Ausdruck dieser Vereinigung, aus der das Volk Israel hervorging, war die Annahme einer neuen, allen Stämmen gemeinsamen Religion, der des *Jahve*, welches Ereignis sich nach Ed. Meyer unter midianitischem Einfluß in *Qades* vollzog. Darauf fühlte sich das Volk stark genug, seinen Einbruch in das Land *Kanaan* zu unternehmen. Mit diesem Hergang verträgt es sich nicht, daß die Katastrophe des Moses und seiner Religion im Ostjordanland vorfiel — sie muß lange vor der Vereinigung geschehen sein.

Es ist gewiß, daß recht verschiedene Elemente zum Aufbau des jüdischen Volkes zusammengetreten sind, aber den größten Unterschied unter diesen Stämmen muß es gemacht haben, ob sie den Aufenthalt in Ägypten, und was darauf folgte, miterlebt hatten oder nicht. Mit Rücksicht auf diesen Punkt kann man sagen, die Nation sei aus der Vereinigung von zwei Bestandteilen hervorgegangen, und dieser Tatsache entsprach es, daß sie auch nach einer kurzen Periode politischer Einheit in zwei Stücke, das Reich *Israel* und das Reich *Juda*, auseinanderbrach. Die Geschichte liebt solche Wiederherstellungen, in denen spätere Verschmelzungen rückgängig gemacht werden und frühere Trennungen wieder hervortreten. Das eindrucksvollste Beispiel dieser Art schuf bekanntlich die Reformation, als sie die Grenzlinie zwischen dem einst römisch gewesenen und dem unabhängig gebliebenen Germanien nach einem Intervall von mehr als einem Jahrtausend wieder zum Vorschein brachte. Für den Fall des jüdischen Volkes könnten wir eine so getreue Reproduktion des alten Tatbestands nicht erweisen; unsere Kenntnis dieser Zeiten ist zu unsicher, um die Behauptung zu gestatten, im Nordreich hätten sich die von jeher Ansässigen, im Südreich die aus Ägypten Zurückgekehrten wieder zusammengefunden, aber der spätere Zerfall kann auch hier nicht ohne Zusammenhang mit der früheren Verlötung gewesen sein. Die einstigen Ägypter waren wahrscheinlich in ihrer Volkszahl geringer als die anderen, aber sie erwiesen sich als die kulturell Stärkeren; sie übten einen mächtigeren Einfluß auf die weitere Entwicklung des Volkes, weil sie eine Tradition mitbrachten, die den anderen fehlte.

Vielleicht noch etwas anderes, was greifbarer war als eine Tradition. Zu den größten Rätseln der jüdischen Vorzeit gehört die Herkunft der *Leviten*. Sie werden von einem der zwölf Stämme *Israels* abgeleitet, vom Stamme *Levi*, aber keine Tradition hat anzugeben gewagt, wo dieser Stamm ursprünglich saß oder welches Stück des eroberten Landes *Kanaan* ihm zugewiesen war. Sie besetzen die wichtigsten Priesterposten, aber sie werden doch von den Priestern unterschieden, ein Levit ist nicht notwendig ein Priester; es ist nicht der Name einer Kaste. Unsere Voraussetzung über die Person des Moses legt uns eine Erklärung nahe. Es ist nicht glaubhaft, daß ein großer Herr wie der Ägypter Moses sich unbegleitet zu dem ihm fremden Volk begab. Er brachte gewiß sein Gefolge mit, seine nächsten Anhänger, seine Schreiber, sein Gesinde. Das waren ursprünglich die Leviten. Die Behauptung der Tradition, Moses war ein Levit, scheint eine durchsichtige Entstellung des Sachverhalts: Die Leviten waren die Leute des Moses. Diese Lösung wird durch die bereits in meinem früheren Aufsatz erwähnte Tatsache gestützt, daß einzig unter den Leviten später noch ägyptische Namen auftauchen.[1] Es ist anzunehmen, daß

---

1) Diese Annahme verträgt sich gut mit den Angaben Yahudas über den ägyptischen Einfluß auf das frühjüdische Schrifttum. Siehe A. S. Yahuda, Die Sprache des Pentateuch in ihren Beziehungen zum Ägyptischen, 1929.

eine gute Anzahl dieser Mosesleute der Katastrophe entging, die ihn selbst und seine Religionsstiftung traf. Sie vermehrten sich in den nächsten Generationen, verschmolzen mit dem Volke, in dem sie lebten, aber sie blieben ihrem Herrn treu, bewahrten das Andenken an ihn und pflegten die Tradition seiner Lehren. Zur Zeit der Vereinigung mit den Jahvegläubigen bildeten sie eine einflußreiche, den anderen kulturell überlegene Minorität.

Ich stelle es vorläufig als Annahme hin, daß zwischen dem Untergang des Moses und der Religionsstiftung in Qadeš zwei Generationen, vielleicht selbst ein Jahrhundert verlief. Ich sehe keinen Weg, um zu entscheiden, ob die Neo-Ägypter, wie ich sie hier zur Unterscheidung nennen möchte, die Rückkehrer also, mit ihren Stammverwandten zusammentrafen, nachdem diese bereits die Jahvereligion angenommen hatten, oder schon vorher. Man mag das letztere für wahrscheinlicher halten. Für das Endergebnis macht es keinen Unterschied. Was in Qadeš vorging, war ein Kompromiß, an dem der Anteil der Mosesstämme unverkennbar ist.

Wir dürfen uns hier wiederum auf das Zeugnis der Beschneidung berufen, die uns wiederholt, als Leitfossil sozusagen, die wichtigsten Dienste geleistet hat. Diese Sitte wurde auch in der Jahvereligion Gebot, und da sie unlösbar mit Ägypten verknüpft ist, kann ihre Annahme nur eine Konzession an die Mosesleute gewesen sein, die — oder die Leviten unter ihnen — auf dies Zeichen ihrer Heiligung nicht verzichten wollten. Soviel wollten sie von ihrer alten Religion retten, und dafür waren sie bereit, die neue Gottheit anzunehmen und was die Midianpriester von ihr erzählten. Es ist möglich, daß sie noch andere Konzessionen durchsetzten. Wir haben bereits erwähnt, daß das jüdische Ritual gewisse Einschränkungen im Gebrauch des Gottesnamens vorschrieb. Anstatt *Jahve* mußte *Adonai* gesprochen werden. Es liegt nahe, diese Vorschrift in unseren Zusammenhang zu bringen, aber es ist eine Vermutung ohne weiteren Anhalt. Das Verbot des Gottesnamens ist bekanntlich ein uraltes Tabu. Warum es gerade in der jüdischen Gesetzgebung aufgefrischt wurde, versteht

man nicht; es ist nicht ausgeschlossen, daß dies unter dem Einfluß
eines neuen Motivs geschah. Man braucht nicht anzunehmen, daß
das Verbot konsequent durchgeführt wurde; für die Bildung theophorer Personennamen, also für Zusammensetzungen, blieb der
Name des Gottes *Jahve* frei (*Jochanan, Jehu, Josua*). Aber es hatte
doch mit diesem Namen eine besondere Bewandtnis. Es ist bekannt,
daß die kritische Bibelforschung zwei Quellenschriften des Hexateuchs
annimmt. Sie werden als J und als E bezeichnet, weil die eine den
Gottesnamen *Jahve*, die andere den *Elohim* gebraucht. *Elohim* zwar,
nicht *Adonai*, aber man mag der Bemerkung eines unserer Autoren
gedenken: „Die verschiedenen Namen sind das deutliche Kennzeichen
ursprünglich verschiedener Götter."[1]

Wir ließen die Beibehaltung der Beschneidung als Beweis dafür
gelten, daß bei der Religionsstiftung in *Qades* ein Kompromiß stattgefunden hat. Den Inhalt desselben ersehen wir aus den übereinstimmenden Berichten von J und E, die also hierin auf eine gemeinsame
Quelle (Niederschrift oder mündliche Tradition) zurückgehen.
Die leitende Tendenz war, Größe und Macht des neuen Gottes *Jahve*
zu erweisen. Da die Mosesleute so hohen Wert auf ihr Erlebnis des
Auszugs aus Ägypten legten, mußte diese Befreiungstat *Jahve* verdankt werden, und dies Ereignis wurde mit Ausschmückungen
versehen, die die schreckhafte Großartigkeit des Vulkangottes bekundeten, wie die Rauchsäule, die sich nachts in eine Feuersäule wandelte,
der Sturm, der das Meer für eine Weile trocken legte, so daß die
Verfolger von den rückkehrenden Wassermassen ertränkt wurden.
Dabei wurden der Auszug und die Religionsstiftung nahe aneinandergerückt, das lange Intervall zwischen beiden verleugnet; auch die
Gesetzgebung vollzog sich nicht in *Qades*, sondern am Fuß des
Gottesberges unter den Anzeichen eines vulkanischen Ausbruches.
Aber diese Darstellung beging ein schweres Unrecht gegen das
Andenken des Mannes Moses; er war es ja, nicht der Vulkangott, der

---

1) Gressmann, l. c. S. 54.

das Volk aus Ägypten befreit hatte. Somit war man ihm eine Entschädigung schuldig und fand sie darin, daß man Moses hinübernahm nach *Qades* oder an den *Sinai-Horeb* und ihn an die Stelle der midianitischen Priester setzte. Daß man durch diese Lösung eine zweite, unabweisbar dringende Tendenz befriedigte, werden wir später erörtern. Auf solche Weise hatte man gleichsam einen Ausgleich geschaffen; man ließ *Jahve* nach Ägypten übergreifen, der auf einem Berg in Midian hauste, und Moses' Existenz und Tätigkeit dafür nach *Qades* und bis ins Ostjordanland. Er wurde so mit der Person des späteren Religionsstifters, dem Schwiegersohn des Midianiters *Jethro* verschmolzen, dem er seinen Namen Moses lieh. Aber von diesem anderen Moses wissen wir nichts Persönliches auszusagen, — er wird durch den anderen, den ägyptischen Moses so völlig verdunkelt. Es sei denn, daß man die Widersprüche in der Charakteristik Moses' aufgreift, die sich im biblischen Bericht finden. Er wird uns oft genug als herrisch, jähzornig, ja gewalttätig geschildert, und doch wird auch von ihm gesagt, er sei der sanftmütigste und geduldigste aller Menschen gewesen. Es ist klar, diese letzteren Eigenschaften hätten dem Ägypter Moses, der mit seinem Volk so Großes und Schweres vorhatte, wenig getaugt; vielleicht gehörten sie dem anderen, dem Midianiter, an. Ich glaube, man ist berechtigt, die beiden Personen wieder von einander zu scheiden und anzunehmen, daß der ägyptische Moses nie in *Qades* war und den Namen *Jahve* nie gehört hatte und daß der midianitische Moses *Ägypten* nie betreten hatte und von *Aton* nichts wußte. Zum Zwecke der Verlötung der beiden Personen fiel der Tradition oder der Sagenbildung die Aufgabe zu, den ägyptischen Moses nach Midian zu bringen, und wir haben gehört, daß mehr als eine Erklärung hiefür im Umlauf war.

(6)

Wir sind darauf vorbereitet, neuerdings den Tadel zu hören, daß wir unsere Rekonstruktion der Urgeschichte des Volkes Israel mit allzugroßer, mit unberechtigter Sicherheit vorgetragen haben. Diese

Kritik wird uns nicht schwer treffen, da sie in unserem eigenen Urteil einen Widerhall findet. Wir wissen selbst, unser Aufbau hat seine schwachen Stellen, aber er hat auch seine starken Seiten. Im ganzen überwiegt der Eindruck, daß es der Mühe lohnt, das Werk in der eingeschlagenen Richtung fortzusetzen. Der uns vorliegende biblische Bericht enthält wertvolle, ja unschätzbare historische Angaben, die aber durch den Einfluß mächtiger Tendenzen entstellt und mit den Produktionen dichterischer Erfindung ausgeschmückt worden sind. Während unserer bisherigen Bemühungen haben wir eine dieser entstellenden Tendenzen erraten können. Dieser Fund zeigt uns den weiteren Weg. Wir sollen andere solcher Tendenzen aufdecken. Haben wir Anhaltspunkte, um die durch sie erzeugten Entstellungen zu erkennen, so werden wir hinter ihnen neue Stücke des wahren Sachverhalts zum Vorschein bringen.

Lassen wir uns zunächst von der kritischen Bibelforschung erzählen, was sie über die Entstehungsgeschichte des Hexateuchs (der fünf Bücher Moses' und des Buches Josua, die uns hier allein interessieren) zu sagen weiß.[1] Als älteste Quellenschrift gilt J, der *Jahvist*, den man in neuester Zeit als den Priester *Ebjatar*, einen Zeitgenossen des Königs David, erkennen will.[2] Etwas später, man weiß nicht, um wie viel, setzt man den sogenannten *Elohisten* an, der dem Nordreich angehört.[3] Nach dem Untergang des Nordreiches 722 hat ein jüdischer Priester Stücke von J und E miteinander vereinigt und eigene Beiträge dazugetan. Seine Kompilation wird als JE bezeichnet. Im siebenten Jahrhundert kommt das Deuteronomium, das fünfte Buch, hinzu, angeblich als Ganzes im Tempel neu gefunden. In die Zeit nach der Zerstörung des Tempels (586), während des Exils und nach der Rückkehr wird die Umarbeitung versetzt, die man den „Priesterkodex" nennt; im fünften Jahrhundert erfährt das Werk seine

---

1) Encyclopædia Britannica, XI. Auflage, 1910. Artikel: Bible.
2) Siehe Auerbach, Wüste und Gelobtes Land, 1932.
3) Jahvist und Elohist wurden zuerst 1753 von Astruc unterschieden.

endgültige Redaktion und ist seither nicht wesentlich verändert worden.¹ Die Geschichte des Königs David und seiner Zeit ist höchstwahrscheinlich das Werk eines Zeitgenossen. Es ist richtige Geschichtsschreibung, fünfhundert Jahre vor Herodot, dem „Vater der Geschichte". Man nähert sich dem Verständnis dieser Leistung, wenn man im Sinne unserer Annahme an ägyptischen Einfluß denkt.² Es ist selbst die Vermutung aufgetaucht, daß die Israeliten jener Urzeit, also die Schreiber des Moses, nicht unbeteiligt an der Erfindung des ersten Alphabets gewesen sind.³ Inwieweit die Berichte über frühere Zeiten auf frühe Aufzeichnungen oder auf mündliche Traditionen zurückgehen und welche Zeitintervalle in den einzelnen Fällen zwischen Ereignis und Fixierung liegen, entzieht sich natürlich unserer Kenntnis. Der Text aber, wie er uns heute vorliegt, erzählt uns genug auch über seine eigenen Schicksale. Zwei einander entgegengesetzte Behandlungen haben ihre Spuren an ihm zurückgelassen. Einerseits haben sich Bearbeitungen seiner bemächtigt, die ihn im Sinne ihrer geheimen Absichten verfälscht, verstümmelt und erweitert, bis in sein Gegenteil verkehrt haben, anderseits hat eine

---

1) Es ist historisch gesichert, daß die endgültige Fixierung des jüdischen Typus der Erfolg der Reform von *Esra* und *Nehemia* im fünften Jahrhundert vor Christi Geburt war, also nachexilisch, unter der den Juden wohlwollenden Perserherrschaft. Nach unserer Rechnung waren damals etwa 900 Jahre seit dem Auftreten Moses' vergangen. In dieser Reform wurde mit den Bestimmungen Ernst gemacht, welche die Heiligung des gesamten Volkes bezweckten, wurde die Absonderung von den Umlebenden durch das Verbot der Mischehen durchgesetzt, der Pentateuch, das eigentliche Gesetzbuch, in seine definitive Form gebracht, jene Umarbeitung abgeschlossen, die als Priesterkodex bekannt ist. Es scheint aber gesichert, daß die Reform keine neuen Tendenzen einführte, sondern frühere Anregungen aufnahm und befestigte.

2) Vgl. Yahuda l.c.

3) Wenn sie unter dem Druck des Bilderverbots standen, hatten sie sogar ein Motiv, die hieroglyphische Bilderschrift zu verlassen, während sie ihre Schriftzeichen für den Ausdruck einer neuen Sprache zurichteten. — Vgl. Auerbach, l. c. S. 142.

schonungsvolle Pietät über ihm gewaltet, die alles erhalten wollte, wie sie es vorfand, gleichgültig, ob es zusammenstimmte oder sich selbst aufhob. So sind fast in allen Teilen auffällige Lücken, störende Wiederholungen, greifbare Widersprüche zustandegekommen, Anzeichen, die uns Dinge verraten, deren Mitteilung nicht beabsichtigt war. Es ist bei der Entstellung eines Textes ähnlich wie bei einem Mord. Die Schwierigkeit liegt nicht in der Ausführung der Tat, sondern in der Beseitigung ihrer Spuren. Man möchte dem Worte „Entstellung" den Doppelsinn verleihen, auf den es Anspruch hat, obwohl es heute keinen Gebrauch davon macht. Es sollte nicht nur bedeuten: in seiner Erscheinung verändern, sondern auch: an eine andere Stelle bringen, anderswohin verschieben. Somit dürfen wir in vielen Fällen von Textentstellung darauf rechnen, das Unterdrückte und Verleugnete doch irgendwo versteckt zu finden, wenn auch abgeändert und aus dem Zusammenhang gerissen. Es wird nur nicht immer leicht sein, es zu erkennen.

Die entstellenden Tendenzen, deren wir habhaft werden wollen, müssen schon auf die Traditionen vor allen Niederschriften eingewirkt haben. Die eine derselben, vielleicht die stärkste von allen, haben wir bereits entdeckt. Wir sagten, mit der Einsetzung des neuen Gottes *Jahve* in *Qadeš* ergab sich die Nötigung, etwas für seine Verherrlichung zu tun. Es ist richtiger zu sagen: man mußte ihn installieren, Raum für ihn schaffen, die Spuren früherer Religionen verwischen. Das scheint für die Religion der ansässigen Stämme restlos gelungen zu sein, wir hören nichts mehr von ihr. Mit den Rückkehrern hatte man es nicht so leicht, sie ließen sich den Auszug aus Ägypten, den Mann Moses und die Beschneidung nicht rauben. Sie waren also in Ägypten gewesen, aber sie hatten es wieder verlassen, und von nun an sollte jede Spur des ägyptischen Einflusses verleugnet werden. Den Mann Moses erledigte man, indem man ihn nach Midian und *Qadeš* versetzte und ihn mit dem Jahvepriester der Religionsstiftung verschmelzen ließ. Die Beschneidung, das gravierendste Anzeichen der Abhängigkeit von Ägypten, mußte man beibehalten, aber man versäumte die Versuche nicht, diese Sitte aller Evidenz zum Trotz von Ägypten abzulösen. Nur als absichtlichen Widerspruch gegen den verräterischen Sachverhalt kann man die rätselhafte, unverständlich stilisierte Stelle in Exodus auffassen, daß *Jahve* einst dem Moses gezürnt, weil er die Beschneidung vernachlässigt hatte, und daß sein midianitisches Weib durch schleunige Ausführung der Operation sein Leben gerettet! Wir werden alsbald von einer anderen Erfindung hören, um das unbequeme Beweisstück unschädlich zu machen.

Man kann es kaum als das Auftreten einer neuen Tendenz bezeichnen, es ist vielmehr nur die Fortführung der früheren, wenn sich Bemühungen zeigen, die direkt in Abrede stellen, daß *Jahve* ein neuer, für die Juden fremder Gott gewesen sei. In dieser Absicht werden die Sagen von den Urvätern des Volkes, Abraham, Isaak und Jakob, herangezogen. Jahve versichert, daß er schon der Gott dieser Väter gewesen sei; freilich, muß er selbst zugestehen, hätten sie ihn nicht unter diesem seinen Namen verehrt.[1]

Er fügt nicht hinzu, unter welchem anderen. Und hier findet sich der Anlaß zu einem entscheidenden Streich gegen die ägyptische Herkunft der Beschneidungssitte. *Jahve* hat sie bereits von Abraham verlangt, hat sie als Zeichen des Bundes zwischen sich und Abrahams Nachkommen eingesetzt. Aber das war eine besonders ungeschickte Erfindung. Als Abzeichen, das einen von anderen absondern und vor anderen bevorzugen soll, wählt man etwas, was bei den anderen nicht vorzufinden ist, und nicht etwas, was Millionen anderer in gleicher Weise aufzeigen können. Ein Israelit, nach Ägypten versetzt, hätte ja alle Ägypter als Bundesbrüder, als Brüder in *Jahve*, anerkennen müssen. Die Tatsache, daß die Beschneidung in Ägypten heimisch war, konnte den Israeliten, die den Text der Bibel schufen, unmöglich unbekannt sein. Die bei Ed. Meyer erwähnte Stelle aus Josua gibt es

---

1) Die Einschränkungen im Gebrauch dieses neuen Namens werden dadurch nicht verständlicher, wohl aber suspekter.

selbst unbedenklich zu, aber sie sollte eben um jeden Preis verleugnet werden.

An religiöse Mythenbildungen wird man nicht den Anspruch stellen dürfen, daß sie auf logischen Zusammenhalt große Rücksicht nehmen. Sonst hätte das Volksempfinden berechtigten Anstoß an dem Verhalten einer Gottheit finden können, die mit den Ahnherren einen Vertrag mit gegenseitigen Verpflichtungen schließt, sich dann jahrhundertelang um die menschlichen Partner nicht kümmert, bis es ihr plötzlich einfällt, sich den Nachkommen von neuem zu offenbaren. Noch mehr befremdend wirkt die Vorstellung, daß ein Gott sich mit einem Male ein Volk „auswählt", es zu seinem Volk und sich zu seinem Gott erklärt. Ich glaube, es ist der einzige solche Fall in der Geschichte der menschlichen Religionen. Sonst gehören Gott und Volk untrennbar zusammen, sie sind von allem Anfang an Eines; man hört wohl manchmal davon, daß ein Volk einen anderen Gott annimmt, aber nie, daß ein Gott sich ein anderes Volk aussucht. Vielleicht nähern wir uns dem Verständnis dieses einmaligen Vorgangs, wenn wir der Beziehungen zwischen Moses und dem Judenvolke gedenken. Moses hatte sich zu den Juden herabgelassen, sie zu seinem Volk gemacht; sie waren sein „auserwähltes Volk".[1]

---

1) *Jahve* war unzweifelhaft ein Vulkangott. Für Einwohner Ägyptens bestand kein Anlaß, ihn zu verehren. Ich bin gewiß nicht der erste, der von dem Gleichklang des Namens *Jahve* mit der Wurzel des anderen Göttemamens Ju-piter (Jovis) betroffen wird. Der mit der Abkürzung des hebräischen Jahve zusammengesetzte Name *Jochanan* (etwa: Gotthold, punisches Äquivalent: Hannibal) ist in den Formen Johann, John, Jean, Juan, der beliebteste Vorname der europäischen Christenheit geworden. Wenn die Italiener ihn als *Giovanni* wiedergeben und dann einen Tag der Woche *Giovedi* heißen, so bringen sie eine Ähnlichkeit wieder ans Licht, die möglicherweise nichts, vielleicht sehr viel bedeutet. Es eröffnen sich hier weitreichende, aber auch sehr unsichere Perspektiven. Es scheint, daß die Länder um das östliche Becken des Mittelmeers in jenen dunkeln, der Geschichtsforschung kaum eröffneten Jahrhunderten der Schauplatz häufiger und heftiger vulkanischer Ausbrüche waren, die den Umwohnern den stärksten Eindruck machen mußten. Evans nimmt an, daß auch die endgültige Zerstörung

Die Einbeziehung der Urväter diente auch noch einer anderen Absicht. Sie hatten in Kanaan gelebt, ihr Andenken war an bestimmte Örtlichkeiten des Landes geknüpft. Möglicherweise waren sie selbst ursprünglich kanaanäische Heroen oder lokale Göttergestalten, die dann von den eingewanderten Israeliten für ihre Vorgeschichte mit Beschlag belegt wurden. Wenn man sich auf sie berief, behauptete man gleichsam seine Bodenständigkeit und verwahrte sich gegen das Odium, das an dem landfremden Eroberer haftete. Es war eine geschickte Wendung, daß der Gott Jahve ihnen nur wiedergab, was ihre Vorfahren einmal besessen hatten.

In den späteren Beiträgen zum biblischen Text setzte sich die Absicht durch, die Erwähnung von *Qadeš* zu vermeiden. Die Stätte der Religionsstiftung wurde endgültig der Gottesberg Sinai-Horeb. Das Motiv hiefür ist nicht klar ersichtlich; vielleicht wollte man nicht an den Einfluß von Midian gemahnt werden. Aber alle späteren Entstellungen, insbesondere der Zeit des sogenannten Priesterkodex, dienen einer anderen Absicht. Man brauchte nicht mehr Berichte über Begebenheiten im gewünschten Sinne abzuändern, denn dies war längst geschehen. Sondern man bemühte sich, Gebote und Institutionen der Gegenwart in frühe Zeiten zurückzuversetzen, in der Regel sie auf mosaische Gesetzgebung zu begründen, um daher ihren

---

des *Minos*-Palastes in *Knossos* die Folge eines Erdbebens war. Auf Kreta wurde damals, wie wahrscheinlich allgemein in der ägäischen Welt, die große Muttergottheit verehrt. Die Wahrnehmung, daß sie nicht imstande war, ihr Haus gegen die Angriffe einer stärkeren Macht zu schützen, mag dazu beigetragen haben, daß sie einer männlichen Gottheit den Platz räumen mußte, und dann hatte der Vulkangott das erste Anrecht darauf, sie zu ersetzen. *Zeus* ist ja immer noch der „Erderschütterer". Es ist wenig zweifelhaft, daß sich in jenen dunkeln Zeiten die Ablösung der Muttergottheiten durch männliche Götter (die vielleicht ursprünglich Söhne waren?) vollzog. Besonders eindrucksvoll ist das Schicksal der *Pallas Athene*, die gewiß die lokale Form der Muttergottheit war, durch den religiösen Umsturz zur Tochter herabgesetzt, ihrer eigenen Mutter beraubt und durch die ihr auferlegte Jungfräulichkeit dauernd von der Mutterschaft ausgeschlossen wurde.

Anspruch auf Heiligkeit und Verbindlichkeit abzuleiten. So sehr man auf solche Weise das Bild der Vergangenheit verfälschen mochte, dies Verfahren entbehrt nicht einer bestimmten psychologischen Berechtigung. Es spiegelte die Tatsache wider, daß im Laufe der langen Zeiten — vom Auszug aus Ägypten bis zur Fixierung des Bibeltextes unter *Esra* und *Nehemia* verflossen etwa 800 Jahre — die Jahvereligion sich zurückgebildet hatte zur Übereinstimmung, vielleicht bis zur Identität mit der ursprünglichen Religion des Moses.

Und dies ist das wesentliche Ergebnis, der schicksalsschwere Inhalt der jüdischen Religionsgeschichte.

(7)

Unter all den Begebenheiten der Vorzeit, die die späteren Dichter, Priester und Geschichtsschreiber zu bearbeiten unternahmen, hob sich eine heraus, deren Unterdrückung durch die nächstliegenden und besten menschlichen Motive geboten war. Es war die Ermordung des grossen Führers und Befreiers Moses, die Sellin aus Andeutungen bei den Propheten erraten hat. Man kann die Aufstellung Sellins nicht phantastisch heißen, sie ist wahrscheinlich genug. Moses, aus der Schule Ikhnatons stammend, bediente sich auch keiner anderen Methoden als der König, er befahl, drängte dem Volke seinen Glauben auf.[1] Vielleicht war die Lehre des Moses noch schroffer als die seines Meisters, er brauchte die Anlehnung an den Sonnengott nicht festzuhalten, die Schule von *On* hatte für sein Fremdvolk keine Bedeutung. Moses wie Ikhnaton fanden dasselbe Schicksal, das aller aufgeklärten Despoten wartet. Das Judenvolk des Moses war ebensowenig imstande, eine so hoch vergeistigte Religion zu ertragen, in ihren Darbietungen eine Befriedigung ihrer Bedürfnisse zu finden, wie die Ägypter der 18ten Dynastie. In beiden Fällen geschah dasselbe, die Bevormundeten und Verkürzten erhoben sich und warfen die Last der ihnen auferlegten Religion ab. Aber während die zahmen

---

1) In jenen Zeiten war eine andere Art der Beeinflussung auch kaum möglich.

Ägypter damit warteten, bis das Schicksal die geheiligte Person des Pharao beseitigt hatte, nahmen die wilden Semiten das Schicksal in ihre Hand und räumten den Tyrannen aus dem Wege.[1] Auch kann man nicht behaupten, daß der erhaltene Bibeltext uns nicht auf einen solchen Ausgang Moses' vorbereitet. Der Bericht über die „Wüstenwanderung" — die für die Zeit der Herrschaft Moses' stehen mag — schildert eine Kette von ernsthaften Empörungen gegen seine Autorität, die auch — nach Jahves Gebot — durch blutige Züchtigung unterdrückt werden. Man kann sich leicht vorstellen, daß einmal ein solcher Aufstand ein anderes Ende nahm, als der Text es haben will. Auch der Abfall des Volkes von der neuen Religion wird im Text erzählt, als Episode freilich. Es ist die Geschichte vom goldenen Kalb, in der mit geschickter Wendung das symbolisch zu verstehende Zerbrechen der Gesetzestafeln („er hat das Gesetz gebrochen") Moses selbst zugeschoben und durch seine zornige Entrüstung motiviert wird.

Es kam eine MZeit, da man den ord an Moses bedauerte und zu vergessen suchte. Sicherlich war es so zur Zeit des Zusammentreffens in Qadeš. Aber wenn man den Auszug näher heranrückte an die Religionsstiftung in der Oase und Moses an Stelle des anderen an ihr mitwirken ließ, so hatte man nicht nur den Anspruch der Mosesleute befriedigt, sondern auch die peinliche Tatsache seiner gewaltsamen Beseitigung erfolgreich verleugnet. In Wirklichkeit ist es sehr unwahrscheinlich, daß Moses an den Vorgängen in Qadeš hätte teilnehmen können, auch wenn sein Leben nicht verkürzt worden wäre.

Wir müssen hier den Versuch machen, die zeitlichen Verhältnisse dieser Begebenheiten aufzuklären. Wir haben den Auszug aus Ägypten in die Zeit nach dem Verlöschen der 18ten Dynastie versetzt

---

1) Es ist wirklich bemerkenswert, wie wenig man in der jahrtausendelangen ägyptischen Geschichte von gewaltsamer Beseitigung oder Ermordung eines Pharao hört. Ein Vergleich, z. B. mit der assyrischen Geschichte, muß diese Verwunderung steigern. Natürlich kann dies daher kommen, daß die Geschichtsschreibung bei den Ägyptern ausschließlich offiziellen Absichten diente.

(1350). Er mag damals oder eine Weile später erfolgt sein, denn die ägyptischen Chronisten haben die darauffolgenden Jahre der Anarchie in die Regierungszeit Haremhabs, der ihr ein Ende machte und bis 1315 herrschte, eingerechnet. Der nächste, aber auch der einzige Anhalt für die Chronologie ist durch die Stele *Merneptahs* gegeben (1225 – 15), die sich des Sieges über Isiraal (Israel) und der Verwüstung ihrer Saaten (?) rühmt. Die Verwertung dieser Inschrift ist leider zweifelhaft, man läßt sie als Beweis dafür gelten, daß israelitische Stämme damals schon in Kanaan ansässig waren.[1] Ed. Meyer schließt aus dieser Stele mit Recht, daß *Merneptah* nicht der Pharao des Auszugs gewesen sein kann, wie vorher gern angenommen wurde. Der Auszug muß einer früheren Zeit angehören. Die Frage nach dem Pharao des Auszugs erscheint uns überhaupt müßig. Es gab keinen Pharao des Auszugs, da dieser in ein Interregnum fiel. Aber auf das mögliche Datum der Vereinigung und Religionsannahme in *Qadeš* fällt auch durch die Entdeckung der Merneptah-Stele kein Licht. Irgendwann zwischen 1350 und 1215 ist alles, was wir mit Sicherheit sagen können. Innerhalb dieses Jahrhunderts, vermuten wir, kommt der Auszug dem Eingangsdatum sehr nahe, ist der Vorgang in *Qadeš* vom Enddatum nicht zu weit entfernt. Den größeren Teil des Zeitraumes möchten wir für das Intervall zwischen beiden Ereignissen in Anspruch nehmen. Wir brauchen nämlich eine längere Zeit, bis sich nach der Ermordung Moses' die Leidenschaften bei den Rückkehrern beruhigt haben und der Einfluß der Mosesleute, der Leviten, so groß geworden ist, wie das Kompromiß in *Qadeš* es voraussetzt. Zwei Generationen, 60 Jahre, würden hiefür etwa ausreichen, aber es geht nur knapp zusammen. Die Folgerung aus der Merneptah-Stele kommt uns zu früh, und da wir erkennen, daß in unserem Aufbau hier eine Annahme nur auf einer anderen begründet ist, gestehen wir zu, daß diese Diskussion eine schwache Seite unserer Konstruktion aufdeckt. Leider ist alles, was mit der Niederlassung des jüdischen Volkes in Kanaan zusammenhängt, so ungeklärt und

---

1) Ed. Meyer, l. c. S. 222.

verworren. Es bleibt uns etwa die Auskunft, daß der Name auf der Israelstele sich nicht auf die Stämme bezieht, deren Schicksale wir zu verfolgen bemüht sind und die zum späteren Volk Israel zusammengetreten sind. Ist doch auch der Name der *Habiru* = *Hebräer* aus der Amarnazeit auf dies Volk übergegangen.

Wann immer die Vereinigung der Stämme zur Nation durch die Annahme einer gemeinsamen Religion vor sich ging, es hätte leicht ein für die Weltgeschichte recht gleichgültiger Akt werden können. Die neue Religion wäre vom Strom der Ereignisse weggeschwemmt worden, *Jahve* hätte seinen Platz einnehmen dürfen in der Prozession gewesener Götter, die der Dichter Flaubert gesehen hat, und von seinem Volk wären alle zwölf Stämme „verloren" gegangen, nicht nur die zehn, die von den Angelsachsen so lange gesucht worden sind. Der Gott *Jahve*, dem der midianitische Moses damals ein neues Volk zuführte, war wahrscheinlich in keiner Hinsicht ein hervorragendes Wesen. Ein roher, engherziger Lokalgott, gewalttätig und blutdürstig; er hatte seinen Anhängern versprochen, ihnen das Land zu geben, in dem „Milch und Honig fließt", und forderte sie auf, dessen gegenwärtige Einwohner auszurotten „mit der Schärfe des Schwertes". Man darf sich verwundern, daß trotz aller Umarbeitungen in den biblischen Berichten so viel stehen gelassen wurde, um sein ursprüngliches Wesen zu erkennen. Es ist nicht einmal sicher, daß seine Religion ein wirklicher Monotheismus war, daß sie den Gottheiten anderer Völker die Gottesnatur bestritt. Es reichte wahrscheinlich hin, daß der eigene Gott mächtiger war als alle fremden Götter. Wenn dann in der Folge alles anders verlief, als solche Ansätze erwarten ließen, so können wir die Ursache hiefür nur in einer einzigen Tatsache finden. Einem Teil des Volkes hatte der ägyptische Moses eine andere, höher vergeistigte Gottesvorstellung gegeben, die Idee einer einzigen, die ganze Welt umfassenden Gottheit, die nicht minder alliebend war als allmächtig, die, allem Zeremoniell und Zauber abhold, den Menschen ein Leben in Wahrheit und Gerechtigkeit zum höchsten Ziel setzte. Denn so unvollkommen unsere

Berichte über die ethische Seite der *Aton*religion sein mögen, es kann nicht bedeutungslos sein, daß *Ikhnaton* sich in seinen Inschriften regelmäßig bezeichnete als „lebend in *Maat*" (Wahrheit, Gerechtigkeit).[1] Auf die Dauer machte es nichts aus, daß das Volk, wahrscheinlich nach kurzer Zeit, die Lehre des Moses verwarf und ihn selbst beseitigte. Es blieb die Tradition davon, und ihr Einfluß erreichte, allerdings erst allmählich im Laufe der Jahrhunderte, was Moses selbst versagt geblieben war. Gott Jahve war zu unverdienten Ehren gekommen, als man von *Qadeš* an die Befreiungstat des Moses auf seine Rechnung schrieb, aber er hatte für diese Usurpation schwer zu büssen. Der Schatten des Gottes, dessen Stelle er eingenommen, wurde stärker als er; am Ende der Entwicklung war hinter seinem Wesen das des vergessenen mosaischen Gottes zum Vorschein gekommen. Niemand zweifelt daran, daß nur die Idee dieses anderen Gottes das Volk Israel alle Schicksalsschläge überstehen ließ und es bis in unsere Zeiten am Leben erhielt.

Beim Endsieg des mosaischen Gottes über Jahve kann man den Anteil der Leviten nicht mehr feststellen. Diese hatten sich seinerzeit für Moses eingesetzt, als das Kompromiß in *Qadeš* geschlossen wurde, in noch lebendiger Erinnerung an den Herrn, dessen Gefolge und Landsgenossen sie waren. In den Jahrhunderten seither waren sie mit dem Volk verschmolzen oder mit der Priesterschaft, und es war die Hauptleistung der Priester geworden, das Ritual zu entwickeln und zu überwachen, überdies die heiligen Niederschriften zu behüten und nach ihren Absichten zu bearbeiten. Aber war nicht aller Opferdienst und alles Zeremoniell im Grunde nur Magie und Zauberwesen, wie es die alte Lehre Moses' bedingungslos verworfen hatte? Da erhoben sich aus der Mitte des Volkes in einer nicht mehr abreißenden Reihe Männer, nicht durch ihre Herkunft mit Moses

---

[1] Seine Hymnen betonen nicht nur die Universalität und Einzigkeit Gottes, sondern auch dessen liebevolle Fürsorge für alle Geschöpfe, fordern zur Freude an der Natur und zum Genuß ihrer Schönheit auf. Vgl. Breasted, The Dawn of Conscience.

verbunden, aber von der großen und mächtigen Tradition erfaßt, die allmählich im Dunkeln angewachsen war, und diese Männer, die Propheten, waren es, die unermüdlich die alte mosaische Lehre verkündeten, die Gottheit verschmähe Opfer und Zeremoniell, sie fordere nur Glauben und ein Leben in Wahrheit und Gerechtigkeit („*Maat*"). Die Bemühungen der Propheten hatten dauernden Erfolg; die Lehren, mit denen sie den alten Glauben wiederherstellten, wurden zum bleibenden Inhalt der jüdischen Religion. Es ist Ehre genug für das jüdische Volk, daß es eine solche Tradition erhalten und Männer hervorbringen konnte, die ihr eine Stimme liehen, auch wenn die Anregung dazu von außen, von einem großen fremden Mann, gekommen war.

Ich würde mich mit dieser Darstellung nicht sicher fühlen, wenn ich mich nicht auf das Urteil anderer, sachkundiger Forscher berufen könnte, die die Bedeutung Moses' für die jüdische Religionsgeschichte im nämlichen Lichte sehen, auch wenn sie seine ägyptische Herkunft nicht anerkennen. So sagt z. B. Sellin:[1] „Mithin haben wir uns die eigentliche Religion des Mose, den Glauben an den einen sittlichen Gott, den er verkündet, seitdem von vornherein als das Besitztum eines kleinen Kreises im Volke vorzustellen. Von vornherein dürfen wir nicht erwarten, jenen in dem offiziellen Kulte, in der Religion der Priester, in dem Glauben des Volkes anzutreffen. Wir können von vornherein nur damit rechnen, daß bald hie bald da einmal ein Funke wieder auftaucht von dem Geistesbrand, den er einst entzündet hat, daß seine Ideen nicht ausgestorben sind, sondern hie und da in aller Stille auf Glaube und Sitte eingewirkt haben, bis sie etwa früher oder später unter der Einwirkung besonderer Erlebnisse oder von seinem Geist besonders erfaßter Persönlichkeiten einmal wieder stärker hervorbrachen und Einfluß gewannen auf breitere Volksmassen. Unter diesem Gesichtswinkel ist von vornherein die altisraelitische Religionsgeschichte zu betrachten. Wer nach der Religion, wie sie uns nach

---

[1] l. c. S. 52.

den Geschichtsurkunden im Volksleben der ersten fünf Jahrhunderte in Kanaan entgegentritt, etwa die mosaische Religion konstruieren wollte, der würde den schwersten methodischen Fehler begehen." Und deutlicher noch Volz.[1] Er meint, „daß Moses' himmelhohes Werk zunächst nur ganz schwach und spärlich verstanden und durchgeführt wurde, bis es im Lauf der Jahrhunderte mehr und mehr eindrang und endlich in den großen Propheten gleichgeartete Geister fand, die das Werk des Einsamen fortsetzten."

Hiemit wäre ich zum Abschluß meiner Arbeit gelangt, die ja nur der einzigen Absicht dienen sollte, die Gestalt eines ägyptischen Moses in den Zusammenhang der jüdischen Geschichte einzufügen. Um unser Ergebnis in der kürzesten Formel auszudrücken: Zu den bekannten Zweiheiten dieser Geschichte — zwei Volksmassen, die zur Bildung der Nation zusammentreten, zwei Reiche, in die diese Nation zerfällt, zwei Gottesnamen in den Quellenschriften der Bibel — fügen wir zwei neue hinzu: Zwei Religionsstiftungen, die erste durch die andere verdrängt und später doch siegreich hinter ihr zum Vorschein gekommen, zwei Religionsstifter, die beide mit dem gleichen Namen Moses benannt werden und deren Persönlichkeiten wir von einander zu sondern haben. Und alle diese Zweiheiten sind notwendige Folgen der ersten, der Tatsache, daß der eine Bestandteil des Volkes ein traumatisch zu wertendes Erlebnis gehabt hatte, das dem anderen fern geblieben war. Darüber hinaus gäbe es noch sehr viel zu erörtern, zu erklären und zu behaupten. Erst dann ließe sich eigentlich das Interesse an unserer rein historischen Studie rechtfertigen. Worin die eigentliche Natur einer Tradition besteht und worauf ihre besondere Macht beruht, wie unmöglich es ist, den persönlichen Einfluß einzelner großer Männer auf die Weltgeschichte zu leugnen, welchen Frevel an der großartigen Mannigfaltigkeit des Menschenlebens man begeht, wenn man nur Motive aus materiellen Bedürfnissen anerkennen will, aus welchen Quellen manche, besonders die religiösen, Ideen die Kraft schöpfen, mit der sie Menschen

---

1) Paul Volz, Mose, Tübingen 1907 (S. 64).

wie Völker unterjochen — all dies am Spezialfall der jüdischen Geschichte zu studieren, wäre eine verlockende Aufgabe. Eine solche Fortsetzung meiner Arbeit würde den Anschluß finden an Ausführungen, die ich vor 25 Jahren in „Totem und Tabu" niedergelegt habe. Aber ich traue mir nicht mehr die Kraft zu, dies zu leisten.

III

MOSES, SEIN VOLK UND DIE MONOTHEISTISCHE RELIGION

ERSTER TEIL
VORBEMERKUNG I
(*Vor dem März 1938*)

Mit der Verwegenheit dessen, der nichts oder wenig zu verlieren hat, gehe ich daran, einen gut begründeten Vorsatz zum zweiten Mal zu brechen und den beiden Abhandlungen über Moses in „Imago" (Bd. XXIII, Heft 1 und 3) das zurückgehaltene Endstück nachzuschicken. Ich schloß mit der Versicherung, ich wisse, daß meine Kräfte dazu nicht ausreichen würden, meinte natürlich die Abschwächung der schöpferischen Fähigkeiten, die mit dem hohen Alter einhergeht,[1] aber ich dachte auch an ein anderes Hemmnis.
Wir leben in einer besonders merkwürdigen Zeit. Wir finden mit Erstaunen, daß der Fortschritt ein Bündnis mit der Barbarei geschlossen hat. In Sowjetrußland hat man es unternommen, etwa 100

---

1) Ich teile nicht die Ansicht meines Altersgenossen, Bernard Shaw, daß die Menschen erst dann etwas Rechtes leisten würden, wenn sie 300 Jahre alt werden könnten. Mit der Verlängerung der Lebensdauer wäre nichts erreicht, es müßte denn vieles andere an den Lebensbedingungen vom Grunde aus geändert werden.

Millionen in der Unterdrückung festgehaltener Menschen zu besseren Lebensformen zu erheben. Man war verwegen genug, ihnen das „Rauschgift" der Religion zu entziehen, und so weise, ihnen ein verständiges Maß von sexueller Freiheit zu geben, aber dabei unterwarf man sie dem grausamsten Zwang und raubte ihnen jede Möglichkeit der Denkfreiheit. Mit ähnlicher Gewalttätigkeit wird das italienische Volk zu Ordnung und Pflichtgefühl erzogen. Man empfindet es als Erleichterung von einer bedrückenden Sorge, wenn man im Fall des deutschen Volkes sieht, daß der Rückfall in nahezu vorgeschichtliche Barbarei auch ohne Anlehnung an irgendeine fortschrittliche Idee vor sich gehen kann. Immerhin hat es sich so gestaltet, daß heute die konservativen Demokratien die Hüter des kulturellen Fortschritts geworden sind und daß sonderbarerweise gerade die Institution der katholischen Kirche der Ausbreitung jener kulturellen Gefahr eine kräftige Abwehr entgegensetzt. Sie, bisher die unerbittliche Feindin der Denkfreiheit und des Fortschritts zur Erkenntnis der Wahrheit!

Wir leben hier in einem katholischen Land unter dem Schutz dieser Kirche, unsicher, wie lange er vorhalten wird. Solange er aber besteht, haben wir natürlich Bedenken, etwas zu tun, was die Feindschaft der Kirche erwecken muß. Es ist nicht Feigheit, sondern Vorsicht; der neue Feind, dem zu Dienst zu sein wir uns hüten wollen, ist gefährlicher als der alte, mit dem uns zu vertragen wir bereits gelernt haben. Die psychoanalytische Forschung, die wir pflegen, ist ohnedies der Gegenstand mißtrauischer Aufmerksamkeit von seiten des Katholizismus. Wir werden nicht behaupten, es sei so mit Unrecht. Wenn unsere Arbeit uns zu einem Ergebnis führt, das die Religion auf eine Menschheitsneurose reduziert und ihre großartige Macht in der gleichen Weise aufklärt wie den neurotischen Zwang bei den einzelnen unserer Patienten, so sind wir sicher, den stärksten Unwillen der bei uns herrschenden Mächte auf uns zu ziehen. Nicht, daß wir etwas zu sagen hätten, was neu wäre, was wir nicht schon vor einem Vierteljahrhundert deutlich genug gesagt haben, aber das ist seither vergessen worden, und es kann nicht wirkungslos bleiben, wenn wir es heute wiederholen und an einem für alle Religionsstiftungen maßgebenden Beispiel erläutern. Es würde wahrscheinlich dazu führen, daß uns die Betätigung in der Psychoanalyse verboten wird. Jene gewalttätigen Methoden der Unterdrückung sind der Kirche ja keineswegs fremd, sie empfindet es vielmehr als Einbruch in ihre Vorrechte, wenn auch andere sich ihrer bedienen. Die Psychoanalyse aber, die im Laufe meines langen Lebens überallhin gekommen ist, hat noch immer kein Heim, das wertvoller für sie wäre als eben die Stadt, wo sie geboren und herangewachsen ist.

Ich glaube es nicht nur, ich weiß es, daß ich mich durch dies andere Hindernis, durch die äußere Gefahr, abhalten lassen werde, den letzten Teil meiner Studie über Moses zu veröffentlichen. Ich habe noch einen Versuch gemacht, mir die Schwierigkeit aus dem Weg zu räumen, indem ich mir sagte, der Angst liege eine Überschätzung meiner persönlichen Bedeutung zu Grunde. Wahrscheinlich werde es den maßgebenden Stellen recht gleichgültig sein, was ich über Moses und den Ursprung der monotheistischen Religionen schreiben wolle. Aber ich fühle mich da nicht sicher im Urteil. Viel eher erscheint es mir möglich, daß Bosheit und Sensationslust das wettmachen werden, was mir im Urteil der Mitwelt an Geltung fehlt. Ich werde diese Arbeit also nicht bekannt machen, aber das braucht mich nicht abzuhalten, sie zu schreiben. Besonders da ich sie schon einmal, vor jetzt zwei Jahren, niedergeschrieben habe, so daß ich sie bloß umzuarbeiten und an die beiden vorausgeschickten Aufsätze anzufügen habe. Sie mag dann in der Verborgenheit aufbewahrt bleiben, bis einmal die Zeit kommt, wann sie sich gefahrlos ans Licht wagen darf, oder bis man einem, der sich zu denselben Schlüssen und Meinungen bekennt, sagen kann, es war schon einmal in dunkleren Zeiten jemand da, der sich das nämliche wie du gedacht hat.

VORBEMERKUNG II

(Im Juni 1938)

Die ganz besonderen Schwierigkeiten, die mich während der Abfassung dieser an die Person des Moses anknüpfenden Studie belastet haben — innere Bedenken sowie äußere Abhaltungen — bringen es mit sich, daß dieser dritte, abschließende Aufsatz von zwei verschiedenen Vorreden eingeleitet wird, die einander widersprechen, ja einander aufheben. Denn in dem kurzen Zeitraum zwischen beiden haben sich die äußeren Verhältnisse des Schreibers gründlich geändert. Ich lebte damals unter dem Schutz der katholischen Kirche und stand unter der Angst, daß ich durch meine Publikation diesen Schutz verlieren und ein Arbeitsverbot für die Anhänger und Schüler der Psychoanalyse in Österreich heraufbeschwören würde. Und dann kam plötzlich die deutsche Invasion; der Katholizismus erwies sich, mit biblischen Worten zu reden, als ein „schwankes Rohr". In der Gewißheit, jetzt nicht nur meiner Denkweise, sondern auch meiner „Rasse" wegen verfolgt zu werden, verließ ich mit vielen Freunden die Stadt, die mir von früher Kindheit an, durch 78 Jahre, Heimat gewesen war.

Ich fand die freundlichste Aufnahme in dem schönen, freien, großherzigen England. Hier lebe ich nun, ein gern gesehener Gast, atme auf, daß jener Druck von mir genommen ist und daß ich wieder reden und schreiben — bald hätte ich gesagt: denken darf, wie ich will oder muß. Ich wage es, das letzte Stück meiner Arbeit vor die Öffentlichkeit zu bringen.

Keine äußeren Abhaltungen mehr oder wenigstens keine solchen, vor denen man zurückschrecken darf. Ich habe in den wenigen Wochen meines Aufenthalts hier eine Unzahl von Begrüßungen erhalten von Freunden, die sich meiner Anwesenheit freuten, von Unbekannten, ja Unbeteiligten, die nur ihrer Befriedigung darüber Ausdruck geben wollten, daß ich hier Freiheit und Sicherheit gefunden habe. Und dazu kamen, in einer für den Fremden überraschenden Häufigkeit, Zuschriften anderer Art, die sich um mein Seelenheil bemühten, die mir die Wege Christi weisen und mich über die Zukunft Israels aufklären wollten. Die guten Leute, die so schrieben, können nicht viel von mir gewußt haben; aber ich erwarte, wenn diese Arbeit über Moses durch eine Übersetzung unter meinen neuen Volksgenossen bekannt wird, werde ich auch bei einer Anzahl von anderen genug von den Sympathien einbüßen, die sie mir jetzt entgegenbringen.

An den inneren Schwierigkeiten konnten politischer Umschwung und Wechsel des Wohnorts nichts verändern. Nach wie vor fühle ich mich unsicher angesichts meiner eigenen Arbeit, vermisse ich das Bewußtsein der Einheit und Zusammengehörigkeit, das zwischen dem Autor und seinem Werk bestehen soll. Nicht etwa, daß es mir an der Überzeugung von der Richtigkeit des Ergebnisses mangeln sollte. Diese habe ich mir schon vor einem Vierteljahrhundert erworben, als ich das Buch über „Totem und Tabu" schrieb, 1912, und sie hat sich seither nur verstärkt. Ich habe seit damals nicht mehr bezweifelt, daß die religiösen Phänomene nur nach dem Muster der uns vertrauten neurotischen Symptome des Individuums zu verstehen sind, als Wiederkehren von längst vergessenen, bedeutsamen Vorgängen in der Urgeschichte der menschlichen Familie, daß sie ihren zwanghaften Charakter eben diesem Ursprung verdanken und also kraft ihres Gehalts an historischer Wahrheit auf die Menschen wirken. Meine Unsicherheit setzt erst ein, wenn ich mich frage, ob es mir gelungen ist, diese Sätze für das hier gewählte Beispiel des jüdischen Monotheismus zu erweisen. Meiner Kritik erscheint diese vom Manne Moses ausgehende Arbeit wie eine Tänzerin, die auf einer Zehenspitze balanciert. Wenn ich mich nicht auf die eine analytische Deutung des Aussetzungsmythus stützen und von da aus zur Sellinschen Vermutung über den Ausgang des Moses übergreifen könnte, hätte das Ganze ungeschrieben bleiben müssen. Immerhin sei es jetzt gewagt.

Ich beginne damit, die Ergebnisse meiner zweiten, der rein historischen Studie über Moses zu resümieren. Sie werden hier keiner neuerlichen Kritik unterzogen werden, denn sie bilden die Voraussetzung der psychologischen Erörterungen, die von ihnen ausgehen und immer wieder auf sie zurückkommen.

A

Die historische Voraussetzung

Der historische Hintergrund der Ereignisse, die unser Interesse gefesselt haben, ist also folgender: Durch die Eroberungen der 18ten Dynastie ist Ägypten ein Weltreich geworden. Der neue Imperialismus spiegelt sich wider in der Entwicklung der religiösen Vorstellungen, wenn nicht des ganzen Volkes, so doch der herrschenden und geistig regsamen Oberschicht desselben. Unter dem Einfluß der Priester des Sonnengottes zu *On* (Heliopolis), vielleicht verstärkt durch Anregungen von Asien her, erhebt sich die Idee eines universellen Gottes *Aton*, an dem die Einschränkung auf ein Land und ein Volk nicht mehr haftet. Mit dem jungen Amenhotep IV. kommt ein Pharao zur Herrschaft, der kein höheres Interesse kennt als die Entwicklung dieser Gottesidee. Er erhebt die Atonreligion zur Staatsreligion, durch ihn wird der universelle Gott der Einzige Gott; alles, was man von anderen Göttern erzählt, ist Trug und Lüge. Mit großartiger Unerbittlichkeit widersteht er allen Versuchungen des magischen Denkens, verwirft er die besonders dem Ägypter so teure Illusion eines Lebens nach dem Tode. In einer erstaunlichen Ahnung späterer wissenschaftlicher Einsicht erkennt er in der Energie der Sonnenstrahlung die Quelle alles Lebens auf der Erde und verehrt sie als das Symbol der Macht seines Gottes. Er rühmt sich seiner Freude an der Schöpfung und seines Lebens in *Maat* (Wahrheit und Gerechtigkeit).

Es ist der erste und vielleicht reinste Fall einer monotheistischen Religion in der Menschheitsgeschichte; ein tieferer Einblick in die historischen und psychologischen Bedingungen seiner Entstehung wäre von unschätzbarem Wert. Aber es ist dafür gesorgt worden, daß nicht allzuviel Nachrichten über die Atonreligion auf uns kommen sollten. Schon unter den schwächlichen Nachfolgern *Ikhnatons* brach alles zusammen, was er geschaffen hatte. Die Rache der von ihm unterdrückten Priesterschaften wütete nun gegen sein Andenken, die Atonreligion wurde abgeschafft, die Residenz des als Frevler gebrandmarkten Pharao zerstört und geplündert. Um 1350 v. Chr. erlosch die 18te Dynastie; nach einer Zeit der Anarchie stellte der Feldherr *Haremhab*, der bis 1315 regierte, die Ordnung wieder her. Die Reform Ikhnatons schien eine zum Vergessenwerden bestimmte Episode.

Soweit, was historisch festgestellt ist, und nun setzt unsere hypothetische Fortsetzung ein. Unter den Personen, die Ikhnaton nahestanden, befand sich ein Mann, der vielleicht *Thothmes* hieß, wie damals viele andere,[1] — es kommt auf den Namen nicht viel an, nur daß sein zweiter Bestandteil *-mose* sein mußte. Er war in hoher Stellung, überzeugter Anhänger der Atonreligion, aber im Gegensatz zum grüblerischen König energisch und leidenschaftlich. Für diesen Mann bedeuteten der Ausgang Ikhnatons und die Abschaffung seiner Religion das Ende all seiner Erwartungen. Nur als ein Geächteter oder

---

1) So hieß z. B. auch der Bildhauer, dessen Werkstätte in *Tell-el-Amarna* gefunden wurde.

als ein Abtrünniger konnte er in Ägypten leben bleiben. Er war vielleicht als Statthalter der Grenzprovinz in Berührung mit einem semitischen Volksstamm gekommen, der dort vor einigen Generationen eingewandert war. In der Not der Enttäuschung und Vereinsamung wandte er sich diesen Fremden zu, suchte bei ihnen die Entschädigung für seine Verluste. Er wählte sie zu seinem Volke, versuchte seine Ideale an ihnen zu realisieren. Nachdem er, begleitet von seinen Gefolgsleuten, mit ihnen Ägypten verlassen hatte, heiligte er sie durch das Zeichen der Beschneidung, gab ihnen Gesetze, führte sie in die Lehren der Atonreligion ein, die die Ägypter eben abgeworfen hatten. Vielleicht waren die Vorschriften, die dieser Mann Moses seinen Juden gab, noch schroffer als die seines Herrn und Lehrers Ikhnaton, vielleicht gab er auch die Anlehnung an den Sonnengott von *On* auf, an der dieser noch festgehalten hatte.

Für den Auszug aus Ägypten müssen wir die Zeit des Interregnums nach 1350 ansetzen. Die nächsten Zeiträume bis zum Vollzug der Besitzergreifung im Lande *Kanaan* sind besonders undurchsichtig. Aus dem Dunkel, das der biblische Bericht hier gelassen oder vielmehr geschaffen hat, konnte die Geschichtsforschung unserer Tage zwei Tatsachen herausgreifen. Die erste, von E. Sellin aufgedeckt, ist, daß die Juden, selbst nach der Aussage der Bibel störrisch und widerspenstig gegen ihren Gesetzgeber und Führer, sich eines Tages gegen ihn empörten, ihn erschlugen und die ihnen aufgedrängte Religion des Aton abwarfen wie früher die Ägypter. Die andere, von Ed. Meyer erwiesene, daß diese aus Ägypten zurückgekehrten Juden sich später mit anderen, ihnen nah verwandten Stämmen im Landgebiet zwischen Palästina, der Sinaihalbinsel und Arabien vereinigten und daß sie dort in einer wasserreichen Örtlichkeit *Qadeš* unter dem Einfluß der arabischen *Midianiter* eine neue Religion, die Verehrung des Vulkangottes *Jahve*, annahmen. Bald darauf waren sie bereit, als Eroberer in Kanaan einzubrechen.

Die zeitlichen Beziehungen dieser beiden Ereignisse zu einander und zum Auszug aus Ägypten sind sehr unsicher. Den nächsten historischen Anhaltspunkt gibt eine Stele des Pharao *Merneptah* (bis 1215), die im Bericht über Kriegszüge in Syrien und Palästina „Israel" unter den Besiegten anführt. Nimmt man das Datum dieser Stele als einen *terminus ad quem,* so bleibt für den ganzen Ablauf vom Auszug an etwa ein Jahrhundert (nach 1350 bis vor 1215). Es ist aber möglich, daß der Name *Israel* sich noch nicht auf die Stämme bezieht, deren Schicksale wir verfolgen, und daß uns in Wirklichkeit ein längerer Zeitraum zur Verfügung steht. Die Niederlassung des späteren jüdischen Volkes in Kanaan war gewiß keine rasch ablaufende Eroberung, sondern ein Vorgang, der sich in Schüben vollzog und über längere Zeiten erstreckte. Machen wir uns von der Einschränkung durch die Merneptahstele frei, so können wir um so leichter ein Menschenalter (30 Jahre) als die Zeit des Moses ansehen,[1] dann mindestens zwei Generationen, wahrscheinlich aber mehr, bis zur Vereinigung in *Qadeš* vergehen lassen;[2] das Intervall zwischen *Qadeš* und dem Aufbruch nach Kanaan braucht nur kurz zu sein; die jüdische Tradition hatte, wie in der vorigen Abhandlung gezeigt, gute Gründe, das Intervall zwischen Auszug und Religionsstiftung in *Qadeš* zu verkürzen; das Umgekehrte liegt im Interesse unserer Darstellung.

Aber das ist alles noch Historie, Versuch, die Lücken unserer Geschichtskenntnis auszufüllen, zum Teil Wiederholung aus der zweiten Abhandlung in „Imago". Unser Interesse folgt den Schicksalen des Moses und seiner Lehren, denen die Empörung der Juden nur scheinbar ein Ende gesetzt hatte. Aus dem Bericht des Jahvisten, der um das Jahr 1000 niedergeschrieben wurde, aber sich gewiß auf frühere Fixierungen stützte, haben wir erkannt, daß mit der Vereinigung und Religionsstiftung in *Qadeš* ein Kompromiß einherging, an dem beide Anteile noch gut zu unterscheiden sind. Dem einen Partner lag nur daran, die Neuheit und Fremdheit des Gottes Jahve

---

1) Dies würde der 40-jährigen Wüstenwanderung des biblischen Textes entsprechen.

2) Also etwa 1350 (40) – 1320 (10) Moses, 1260 oder eher später *Qadeš*, die Merneptahstele vor 1215.

zu verleugnen und seinen Anspruch auf die Ergebenheit des Volkes zu steigern, der andere wollte ihm teure Erinnerungen an die Befreiung aus Ägypten und an die großartige Gestalt des Führers Moses nicht preisgeben, und es gelang ihm auch, die Tatsache wie den Mann in der neuen Darstellung der Vorgeschichte unterzubringen, wenigstens das äußere Zeichen der Mosesreligion, die Beschneidung, zu erhalten und vielleicht gewisse Einschränkungen im Gebrauch des neuen Gottesnamens durchzusetzen. Wir haben gesagt, die Vertreter dieser Ansprüche waren die Nachkommen der Mosesleute, die Leviten, nur durch wenige Generationen von den Zeit- und Volksgenossen des Moses entfernt und noch durch lebendige Erinnerung an sein Andenken gebunden. Die poetisch ausgeschmückten Darstellungen, die wir dem Jahvisten und seinem späteren Konkurrenten, dem Elohisten, zuschreiben, waren wie die Grabbauten, unter denen die wahre Kunde von jenen frühen Dingen, von der Natur der mosaischen Religion und von der gewaltsamen Beseitigung des großen Mannes, dem Wissen der späteren Generationen entzogen, gleichsam ihre ewige Ruhe finden sollte. Und wenn wir den Vorgang richtig erraten haben, so ist auch weiter nichts Rätselhaftes an ihm; er könnte aber sehr wohl das definitive Ende der Mosesepisode in der Geschichte des jüdischen Volkes bedeutet haben.

Das Merkwürdige ist nun, daß dem nicht so ist, daß die stärksten Wirkungen jenes Erlebnisses des Volkes erst später zum Vorschein kommen, sich im Laufe vieler Jahrhunderte allmählich in die Wirklichkeit drängen sollten. Es ist nicht wahrscheinlich, daß Jahve sich im Charakter viel von den Göttern der umwohnenden Völker und Stämme unterschied; er rang zwar mit ihnen, wie die Völker selbst mit einander stritten, aber man darf annehmen, daß es einem Jahveverehrer jener Zeiten ebensowenig in den Sinn kam, die Existenz der Götter von Kanaan, Moab, Amalek usw. zu leugnen wie die Existenz der Völker, die an sie glaubten.

Die monotheistische Idee, die mit *Ikhnaton* aufgeblitzt war, war wieder verdunkelt und sollte noch lange Zeit im Dunkel bleiben.

Funde auf der Insel *Elephantine*, dicht vor dem ersten Katarakt des Nils, haben die überraschende Kunde ergeben, daß dort eine seit Jahrhunderten angesiedelte jüdische Militärkolonie bestand, in deren Tempel neben dem Hauptgott Jahu zwei weibliche Gottheiten verehrt wurden, die eine Anat-Jahu genannt. Diese Juden waren allerdings vom Mutterlande abgeschnitten, hatten die religiöse Entwicklung daselbst nicht mitgemacht; die persische Reichsregierung (5tes Jahrhundert) übermittelte ihnen die Kenntnis der neuen Kultvorschriften von Jerusalem.[1] Zu älteren Zeiten zurückkehrend, dürfen wir sagen, daß Gott Jahve gewiß keine Ähnlichkeit mit dem mosaischen Gott hatte. Aton war Pazifist gewesen wie sein Vertreter auf Erden, eigentlich sein Vorbild, der Pharao Ikhnaton, der untätig zusah, wie das von seinen Ahnen gewonnene Weltreich auseinanderfiel. Für ein Volk, das sich zur gewaltsamen Besitzergreifung neuer Wohnsitze anschickte, war Jahve sicherlich besser geeignet. Und alles, was am mosaischen Gott verehrungswürdig war, entzog sich überhaupt dem Verständnis der primitiven Masse.

Ich habe schon gesagt — und mich dabei gern auf die Übereinstimmung mit anderen berufen —, die zentrale Tatsache der jüdischen Religionsentwicklung sei gewesen, daß der Gott Jahve im Laufe der Zeiten seine eigenen Charaktere verlor und immer mehr Ähnlichkeit mit dem alten Gotte Moses', dem *Aton*, gewann. Es blieben zwar Unterschiede, die man auf den ersten Blick hoch einzuschätzen geneigt wäre, aber diese sind leicht aufzuklären. *Aton* hatte in Ägypten zu herrschen begonnen in einer glücklichen Zeit gesicherten Besitzes, und selbst als das Reich zu wanken begann, hatten seine Verehrer sich von der Störung abwenden können und fuhren fort, seine Schöpfungen zu preisen und zu genießen.

Dem jüdischen Volk brachte das Schicksal eine Reihe von schweren Prüfungen und schmerzlichen Erfahrungen, sein Gott wurde hart und strenge, wie verdüstert. Er behielt den Charakter des universellen Gottes bei, der über alle Länder und Völker waltet, aber die

---

1) Auerbach: Wüste und gelobtes Land. Bd. II, 1936.

Tatsache, daß seine Verehrung von den Ägyptern auf die Juden übergegangen war, fand ihren Ausdruck in dem Zusatz, die Juden seien sein auserwähltes Volk, dessen besondere Verpflichtungen am Ende auch besonderen Lohn finden würden. Es mag dem Volke nicht leicht geworden sein, den Glauben an die Bevorzugung durch seinen allmächtigen Gott mit den traurigen Erfahrungen seiner unglücklichen Schicksale zu vereinen. Aber man ließ sich nicht irre machen, man steigerte sein eigenes Schuldgefühl, um seine Zweifel an Gott zu ersticken, und vielleicht wies man am Ende auf „Gottes unerforschlichen Ratschluß" hin, wie es die Frommen noch heute tun. Wenn man sich darüber verwundern wollte, daß er immer neue Gewalttäter auftreten ließ, von denen man unterworfen und mißhandelt wurde, die Assyrier, Babylonier, Perser, so erkannte man doch seine Macht darin, daß all diese bösen Feinde selbst wieder besiegt wurden und ihre Reiche verschwanden.

In drei wichtigen Punkten ist der spätere Judengott endlich dem alten mosaischen Gott gleich geworden. Der erste und entscheidende ist, daß er wirklich als der einzige Gott anerkannt wurde, neben dem ein anderer undenkbar war. Der Monotheismus Ikhnatons wurde von einem ganzen Volke ernst genommen, ja, dies Volk klammerte sich so sehr an diese Idee, daß sie der Hauptinhalt seines Geisteslebens wurde und daß ihm für anderes kein Interesse blieb. Das Volk und die in ihm herrschend gewordene Priesterschaft waren in diesem Punkte einig, aber während die Priester ihre Tätigkeit darin erschöpften, das Zeremoniell für seine Verehrung auszubauen, gerieten sie in Gegensatz zu intensiven Strömungen im Volke, die zwei andere der Lehren Moses' über seinen Gott wiederzubeleben suchten. Die Stimmen der Propheten wurden nicht müde zu verkünden, daß der Gott Zeremoniell und Opferdienst verschmähe und nur fordere, daß man an ihn glaube und ein Leben in Wahrheit und Gerechtigkeit führe. Und wenn sie die Einfachheit und Heiligkeit des Wüstenlebens priesen, so standen sie sicherlich unter dem Einfluß der mosaischen Ideale.

Es ist an der Zeit, die Frage aufzuwerfen, ob es überhaupt notwendig ist, den Einfluß des Moses auf die Endgestaltung der jüdischen Gottesvorstellung anzurufen, ob nicht die Annahme einer spontanen Entwicklung zu höherer Geistigkeit während eines über Jahrhunderte reichenden Kulturlebens genügt. Zu dieser Erklärungsmöglichkeit, die all unserem Rätselraten ein Ende setzen würde, ist zweierlei zu sagen. Erstens, daß sie nichts erklärt. Die gleichen Verhältnisse haben beim gewiß höchst begabten griechischen Volk nicht zum Monotheismus geführt, sondern zur Auflockerung der polytheistischen Religion und zum Beginn des philosophischen Denkens. In Ägypten war der Monotheismus erwachsen, so weit wir es verstehen, als eine Nebenwirkung des Imperialismus, Gott war die Spiegelung des ein großes Weltreich unumschränkt beherrschenden Pharao. Bei den Juden waren die politischen Zustände der Fortentwicklung von der Idee des exklusiven Volksgottes zu der des universellen Weltherrschers höchst ungünstig, und woher kam dieser winzigen und ohnmächtigen Nation die Vermessenheit, sich für das bevorzugte Lieblingskind des großen Herrn auszugeben? Die Frage nach der Entstehung des Monotheismus bei den Juden bliebe so unbeantwortet, oder man begnügte sich mit der geläufigen Antwort, das sei eben der Ausdruck des besonderen religiösen Genies dieses Volkes. Das Genie ist bekanntlich unbegreiflich und unverantwortlich, und darum soll man es nicht eher zur Erklärung anrufen, als bis jede andere Lösung versagt hat.[1]

Ferner trifft man auf die Tatsache, daß die jüdische Berichterstattung und Geschichtsschreibung selbst uns den Weg zeigt, indem sie, diesmal ohne sich selbst zu widersprechen, mit größter Entschiedenheit behauptet, die Idee eines einzigen Gottes sei dem Volke von Moses gebracht worden. Wenn es einen Einwand gegen die Glaubwürdigkeit dieser Versicherung gibt, so ist es der, daß die priesterliche Bearbeitung des uns vorliegenden Textes offenbar viel

---

1) Dieselbe Erwägung gilt auch für den merkwürdigen Fall des William Shakespeare aus Stratford.

zu viel auf Moses zurückführt. Institutionen wie Ritualvorschriften, die unverkennbar späteren Zeiten angehören, werden als mosaische Gebote ausgegeben, in der deutlichen Absicht, Autorität für sie zu gewinnen. Das ist für uns gewiß ein Grund zum Verdacht, aber nicht genügend für eine Verwerfung. Denn das tiefere Motiv einer solchen Übertreibung liegt klar zu Tage. Die priesterliche Darstellung will ein Kontinuum zwischen ihrer Gegenwart und der mosaischen Frühzeit herstellen, sie will gerade das verleugnen, was wir als die auffälligste Tatsache der jüdischen Religionsgeschichte bezeichnet haben, daß zwischen der Gesetzgebung des Moses und der späteren jüdischen Religion eine Lücke klafft, die zunächst vom Jahvedienst ausgefüllt und erst später langsam verstrichen wurde. Sie bestreitet diesen Vorgang mit allen Mitteln, obwohl seine historische Richtigkeit über jedem Zweifel feststeht, da bei der besonderen Behandlung, die der biblische Text erfahren hat, überreichliche Angaben stehen geblieben sind, die ihn erweisen. Die priesterliche Bearbeitung hat hier Ähnliches versucht wie jene entstellende Tendenz, die den neuen Gott Jahve zum Gott der Väter machte. Tragen wir diesem Motiv des Priesterkodex Rechnung, so wird es uns schwer, der Behauptung den Glauben zu versagen, daß wirklich Moses selbst seinen Juden die monotheistische Idee gegeben hat. Unsere Zustimmung sollte uns um so leichter werden, da wir zu sagen wissen, woher diese Idee zu Moses kam, was die jüdischen Priester gewiß nicht mehr gewußt haben.

Hier könnte jemand die Frage aufwerfen, was haben wir davon, wenn wir den jüdischen Monotheismus vom ägyptischen ableiten? Das Problem wird dadurch nur um ein Stück verschoben; von der Genese der monotheistischen Idee wissen wir darum nicht mehr. Die Antwort darauf lautet, es ist keine Frage des Gewinns, sondern der Forschung. Und vielleicht lernen wir etwas dabei, wenn wir den wirklichen Hergang erfahren.

B

Latenzzeit und Tradition

Wir bekennen uns also zu dem Glauben, daß die Idee eines einzigen Gottes sowie die Verwerfung des magisch wirkenden Zeremoniells und die Betonung der ethischen Forderung in seinem Namen tatsächlich mosaische Lehren waren, die zunächst kein Gehör fanden, aber nach dem Ablauf einer langen Zwischenzeit zur Wirkung kamen und sich endlich für die Dauer durchsetzten. Wie soll man sich eine solche verspätete Wirkung erklären und wo begegnet man ähnlichen Phänomenen?

Der nächste Einfall sagt, sie seien nicht selten auf sehr verschiedenen Gebieten zu finden und kommen wahrscheinlich auf mannigfache Weise zustande, mehr oder weniger leicht verständlich. Greifen wir z.B. das Schicksal einer neuen wissenschaftlichen Theorie wie der Darwinschen Evolutionslehre heraus. Sie findet zunächst erbitterte Ablehnung, wird durch Jahrzehnte heftig umstritten, aber es braucht nicht länger als eine Generation, bis sie als großer Fortschritt zur Wahrheit anerkannt wird. Darwin selbst erreicht noch die Ehre eines Grabes oder Kenotaphs in *Westminster*. Ein solcher Fall läßt uns wenig zu enträtseln. Die neue Wahrheit hat affektive Widerstände wachgerufen, diese lassen sich durch Argumente vertreten, mit denen man die Beweise zu Gunsten der unliebsamen Lehre bestreiten kann, der Kampf der Meinungen nimmt eine gewisse Zeit in Anspruch, von Anfang an gibt es Anhänger und Gegner, die Anzahl wie die Gewichtigkeit der ersteren nimmt immer zu, bis sie am Ende die Oberhand haben; während der ganzen Zeit des Kampfes ist niemals vergessen worden, um was es sich handelt. Wir verwundern uns kaum, daß der ganze Ablauf eine längere Zeit gebraucht hat, würdigen es wahrscheinlich nicht genug, daß wir es mit einem Vorgang der Massenpsychologie zu tun haben.

Es hat keine Schwierigkeit, zu diesem Vorgang eine voll entsprechende Analogie im Seelenleben eines Einzelnen zu finden. Dies wäre der Fall, daß jemand etwas als neu erfährt, was er auf Grund gewisser Beweise als Wahrheit anerkennen soll, was aber manchen seiner Wünsche widerspricht und einige der ihm wertvollen Überzeugungen beleidigt. Er wird dann zögern, nach Gründen suchen, mit denen er das Neue bezweifeln kann, und wird eine Weile mit sich selbst kämpfen, bis er sich am Ende eingesteht: es ist doch so, obwohl ich es nicht leicht annehme, obwohl es mir peinlich ist, daran glauben zu müssen. Wir lernen daraus nur, daß es Zeit verbraucht, bis die Verstandesarbeit des Ichs Einwendungen überwunden hat, die durch starke affektive Besetzungen gehalten werden. Die Ähnlichkeit zwischen diesem Fall und dem, um dessen Verständnis wir uns bemühen, ist nicht sehr groß.

Das nächste Beispiel, an das wir uns wenden, hat mit unserem Problem anscheinend noch weniger gemein. Es ereignet sich, daß ein Mensch scheinbar unbeschädigt die Stätte verläßt, an der er einen schreckhaften Unfall, z.B. einen Eisenbahnzusammenstoß, erlebt hat. Im Laufe der nächsten Wochen entwickelt er aber eine Reihe schwerer psychischer und motorischer Symptome, die man nur von seinem Schock, jener Erschütterung oder was sonst damals gewirkt hat, ableiten kann. Er hat jetzt eine „traumatische Neurose". Das ist eine ganz unverständliche, also eine neue Tatsache. Man heißt die Zeit, die zwischen dem Unfall und dem ersten Auftreten der Symptome verflossen ist, die „Inkubationszeit" in durchsichtiger Anspielung an die Pathologie der Infektionskrankheiten. Nachträglich muß es uns auffallen, daß trotz der fundamentalen Verschiedenheit der beiden Fälle zwischen dem Problem der traumatischen Neurose und dem des jüdischen Monotheismus doch in einem Punkt eine Übereinstimmung besteht. Nämlich in dem Charakter, den man die Latenz heißen könnte. Nach unserer gesicherten Annahme gibt es ja in der jüdischen Religionsgeschichte eine lange Zeit nach dem Abfall von der Mosesreligion, in der von der monotheistischen Idee, von der Verschmähung des Zeremoniells und von der Überbetonung des Ethischen nichts verspürt wird. So werden wir auf die Möglichkeit vorbereitet, daß die Lösung unseres Problems in einer besonderen psychologischen Situation zu suchen ist.

Wir haben bereits wiederholt dargestellt, was in *Qadeš* geschah, als die beiden Anteile des späteren jüdischen Volkes zur Annahme einer neuen Religion zusammentraten. Auf der Seite derer, die in Ägypten gewesen waren, waren die Erinnerungen an den Auszug und an die Gestalt des Moses noch so stark und lebhaft, daß sie Aufnahme in einem Bericht über die Vorzeit forderten. Es waren vielleicht die Enkel von Personen, die Moses selbst gekannt hatten, und einige von ihnen fühlten sich noch als Ägypter und trugen ägyptische Namen. Sie hatten aber gute Motive, die Erinnerung an das Schicksal zu verdrängen, das ihrem Führer und Gesetzgeber bereitet worden war. Für die anderen war die Absicht maßgebend, den neuen Gott zu verherrlichen und seine Fremdheit zu bestreiten. Beide Teile hatten das gleiche Interesse daran, zu verleugnen, daß es bei ihnen eine frühere Religion gegeben hatte und welches ihr Inhalt gewesen war. So kam jenes erste Kompromiß zustande, das wahrscheinlich bald eine schriftliche Fixierung fand; die Leute aus Ägypten hatten die Schrift und die Lust zur Geschichtsschreibung mitgebracht, aber es sollte noch lange dauern, bis die Geschichtsschreibung erkannte, daß sie zur unerbittlichen Wahrhaftigkeit verpflichtet sei. Zunächst machte sie sich kein Gewissen daraus, ihre Berichte nach ihren jeweiligen Bedürfnissen und Tendenzen zu gestalten, als wäre ihr der Begriff der Verfälschung noch nicht aufgegangen. Infolge dieser Verhältnisse konnte sich ein Gegensatz herausbilden zwischen der schriftlichen Fixierung und der mündlichen Überlieferung desselben Stoffes, der Tradition. Was in der Niederschrift ausgelassen oder abgeändert worden war, konnte sehr wohl in der Tradition unversehrt erhalten geblieben sein. Die Tradition war die Ergänzung und zugleich der Widerspruch zur Geschichtsschreibung. Sie war dem Einfluß der entstellenden Tendenzen weniger unterworfen, vielleicht in manchen

Stücken ganz entzogen, und konnte darum wahrhaftiger sein als der schriftlich fixierte Bericht. Ihre Zuverlässigkeit litt aber darunter, daß sie unbeständiger und unbestimmter war als die Niederschrift, mannigfachen Veränderungen und Verunstaltungen ausgesetzt, wenn sie durch mündliche Mitteilung von einer Generation auf die andere übertragen wurde. Eine solche Tradition konnte verschiedenartige Schicksale haben. Am ehesten sollten wir erwarten, daß sie von der Niederschrift erschlagen wird, sich neben ihr nicht zu behaupten vermag, immer schattenhafter wird und endlich in Vergessenheit gerät. Aber es sind auch andere Schicksale möglich; eines davon ist, daß die Tradition selbst in einer schriftlichen Fixierung endet, und von noch anderen werden wir im weiteren Verlauf zu handeln haben.

Für das Phänomen der Latenz in der jüdischen Religionsgeschichte, das uns beschäftigt, bietet sich nun die Erklärung, daß die von der sozusagen offiziellen Geschichtsschreibung absichtlich verleugneten Tatbestände und Inhalte in Wirklichkeit nie verloren gegangen sind. Die Kunde von ihnen lebte in Traditionen fort, die sich im Volke erhielten. Nach der Versicherung von Sellin war ja selbst über den Ausgang Moses' eine Tradition vorhanden, die der offiziellen Darstellung glatt widersprach und der Wahrheit weit näher kam. Dasselbe, dürfen wir annehmen, traf auch für anderes zu, was scheinbar zugleich mit Moses seinen Untergang gefunden hatte, für manche Inhalte der mosaischen Religion, die für die Überzahl der Zeitgenossen Moses' unannehmbar gewesen waren.

Die merkwürdige Tatsache, der wir hier begegnen, ist aber, daß diese Traditionen, anstatt sich mit der Zeit abzuschwächen, im Laufe der Jahrhunderte immer mächtiger wurden, sich in die späteren Bearbeitungen der offiziellen Berichterstattung eindrängten und endlich sich stark genug zeigten, um das Denken und Handeln des Volkes entscheidend zu beeinflussen. Welche Bedingungen diesen Ausgang ermöglicht haben, das entzieht sich allerdings zunächst unserer Kenntnis.

Diese Tatsache ist so merkwürdig, daß wir uns berechtigt fühlen, sie uns nochmals vorzuhalten. In ihr liegt unser Problem beschlossen. Das Judenvolk hatte die ihm von Moses gebrachte Atonreligion verlassen und sich der Verehrung eines anderen Gottes zugewendet, der sich wenig von den *Baalim* der Nachbarvölker unterschied. Allen Bemühungen späterer Tendenzen gelang es nicht, diesen beschämenden Sachverhalt zu verschleiern. Aber die Mosesreligion war nicht spurlos untergegangen, eine Art von Erinnerung an sie hatte sich erhalten, eine vielleicht verdunkelte und entstellte Tradition. Und diese Tradition einer großen Vergangenheit war es, die gleichsam aus dem Hintergrund zu wirken fortfuhr, allmählich immer mehr Macht über die Geister gewann und es endlich erreichte, den Gott Jahve in den mosaischen Gott zu verwandeln und die vor langen Jahrhunderten eingesetzte und dann verlassene Religion des Moses wieder zum Leben zu erwecken. Daß eine verschollene Tradition eine so mächtige Wirkung auf das Seelenleben eines Volkes üben sollte, ist keine uns vertraute Vorstellung. Wir finden uns da auf einem Gebiet der Massenpsychologie, in dem wir uns nicht heimisch fühlen. Wir halten Ausschau nach Analogien, nach Tatsachen von wenigstens ähnlicher Natur, wenn auch auf anderen Gebieten. Wir meinen, solche sind zu finden.

In den Zeiten, da sich bei den Juden die Wiederkehr der Mosesreligion vorbereitete, fand sich das griechische Volk im Besitz eines überaus reichen Schatzes von Geschlechtersagen und Heldenmythen. Im 9ten oder 8ten Jahrhundert, glaubt man, entstanden die beiden **homerischen** Epen, die ihren Stoff diesem Sagenkreis entnahmen. Mit unseren heutigen psychologischen Einsichten hätte man lange vor **Schliemann** und **Evans** die Frage aufwerfen können: Woher nahmen die Griechen all das Sagenmaterial, das **Homer** und die großen attischen Dramatiker in ihren Meisterwerken verarbeiteten? Die Antwort hätte lauten müssen: Dies Volk hat wahrscheinlich in seiner Vorgeschichte eine Zeit von äußerem Glanz und kultureller Blüte erlebt, die in einer historischen Katastrophe untergegangen ist und von der sich in diesen Sagen eine dunkle Tradition erhalten hat.

Die archäologische Forschung unserer Tage hat dann diese Vermutung bestätigt, die damals sicherlich für allzu gewagt erklärt worden wäre. Sie hat die Zeugnisse für die großartige minoisch-mykenische Kultur aufgedeckt, die auf dem griechischen Festland wahrscheinlich schon vor 1250 v. Chr. zu Ende kam. Bei den griechischen Historikern der späteren Zeit findet sich kaum ein Hinweis auf sie. Einmal die Bemerkung, daß es eine Zeit gab, da die Kreter die Seeherrschaft innehatten, der Name des Königs *Minos* und seines Palastes, des Labyrinths; das ist alles, sonst ist nichts von ihr übrig geblieben als die von den Dichtern aufgegriffenen Traditionen.

Es sind Volksepen noch bei anderen Völkern, bei den Deutschen, Indern, Finnen, bekannt geworden. Es fällt den Literarhistorikern zu, zu untersuchen, ob deren Entstehung dieselben Bedingungen annehmen läßt wie im Falle der Griechen. Ich glaube, die Untersuchung wird ein positives Ergebnis bringen. Die Bedingung, die wir erkennen, ist: Ein Stück Vorgeschichte, das unmittelbar nachher als inhaltreich, bedeutsam und großartig, vielleicht immer als heldenhaft erscheinen mußte, das aber so weit zurückliegt, so entlegenen Zeiten angehört, daß den späteren Geschlechtern nur eine dunkle und unvollständige Tradition von ihr Kunde gibt. Man hat sich darüber verwundert, daß das Epos als Kunstgattung in späteren Zeiten erloschen ist. Vielleicht liegt die Erklärung darin, daß seine Bedingung sich nicht mehr herstellte. Der alte Stoff war aufgearbeitet und für alle späteren Begebenheiten war die Geschichtsschreibung an die Stelle der Tradition getreten. Die größten Heldentaten unserer Tage waren nicht imstande, ein Epos zu inspirieren, aber schon Alexander der Große hatte ein Recht zur Klage, daß er keinen Homer finden werde.

Längstvergangene Zeiten haben eine große, eine oft rätselhafte Anziehung für die Phantasie der Menschen. So oft sie mit ihrer Gegenwart unzufrieden sind — und das sind sie oft genug —, wenden sie sich zurück in die Vergangenheit und hoffen, diesmal den nie erloschenen Traum von einem goldenen Zeitalter bewahrheiten zu können.[1] Wahrscheinlich stehen sie immer noch unter dem Zauber ihrer Kindheit, die ihnen von einer nicht unparteiischen Erinnerung als eine Zeit von ungestörter Seligkeit gespiegelt wird. Wenn von der Vergangenheit nur mehr die unvollständigen und verschwommenen Erinnerungen bestehen, die wir Tradition heißen, so ist das für den Künstler ein besonderer Anreiz, denn dann ist es ihm frei geworden, die Lücken der Erinnerung nach den Gelüsten seiner Phantasie auszufüllen und das Bild der Zeit, die er reproduzieren will, nach seinen Absichten zu gestalten. Beinahe könnte man sagen, je unbestimmter die Tradition geworden ist, desto brauchbarer wird sie für den Dichter. Über die Bedeutung der Tradition für die Dichtung brauchen wir uns also nicht zu verwundern, und die Analogie zur Bedingtheit des Epos wird uns der befremdlichen Annahme geneigter machen, daß es bei den Juden die Mosestradition war, welche den Jahvedienst im Sinne der alten Mosesreligion verwandelte. Aber die beiden Fälle sind sonst noch zu sehr verschieden. Dort ist das Ergebnis eine Dichtung, hier eine Religion, und für letztere haben wir angenommen, daß sie unter dem Antrieb der Tradition mit einer Treue reproduziert wurde, zu der der Fall des Epos natürlich das Gegenstück nicht zeigen kann. Somit bleibt von unserem Problem genug übrig, um das Bedürfnis nach besser zutreffenden Analogien zu rechtfertigen.

C

Die Analogie

Die einzige befriedigende Analogie zu dem merkwürdigen Vorgang, den wir in der jüdischen Religionsgeschichte erkannt haben, findet sich auf einem scheinbar weit abgelegenen Gebiet; aber sie ist

---

1) Diese Situation hat Macaulay seinen „Lays of Ancient Rome" zu Grunde gelegt. Er versetzt sich darin in die Rolle eines Sängers, der betrübt über die wüsten Parteikämpfe der Gegenwart seinen Zuhörern den Opfermut, die Einigkeit und den Patriotismus der Ahnen vorhält.

sehr vollständig, sie kommt der Identität nahe. Dort begegnen uns wieder das Phänomen der Latenz, das Auftauchen unverständlicher, Erklärung heischender Erscheinungen und die Bedingung des frühen, später vergessenen Erlebnisses. Und ebenso der Charakter des Zwanges, der sich mit Überwältigung des logischen Denkens der Psyche aufdrängt, ein Zug, der z.B. bei der Genese des Epos nicht in Betracht kam.

Diese Analogie trifft sich in der Psychopathologie bei der Genese der menschlichen Neurosen, also auf einem Gebiet, das der Einzelpsychologie angehört, während die religiösen Phänomene natürlich zur Massenpsychologie zu rechnen sind. Es wird sich zeigen, daß diese Analogie nicht so überraschend ist, wie man zunächst meinen würde, ja, daß sie eher einem Postulat entspricht.

Die früh erlebten, später vergessenen Eindrücke, denen wir eine so große Bedeutung für die Ätiologie der Neurosen zuschreiben, heißen wir Traumen. Es mag dahingestellt bleiben, ob die Ätiologie der Neurosen allgemein als eine traumatische angesehen werden darf. Der naheliegende Einwand dagegen ist, daß sich nicht in allen Fällen ein offenkundiges Trauma aus der Urgeschichte des neurotischen Individuums herausheben läßt. Oft muß man sich bescheiden zu sagen, daß nichts anderes vorliegt als eine außergewöhnliche, abnorme Reaktion auf Erlebnisse und Anforderungen, die alle Individuen treffen und von ihnen in anderer, normal zu nennender Weise verarbeitet und erledigt werden. Wo zur Erklärung nichts anderes zur Verfügung steht als hereditäre und konstitutionelle Dispositionen, ist man begreiflicherweise versucht zu sagen, die Neurose werde nicht erworben, sondern entwickelt.

In diesem Zusammenhang heben sich aber zwei Punkte hervor. Der erste ist, daß die Genese der Neurose überall und jedesmal auf sehr frühe Kindheitseindrücke zurückgeht.[1] Zweitens, es ist richtig,

---

[1] So daß es also unsinnig ist, zu behaupten, man übe Psychoanalyse, wenn man gerade diese Urzeiten von der Erforschung und Berücksichtigung ausschließt, wie es von manchen Seiten geschieht.

daß es Fälle gibt, die man als „traumatische" auszeichnet, weil die Wirkungen unverkennbar auf einen oder mehrere starke Eindrücke dieser Frühzeit zurückgehen, die sich einer normalen Erledigung entzogen haben, so daß man urteilen möchte, wären diese nicht vorgefallen, so wäre auch die Neurose nicht zustandegekommen. Es reichte nun für unsere Absichten hin, wenn wir die gesuchte Analogie nur auf diese traumatischen Fälle beschränken müßten. Aber die Kluft zwischen beiden Gruppen scheint nicht unüberbrückbar. Es ist sehr wohl möglich, beide ätiologischen Bedingungen in einer Auffassung zu vereinigen; es kommt nur darauf an, was man als traumatisch definiert. Wenn man annehmen darf, daß das Erlebnis den traumatischen Charakter nur infolge eines quantitativen Faktors erwirbt, daß also in allen Fällen die Schuld an einem Zuviel von Anspruch liegt, wenn das Erlebnis ungewöhnliche, pathologische Reaktionen hervorruft, so kann man leicht zur Auskunft gelangen, daß bei der einen Konstitution etwas als Trauma wirkt, was bei einer anderen keine solche Wirkung hätte. Es ergibt sich dann die Vorstellung einer gleitenden sog. Ergänzungsreihe, in der zwei Faktoren zur ätiologischen Erfüllung zusammentreten, ein Minder von einem durch ein Mehr vom anderen ausgeglichen wird, im allgemeinen ein Zusammenwirken beider stattfindet und nur an den beiden Enden der Reihe von einer einfachen Motivierung die Rede sein kann. Nach dieser Erwägung kann man die Unterscheidung von traumatischer und nicht traumatischer Ätiologie als für die von uns gesuchte Analogie unwesentlich beiseite lassen.

Vielleicht ist es trotz der Gefahr der Wiederholung zweckmäßig, hier die Tatsachen zusammenzustellen, welche die für uns bedeutsame Analogie enthalten. Es sind folgende: Es hat sich für unsere Forschung herausgestellt, daß das, was wir die Phänomene (Symptome) einer Neurose heißen, die Folgen von gewissen Erlebnissen und Eindrücken sind, die wir eben darum als ätiologische Traumen anerkennen. Wir haben nun zwei Aufgaben vor uns: Erstens die gemeinsamen Charaktere dieser Erlebnisse und zweitens die der neurotischen Symptome aufzusuchen, wobei gewisse Schematisierungen nicht vermieden zu werden brauchen.

Ad. I: a) Alle diese Traumen gehören der frühen Kindheit bis etwa zu 5 Jahren an. Eindrücke aus der Zeit der beginnenden Sprachfähigkeit heben sich als besonders interessant hervor; die Periode von 2–4 Jahren erscheint als die wichtigste; wann nach der Geburt diese Zeit der Empfänglichkeit beginnt, läßt sich nicht sicher feststellen. b) Die betreffenden Erlebnisse sind in der Regel völlig vergessen, sie sind der Erinnerung nicht zugänglich, fallen in die Periode der infantilen Amnesie, die zumeist durch einzelne Erinnerungsreste, sog. Deckerinnerungen, durchbrochen wird. c) Sie beziehen sich auf Eindrücke sexueller und aggressiver Natur, gewiß auch auf frühzeitige Schädigungen des Ichs (narzisstische Kränkungen). Dazu ist zu bemerken, daß so junge Kinder zwischen sexuellen und rein aggressiven Handlungen nicht scharf unterscheiden wie später (sadistisches Mißverständnis des Sexualaktes). Das Überwiegen des sexuellen Moments ist natürlich sehr auffällig und verlangt nach theoretischer Würdigung.

Diese drei Punkte — frühzeitliches Vorkommen innerhalb der ersten 5 Jahre, Vergessenheit, sexuell-aggressiver Inhalt — gehören eng zusammen. Die Traumen sind entweder Erlebnisse am eigenen Körper oder Sinneswahrnehmungen, meist von Gesehenem und Gehörtem, also Erlebnisse oder Eindrücke. Der Zusammenhang jener drei Punkte wird durch eine Theorie hergestellt, ein Ergebnis der analytischen Arbeit, die allein eine Kenntnis der vergessenen Erlebnisse vermitteln, greller, aber auch inkorrekter ausgedrückt, sie in die Erinnerung zurückbringen kann. Die Theorie lautet, daß im Gegensatz zur populären Meinung das Geschlechtsleben der Menschen — oder was ihm in späterer Zeit entspricht — eine Frühblüte zeigt, die mit etwa 5 Jahren zu Ende ist, worauf die sogenannte Latenzzeit — bis zur Pubertät — folgt, in der keine Fortentwicklung der Sexualität vor sich geht, ja das Erreichte rückgängig gemacht wird. Diese Lehre wird durch anatomische Untersuchung des Wachstums der inneren Genitalien bestätigt; sie führt zur Vermutung, daß der Mensch von einer Tierart abstammt, die mit 5 Jahren geschlechtsreif wurde, und weckt den Verdacht, daß der Aufschub und zweizeitige Ansatz des Sexuallebens aufs innigste mit der Geschichte der Menschwerdung zusammenhängt. Der Mensch scheint das einzige Tierwesen mit solcher Latenz und Sexualverspätung zu sein. Untersuchungen an Primaten, die meines Wissens nicht vorliegen, wären für die Prüfung der Theorie unerläßlich. Psychologisch kann es nicht gleichgültig sein, daß die Periode der infantilen Amnesie mit dieser Frühzeit der Sexualität zusammenfällt. Vielleicht bringt dieser Sachverhalt die wirkliche Bedingung für die Möglichkeit der Neurose, die ja im gewissen Sinne ein menschliches Vorrecht ist und in dieser Betrachtung als ein Überbleibsel (*survival*) der Urzeit erscheint wie gewisse Bestandstücke der Anatomie unseres Körpers.

Ad. II, gemeinsame Eigenschaften oder Besonderheiten der neurotischen Phänomene: es sind zwei Punkte hervorzuheben. a) Die Wirkungen des Traumas sind von zweierlei Art, positive und negative. Die ersteren sind Bemühungen, das Trauma wieder zur Geltung zu bringen, also das vergessene Erlebnis zu erinnern, oder noch besser, es real zu machen, eine Wiederholung davon von neuem zu erleben, wenn es auch nur eine frühere Affektbeziehung war, dieselbe in einer analogen Beziehung zu einer anderen Person neu wiederaufleben zu lassen. Man faßt diese Bemühungen zusammen als **Fixierung** an das Trauma und als **Wiederholungszwang**. Sie können in das sog. normale Ich aufgenommen werden und als ständige Tendenzen desselben ihm unwandelbare Charakterzüge verleihen, obwohl oder vielmehr gerade weil ihre wirkliche Begründung, ihr historischer Ursprung vergessen ist. So kann ein Mann, der seine Kindheit in übermäßiger, heute vergessener Mutterbindung verbracht hat, sein ganzes Leben über nach einer Frau suchen, von der er sich abhängig machen kann, von der er sich nähren und erhalten läßt. Ein Mädchen, das in früher Kindheit Objekt einer sexuellen Verführung wurde, kann ihr späteres Sexualleben darauf einrichten, immer wieder solche Angriffe zu provozieren. Es ist leicht zu erraten, daß wir durch solche Einsichten über das Problem der Neurose hinaus zum Verständnis der Charakterbildung überhaupt vordringen.

Die negativen Reaktionen verfolgen das entgegengesetzte Ziel, daß von den vergessenen Traumen nichts erinnert und nichts wiederholt werden soll. Wir können sie als Abwehrreaktionen zusammenfassen. Ihr Hauptausdruck sind die sog. Vermeidungen, die sich zu Hemmungen und Phobien steigern können. Auch diese negativen Reaktionen leisten die stärksten Beiträge zur Prägung des Charakters; im Grunde sind sie ebenso Fixierungen an das Trauma wie ihre Gegner, nur sind es Fixierungen mit entgegengesetzter Tendenz. Die Symptome der Neurose im engeren Sinne sind Kompromißbildungen, zu denen beiderlei von den Traumen ausgehende Strebungen zusammentreten, so daß bald der Anteil der einen, bald der anderen Richtung in ihnen überwiegenden Ausdruck findet. Durch diesen Gegensatz der Reaktionen werden Konflikte hergestellt, die regulärer Weise zu keinem Abschluß kommen können.

b) Alle diese Phänomene, die Symptome wie die Einschränkungen des Ichs und die stabilen Charakterveränderungen haben Zwangscharakter, d.h. bei großer psychischer Intensität zeigen sie eine weitgehende Unabhängigkeit von der Organisation der anderen seelischen Vorgänge, die den Forderungen der realen Außenwelt angepaßt sind, den Gesetzen des logischen Denkens gehorchen. Sie werden durch die äußere Realität nicht oder nicht genug beeinflußt, kümmern sich nicht um sie und um ihre psychische Vertretung, so daß sie leicht in aktiven Widerspruch zu beiden geraten. Sie sind gleichsam ein Staat im Staat, eine unzugängliche, zur Zusammenarbeit unbrauchbare Partei, der es aber gelingen kann, das andere, sog. Normale zu überwinden und in ihren Dienst zu zwingen. Geschieht dies, so ist damit die Herrschaft einer inneren psychischen Realität über die Realität der Außenwelt erreicht, der Weg zur Psychose eröffnet. Auch wo es nicht so weit kommt, ist die praktische Bedeutung dieser Verhältnisse kaum zu überschätzen. Die Lebenshemmung und Lebensunfähigkeit der von einer Neurose beherrschten Personen ist ein in der menschlichen Gesellschaft sehr bedeutsamer Faktor, und man darf in ihr den direkten Ausdruck ihrer Fixierung an ein frühes Stück ihrer Vergangenheit erkennen.

Und nun fragen wir, was ist es mit der Latenz, die uns mit Rücksicht auf die Analogie besonders interessieren muß? An das Trauma der Kindheit kann sich ein neurotischer Ausbruch unmittelbar anschließen, eine Kindheitsneurose, erfüllt von den Bemühungen zur Abwehr, unter Bildung von Symptomen. Sie kann längere Zeit anhalten, auffällige Störungen verursachen, aber auch latent verlaufen und übersehen werden. In ihr behält in der Regel die Abwehr die Oberhand; auf jeden Fall bleiben Ichveränderungen, den Narbenbildungen vergleichbar, zurück. Nur selten setzt sich die Kinderneurose ohne Unterbrechung in die Neurose des Erwachsenen fort. Weit häufiger wird sie abgelöst von einer Zeit anscheinend ungestörter Entwicklung, ein Vorgang, der durch das Dazwischentreten der physiologischen Latenzperiode unterstützt oder ermöglicht wird. Erst später tritt die Wandlung ein, mit der die endgültige Neurose als verspätete Wirkung des Traumas manifest wird. Dies geschieht entweder mit dem Einbruch der Pubertät oder eine Weile später. Im ersteren Falle, indem die durch die physische Reifung verstärkten Triebe nun den Kampf wiederaufnehmen können, in dem sie anfänglich der Abwehr unterlegen sind, im anderen Falle, weil die bei der Abwehr hergestellten Reaktionen und Ichveränderungen sich nun als hinderlich für die Erledigung der neuen Lebensaufgaben erweisen, so daß es nun zu schweren Konflikten zwischen den Anforderungen der realen Außenwelt und dem Ich kommt, das seine im Abwehrkampf mühsam erworbene Organisation bewahren will. Das Phänomen einer Latenz der Neurose zwischen den ersten Reaktionen auf das Trauma und dem späteren Ausbruch der Erkrankung muß als typisch anerkannt werden. Man darf diese Erkrankung auch als

Heilungsversuch ansehen, als Bemühung, die durch den Einfluß des Traumas abgespaltenen Anteile des Ichs wieder mit dem übrigen zu versöhnen und zu einem gegen die Außenwelt machtvollen Ganzen zu vereinigen. Aber ein solcher Versuch gelingt nur selten, wenn nicht die analytische Arbeit zu Hilfe kommt, auch dann nicht immer, und er endet häufig genug in einer völligen Verwüstung und Zersplitterung des Ichs oder in dessen Überwältigung durch den frühzeitig abgespaltenen, vom Trauma beherrschten Anteil.

Um die Überzeugung des Lesers zu gewinnen, wäre die ausführliche Mitteilung zahlreicher neurotischer Lebensgeschichten erforderlich. Aber bei der Weitläufigkeit und Schwierigkeit des Gegenstandes würde dies den Charakter dieser Arbeit völlig aufheben. Sie würde sich in eine Abhandlung über Neurosenlehre umwandeln und auch dann wahrscheinlich nur auf jene Minderzahl wirken, die das Studium und die Ausübung der Psychoanalyse zur Lebensaufgabe gewählt hat. Da ich mich hier an einen weiteren Kreis wende, kann ich nichts anderes tun, als den Leser ersuchen, daß er den im Vorstehenden abgekürzt mitgeteilten Ausführungen eine gewisse vorläufige Glaubwürdigkeit zugestehe, womit also das Zugeständnis meinerseits verbunden ist, daß er die Folgerungen, zu denen ich ihn führe, nur dann anzunehmen braucht, wenn die Lehren, die ihre Voraussetzungen sind, sich als richtig bewähren.

Ich kann immerhin versuchen, einen einzelnen Fall zu erzählen, der manche der erwähnten Eigentümlichkeiten der Neurose besonders deutlich erkennen läßt. Natürlich darf man von einem einzigen Fall nicht erwarten, daß er alles zeigen wird, und braucht nicht enttäuscht zu sein, wenn er sich inhaltlich weit von dem entfernt, wozu wir die Analogie suchen.

Das Knäblein, das, wie so häufig in kleinbürgerlichen Familien, in den ersten Lebensjahren das Schlafzimmer mit den Eltern teilte, hatte wiederholt, ja regelmäßig, Gelegenheit, im Alter der kaum erreichten Sprachfähigkeit die sexuellen Vorgänge zwischen den Eltern zu beobachten, manches zu sehen und mehr noch zu hören.

In seiner späteren Neurose, die unmittelbar nach der ersten spontanen Pollution ausbricht, ist Schlafstörung das früheste und lästigste Symptom. Er wird außerordentlich empfindlich gegen nächtliche Geräusche und kann, einmal geweckt, den Schlaf nicht wiederfinden. Diese Schlafstörung war ein richtiges Kompromißsymptom, einerseits der Ausdruck seiner Abwehr gegen jene nächtlichen Wahrnehmungen, andererseits ein Versuch, das Wachsein wiederherzustellen, in dem er jenen Eindrücken lauschen konnte.

Durch solche Beobachtung frühzeitig zu aggressiver Männlichkeit geweckt, begann das Kind seinen kleinen Penis mit der Hand zu erregen und verschiedene sexuelle Angriffe auf die Mutter zu unternehmen, in der Identifizierung mit dem Vater, an dessen Stelle er sich dabei setzte. Das ging so fort, bis er sich endlich von der Mutter das Verbot holte, sein Glied zu berühren, und des weiteren die Drohung von ihr hörte, sie werde es dem Vater sagen und der ihm zur Strafe das sündige Glied wegnehmen. Diese Kastrationsdrohung hatte eine außerordentlich starke traumatische Wirkung auf den Knaben. Er gab seine sexuelle Tätigkeit auf und änderte seinen Charakter. Anstatt sich mit dem Vater zu identifizieren, fürchtete er ihn, stellte sich passiv zu ihm ein und provozierte ihn durch gelegentliche Schlimmheit zu körperlichen Züchtigungen, die für ihn sexuelle Bedeutung hatten, so daß er sich dabei mit der mißhandelten Mutter identifizieren konnte. An die Mutter selbst klammerte er sich immer ängstlicher an, als ob er keinen Moment lang ihre Liebe entbehren könnte, in der er den Schutz gegen die vom Vater drohende Kastrationsgefahr erblickte. In dieser Modifikation des Ödipuskomplexes verbrachte er die Latenzzeit, die von auffälligen Störungen frei blieb. Er wurde ein Musterknabe, hatte guten Erfolg in der Schule.

Soweit haben wir die unmittelbare Wirkung des Traumas verfolgt und die Tatsache der Latenz bestätigt.

Der Eintritt der Pubertät brachte die manifeste Neurose und offenbarte deren zweites Hauptsymptom, die sexuelle Impotenz. Er hatte die Empfindlichkeit seines Gliedes eingebüßt, versuchte nicht, es zu berühren, wagte nicht, sich einer Frau in sexueller Absicht zu nähern. Seine sexuelle Betätigung blieb eingeschränkt auf psychische Onanie mit sadistisch-masochistischen Phantasien, in denen man unschwer die Ausläufer jener frühen Koitusbeobachtungen an den Eltern erkennt. Der Schub verstärkter Männlichkeit, den die Pubertät mit sich bringt, wurde für wütenden Vaterhaß und Widersetzlichkeit gegen den Vater aufgewendet. Dies extreme, bis zur Selbstzerstörung rücksichtslose Verhältnis zum Vater verschuldete auch seinen Mißerfolg im Leben und seine Konflikte mit der Außenwelt. Er durfte es in seinem Beruf zu nichts bringen, weil der Vater ihn in diesen Beruf gedrängt hatte. Er machte auch keine Freunde, stand nie gut zu seinen Vorgesetzten.

Als er, mit diesen Symptomen und Unfähigkeiten behaftet, nach dem Tode des Vaters endlich eine Frau gefunden hatte, kamen wie als Kern seines Wesens Charakterzüge bei ihm zum Vorschein, die den Umgang mit ihm zur schweren Aufgabe für alle ihm Näherstehenden machten. Er entwickelte eine absolut egoistische, despotische und brutale Persönlichkeit, der es offenbar Bedürfnis war, die anderen zu unterdrücken und zu kränken. Es war die getreue Kopie des Vaters, wie sich dessen Bild in seiner Erinnerung gestaltet hatte, also ein Wiederaufleben der Vateridentifizierung, in die sich seinerzeit der kleine Knabe aus sexuellen Motiven begeben hatte. In diesem Stück erkennen wir die *Wiederkehr* des Verdrängten, die wir nebst den unmittelbaren Wirkungen des Traumas und dem Phänomen der Latenz unter den wesentlichen Zügen einer Neurose beschrieben haben.

D

Anwendung

Frühes Trauma — Abwehr — Latenz — Ausbruch der neurotischen Erkrankung — teilweise Wiederkehr des Verdrängten: so lautete die Formel, die wir für die Entwicklung einer Neurose aufgestellt haben. Der Leser wird nun eingeladen, den Schritt zur

Annahme zu machen, daß im Leben der Menschenart Ähnliches vorgefallen ist wie in dem der Individuen. Also daß es auch hier Vorgänge gegeben hat sexuell-aggressiven Inhalts, die bleibende Folgen hinterlassen haben, aber zumeist abgewehrt, vergessen wurden, später, nach langer Latenz zur Wirkung gekommen sind und Phänomene, den Symptomen ähnlich in Aufbau und Tendenz, geschaffen haben.

Wir glauben diese Vorgänge erraten zu können und wollen zeigen, daß ihre symptomähnlichen Folgen die religiösen Phänomene sind. Da sich seit dem Auftauchen der Evolutionsidee nicht mehr bezweifeln läßt, daß das Menschengeschlecht eine Vorgeschichte hat, und da diese unbekannt, das heißt vergessen ist, hat ein solcher Schluß beinahe das Gewicht eines Postulats. Wenn wir erfahren, daß die wirksamen und vergessenen Traumen sich hier wie dort auf das Leben in der menschlichen Familie beziehen, werden wir dies als eine hocherwünschte, nicht vorhergesehene, von den bisherigen Erörtungen nicht erforderte Zugabe begrüßen.

Ich habe diese Behauptungen schon vor einem Vierteljahrhundert in meinem Buch „Totem und Tabu" (1912) aufgestellt und brauche sie hier nur zu wiederholen. Die Konstruktion geht von einer Angabe Ch. Darwins aus und bezieht eine Vermutung von Atkinson ein. Sie besagt, daß in Urzeiten der Urmensch in kleinen Horden lebte, jede unter der Herrschaft eines starken Männchens. Die Zeit ist nicht angebbar, der Anschluß an die uns bekannten geologischen Epochen nicht erreicht, wahrscheinlich hatte es jenes Menschenwesen in der Sprachentwicklung noch nicht weit gebracht. Ein wesentliches Stück der Konstruktion ist die Annahme, daß die zu beschreibenden Schicksale alle Urmenschen, also alle unsere Ahnen betroffen haben.

Die Geschichte wird in großartiger Verdichtung erzählt, als ob sich ein einziges Mal zugetragen hätte, was sich in Wirklichkeit über Jahrtausende erstreckt hat und in dieser langen Zeit ungezählt oft wiederholt worden ist. Das starke Männchen war Herr und Vater der ganzen Horde, unbeschränkt in seiner Macht, die er gewalttätig gebrauchte. Alle weiblichen Wesen waren sein Eigentum, die Frauen und Töchter der eigenen Horde, wie vielleicht auch die aus anderen Horden geraubten. Das Schicksal der Söhne war ein hartes; wenn sie die Eifersucht des Vaters erregten, wurden sie erschlagen oder kastriert oder ausgetrieben. Sie waren darauf angewiesen, in kleinen Gemeinschaften zusammenzuleben und sich Frauen durch Raub zu verschaffen, wo es dann dem einen oder anderen gelingen konnte, sich zu einer ähnlichen Position emporzuarbeiten wie die des Vaters in der Urhorde. Eine Ausnahmestellung ergab sich aus natürlichen Gründen für die jüngsten Söhne, die durch die Liebe der Mütter geschützt aus dem Altern des Vaters Vorteil ziehen und ihn nach seinem Ableben ersetzen konnten. Sowohl von der Austreibung der älteren wie von der Bevorzugung der jüngsten Söhne glaubt man Nachklänge in Sagen und Märchen zu erkennen.

Der nächste entscheidende Schritt zur Änderung dieser ersten Art von „sozialer" Organisation soll gewesen sein, daß die vertriebenen, in Gemeinschaft lebenden Brüder sich zusammentaten, den Vater überwältigten und ihn nach der Sitte jener Zeiten roh verzehrten. An diesem Kannibalismus braucht man keinen Anstoß zu nehmen, er ragt weit in spätere Zeiten hinein. Wesentlich ist es aber, daß wir diesen Urmenschen die nämlichen Gefühlseinstellungen zuschreiben, wie wir sie bei den Primitiven der Gegenwart, unseren Kindern, durch analytische Erforschung feststellen können. Also daß sie den Vater nicht nur haßten und fürchteten, sondern auch ihn als Vorbild verehrten, und daß jeder sich in Wirklichkeit an seine Stelle setzen wollte. Der kannibalistische Akt wird dann verständlich als Versuch, sich durch Einverleibung eines Stücks von ihm der Identifizierung mit ihm zu versichern.

Es ist anzunehmen, daß nach der Vatertötung eine längere Zeit folgte, in der die Brüder mit einander um das Vatererbe stritten, das ein jeder für sich allein gewinnen wollte. Die Einsicht in die Gefahren und die Erfolglosigkeit dieser Kämpfe, die Erinnerung an die gemeinsam vollbrachte Befreiungstat und die Gefühlsbindungen aneinander, die während der Zeiten der Vertreibung entstanden waren, führten endlich zu einer Einigung unter ihnen, einer Art von Gesellschaftsvertrag. Es entstand die erste Form einer sozialen Organisation mit **Triebverzicht**, Anerkennung von gegenseitigen **Verpflichtungen**, Einsetzung bestimmter, für unverbrüchlich (heilig) erklärter **Institutionen**, die Anfänge also von Moral und Recht. Jeder einzelne verzichtete auf das Ideal, die Vaterstellung für sich zu erwerben, auf den Besitz von Mutter und Schwestern. Damit war das **Inzesttabu** und das Gebot der **Exogamie** gegeben. Ein gutes Stück der durch die Beseitigung des Vaters frei gewordenen Machtvollkommenheit ging auf die Frauen über, es kam die Zeit des **Matriarchats**. Das Andenken des Vaters lebte zu dieser Periode des „Brüderbundes" fort. Ein starkes, vielleicht zuerst immer auch gefürchtetes Tier wurde als Vaterersatz gefunden. Eine solche Wahl mag uns befremdend erscheinen, aber die Kluft, die der Mensch später zwischen sich und dem Tier hergestellt hat, bestand nicht für den Primitiven und besteht auch nicht bei unseren Kindern, deren Tierphobien wir als Vaterangst verstehen konnten. Im Verhältnis zum Totemtier war die ursprüngliche Zwiespältigkeit (Ambivalenz) der Gefühlsbeziehung zum Vater voll erhalten. Der Totem galt einerseits als leiblicher Ahnherr und Schutzgeist des Clans, er mußte verehrt und geschont werden, anderseits wurde ein Festtag eingesetzt, an dem ihm das Schicksal bereitet wurde, das der Urvater gefunden hatte. Er wurde von allen Genossen gemeinsam getötet und verzehrt (Totemmahlzeit nach **Robertson Smith**). Dieser große Festtag war in Wirklichkeit eine Triumphfeier des Sieges der verbündeten Söhne über den Vater.

Wo bleibt in diesem Zusammenhange die Religion? Ich meine, wir haben ein volles Recht, im Totemismus mit seiner Verehrung eines Vaterersatzes, der durch die Totemmahlzeit bezeugten Ambivalenz, der Einsetzung von Gedenkfeiern, von Verboten, deren Übertretung mit dem Tode bestraft wird, — wir dürfen im Totemismus, sage ich, die erste Erscheinungsform der Religion in der menschlichen Geschichte erkennen und deren von Anfang an bestehende Verknüpfung mit sozialen Gestaltungen und moralischen Verpflichtungen bestätigen. Die weiteren Entwicklungen der Religion können wir hier nur in kürzester Überschau behandeln. Sie gehen ohne Zweifel parallel mit den kulturellen Fortschritten des Menschengeschlechts und den Veränderungen im Aufbau der menschlichen Gemeinschaften.

Der nächste Fortschritt vom Totemismus her ist die Vermenschlichung des verehrten Wesens. An die Stelle der Tiere treten menschliche Götter, deren Herkunft vom Totem nicht verhüllt ist. Entweder wird der Gott noch in Tiergestalt oder wenigstens mit dem Angesicht des Tieres gebildet oder der Totem wird zum bevorzugten Begleiter des Gottes, von ihm unzertrennlich, oder die Sage läßt den Gott gerade dieses Tier erlegen, das doch nur seine Vorstufe war. An einer nicht leicht bestimmbaren Stelle dieser Entwicklung treten große Muttergottheiten auf, wahrscheinlich noch vor den männlichen Göttern, die sich dann lange Zeit neben diesen erhalten. Unterdes hat sich eine große soziale Umwälzung vollzogen. Das Mutterrecht wurde durch eine wiederhergestellte patriarchalische Ordnung abgelöst. Die neuen Väter erreichten freilich nie die Allmacht des Urvaters, es waren ihrer viele, die in größeren Verbänden, als die Horde gewesen war, mit einander lebten; sie mußten sich mit einander gut vertragen, blieben durch soziale Satzungen beschränkt. Wahrscheinlich entstanden die Muttergottheiten zur Zeit der Einschränkung des Matriarchats zur Entschädigung der zurückgesetzten Mütter. Die männlichen Gottheiten erscheinen zuerst als Söhne neben den großen Müttern, erst später nehmen sie deutlich die Züge von Vatergestalten an. Diese männlichen Götter des Polytheismus spiegeln die Verhältnisse der patriarchalischen Zeit wider. Sie sind zahlreich, beschränken einander gegenseitig, unterordnen sich gelegentlich einem überlegenen Obergott. Der nächste Schritt aber führt zu dem Thema, das uns hier beschäftigt, zur Wiederkehr des einen, einzigen, unumschränkt herrschenden Vatergottes.

Es ist zuzugeben, daß diese historische Übersicht lückenhaft und in manchen Punkten ungesichert ist. Aber wer unsere Konstruktion

der Urgeschichte nur für phantastisch erklären wollte, der würde den
Reichtum und die Beweiskraft des Materials, das in sie eingegangen
ist, arg unterschätzen. Große Stücke der Vergangenheit, die hier zu
einem Ganzen verknüpft werden, sind historisch bezeugt, der Totemismus, die Männerbünde. Anderes hat sich in ausgezeichneten
Repliken erhalten. So ist es mehrmals einem Autor aufgefallen, wie
getreu der Ritus der christlichen Kommunion, in der der Gläubige in
symbolischer Form Blut und Fleisch seines Gottes sich einverleibt,
Sinn und Inhalt der alten Totemmahlzeit wiederholt. Zahlreiche
Überbleibsel der vergessenen Urzeit sind in den Sagen und Märchen
der Völker erhalten, und in unerwarteter Reichhaltigkeit hat das
analytische Studium des kindlichen Seelenlebens Stoff geliefert, um
die Lücken unserer Kenntnis der Urzeiten auszufüllen. Als Beiträge
zum Verständnis des so bedeutsamen Vaterverhältnisses brauche ich
nur die Tierphobien, die so seltsam anmutende Furcht, vom Vater
gefressen zu werden, und die ungeheure Intensität der Kastrationsangst anzuführen. Es ist nichts an unserer Konstruktion, was frei
erfunden wäre, was sich nicht auf gute Grundlagen stützen könnte.

Nimmt man unsere Darstellung der Urgeschichte als im ganzen
glaubwürdig an, so erkennt man in den religiösen Lehren und Riten
zweierlei Elemente: einerseits Fixierungen an die alte Familien-
geschichte und Überlebsel derselben, anderseits Wiederherstellungen
des Vergangenen, Wiederkehren des Vergessenen nach langen
Intervallen. Der letztere Anteil ist der, der, bisher übersehen und
darum nicht verstanden, hier an wenigstens einem eindrucksvollen
Beispiele erwiesen werden soll.

Es ist besonderer Hervorhebung wert, daß jedes aus der Vergessenheit wiederkehrende Stück sich mit besonderer Macht durchsetzt,
einen unvergleichlich starken Einfluß auf die Menschenmassen übt
und einen unwiderstehlichen Anspruch auf Wahrheit erhebt, gegen
den logischer Einspruch machtlos bleibt. Nach Art des *credo quia
absurdum*. Dieser merkwürdige Charakter läßt sich nur nach dem
Muster des Irrwahns der Psychotiker verstehen. Wir haben längst

begriffen, daß in der Wahnidee ein Stück vergessener Wahrheit steckt, das sich bei seiner Wiederkehr Entstellungen und Mißverständnisse gefallen lassen mußte, und daß die zwanghafte Überzeugung, die sich für den Wahn herstellt, von diesem Wahrheitskern ausgeht und sich auf die umhüllenden Irrtümer ausbreitet. Einen solchen Gehalt an historisch zu nennender Wahrheit müssen wir auch den Glaubenssätzen der Religionen zugestehen, die zwar den Charakter psychotischer Symptome an sich tragen, aber als Massenphänomene dem Fluch der Isolierung entzogen sind.

Kein anderes Stück der Religionsgeschichte ist uns so durchsichtig geworden wie die Einsetzung des Monotheismus im Judentum und dessen Fortsetzung im Christentum, wenn wir die ähnlich lückenlos verständliche Entwicklung vom tierischen Totem zum menschlichen Gott mit seinem regelmäßigen Begleiter beiseite lassen. (Noch jeder der vier christlichen Evangelisten hat sein Lieblingstier.) Lassen wir vorläufig die pharaonische Weltherrschaft als Anlaß für das Auftauchen der monotheistischen Idee gelten, so sehen wir, daß diese von ihrem Boden losgelöst und auf ein anderes Volk übertragen, von diesem Volk nach einer langen Zeit der Latenz Besitz ergreift, als kostbarster Besitz von ihm gehütet wird und nun ihrerseits das Volk am Leben erhält, indem sie ihm den Stolz der Auserwähltheit schenkt. Es ist die Religion des Urvaters, an die sich die Hoffnung auf Belohnung, Auszeichnung, endlich auf Weltherrschaft knüpft. Diese letztere Wunschphantasie, vom jüdischen Volk längst aufgegeben, lebt noch heute bei den Feinden des Volkes im Glauben an die Verschwörung der „Weisen von Zion" fort. Wir behalten uns vor, in einem späteren Abschnitt darzustellen, wie die besonderen Eigentümlichkeiten der Ägypten entlehnten monotheistischen Religion auf das jüdische Volk wirken und seinen Charakter für die Dauer prägen mußten durch die Ablehnung von Magie und Mystik, die Anregung zu Fortschritten in der Geistigkeit, die Aufforderung zu Sublimierungen, wie das Volk durch den Besitz der Wahrheit beseligt, überwältigt vom Bewußtsein der Auserwähltheit, zur

Hochschätzung des Intellektuellen und zur Betonung des Ethischen
gelangte, und wie die traurigen Schicksale, die realen Enttäuschungen
dieses Volkes alle diese Tendenzen verstärken konnten. Für jetzt
wollen wir die Entwicklung in anderer Richtung verfolgen.

Die Wiedereinsetzung des Urvaters in seine historischen Rechte
war ein großer Fortschritt, aber es konnte nicht das Ende sein. Auch
die anderen Stücke der prähistorischen Tragödie drängten nach
Anerkennung. Was diesen Prozeß in Gang brachte, ist nicht leicht
zu erraten. Es scheint, daß ein wachsendes Schuldbewußtsein sich des
jüdischen Volkes, vielleicht der ganzen damaligen Kulturwelt bemächtigt hatte als Vorläufer der Wiederkehr des verdrängten Inhalts.
Bis dann einer aus diesem jüdischen Volk in der Justifizierung eines
politisch-religiösen Agitators den Anlaß fand, mit dem eine neue, die
christliche Religion sich vom Judentum ablöste. *Paulus*, ein römischer
Jude aus *Tarsus*, griff dieses Schuldbewußtsein auf und führte es
richtig auf seine urgeschichtliche Quelle zurück. Er nannte diese die
„Erbsünde", es war ein Verbrechen gegen Gott, das nur durch den
Tod gesühnt werden konnte. Mit der Erbsünde war der Tod in die
Welt gekommen. In Wirklichkeit war dies todwürdige Verbrechen
der Mord am später vergötterten Urvater gewesen. Aber es wurde
nicht die Mordtat erinnert, sondern anstatt dessen ihre Sühnung
phantasiert, und darum konnte diese Phantasie als Erlösungsbot-
schaft (Evangelium) begrüßt werden. Ein Sohn Gottes hatte sich als
Unschuldiger töten lassen und damit die Schuld Aller auf sich genommen. Es mußte ein Sohn sein, denn es war ja ein Mord am Vater
gewesen. Wahrscheinlich hatten Traditionen aus orientalischen und
griechischen Mysterien auf den Ausbau der Erlösungsphantasie
Einfluß genommen. Das Wesentliche an ihr scheint Paulus'
eigener Beitrag gewesen zu sein. Er war ein im eigentlichsten Sinn
religiös veranlagter Mensch; die dunklen Spuren der Vergangenheit
lauerten in seiner Seele, bereit zum Durchbruch in bewußtere
Regionen.

Daß sich der Erlöser schuldlos geopfert hatte, war eine offenbar tendenziöse Entstellung, die dem logischen Verständnis Schwierigkeiten bereitete, denn wie soll ein an der Mordtat Unschuldiger die Schuld der Mörder auf sich nehmen können, dadurch, daß er sich selbst töten läßt? In der historischen Wirklichkeit bestand ein solcher Widerspruch nicht. Der „Erlöser" konnte kein anderer sein als der Hauptschuldige, der Anführer der Brüderbande, die den Vater überwältigt hatte. Ob es einen solchen Hauptrebellen und Anführer gegeben hat, muß man nach meinem Urteil unentschieden lassen. Es ist sehr wohl möglich, aber man muß auch in Betracht ziehen, daß jeder einzelne der Brüderbande gewiß den Wunsch hatte, für sich allein die Tat zu begehen und sich so eine Ausnahmestellung und einen Ersatz für die aufzugebende, in der Gemeinschaft untergehende Vateridentifizierung zu schaffen. Wenn es keinen solchen Anführer gab, dann ist Christus der Erbe einer unerfüllt gebliebenen Wunschphantasie, wenn ja, dann ist er sein Nachfolger und seine Reinkarnation. Aber gleichgültig, ob hier Phantasie oder Wiederkehr einer vergessenen Realität vorliegt, jedenfalls ist an dieser Stelle der Ursprung der Vorstellung vom Heros zu finden, vom Helden, der sich ja immer gegen den Vater empört und ihn in irgendeiner Gestalt tötet.[1] Auch die wirkliche Begründung der sonst schwer nachweisbaren „tragischen Schuld" des Helden im Drama. Es ist kaum zu bezweifeln, daß der Held und der Chor im griechischen Drama diesen selben rebellischen Helden und die Brüderbande darstellen, und es ist nicht bedeutungslos, daß im Mittelalter das Theater mit der Darstellung der Passionsgeschichte wieder neu beginnt.

Wir haben schon gesagt, daß die christliche Zeremonie der heiligen Kommunion, in der der Gläubige Blut und Fleisch des Heilands sich einverleibt, den Inhalt der alten Totemmahlzeit wiederholt, freilich nur in ihrem zärtlichen, die Verehrung ausdrückenden, nicht in

---

1) Ernest Jones macht darauf aufmerksam, daß der Gott Mithras, der den Stier tötet, diesen Anführer darstellen könnte, der sich seiner Tat rühmt. Es ist bekannt, wie lange die Mithrasverehrung mit dem jungen Christentum um den Endsieg stritt.

ihrem aggressiven Sinn. Die Ambivalenz, die das Vaterverhältnis beherrscht, zeigte sich aber deutlich im Endergebnis der religiösen Neuerung. Angeblich zur Versöhnung des Vatergottes bestimmt, ging sie in dessen Entthronung und Beseitigung aus. Das Judentum war eine Vaterreligion gewesen, das Christentum wurde eine Sohnesreligion. Der alte Gottvater trat hinter Christus zurück, Christus, der Sohn, kam an seine Stelle, ganz so, wie es in jener Urzeit jeder Sohn ersehnt hatte. Paulus, der Fortsetzer des Judentums, wurde auch sein Zerstörer. Seinen Erfolg dankte er gewiß in erster Linie der Tatsache, daß er durch die Erlösungsidee das Schuldbewußtsein der Menschheit beschwor, aber daneben auch dem Umstand, daß er die Auserwähltheit seines Volkes und ihr sichtbares Anzeichen, die Beschneidung, aufgab, so daß die neue Religion eine universelle, alle Menschen umfassende werden konnte. Mag an diesem Schritt des Paulus auch seine persönliche Rachsucht Anteil gehabt haben ob des Widerspruchs, den seine Neuerung in jüdischen Kreisen fand, so war doch damit ein Charakter der alten Atonreligion wiederhergestellt, eine Einengung aufgehoben worden, die sie beim Übergang auf einen neuen Träger, auf das jüdische Volk, erworben hatte.

In manchen Hinsichten bedeutete die neue Religion eine kulturelle Regression gegen die ältere, jüdische, wie es ja beim Einbruch oder bei der Zulassung neuer Menschenmassen von niedrigerem Niveau regelmäßig der Fall ist. Die christliche Religion hielt die Höhe der Vergeistigung nicht ein, zu der sich das Judentum aufgeschwungen hatte. Sie war nicht mehr streng monotheistisch, übernahm von den umgebenden Völkern zahlreiche symbolische Riten, stellte die große Muttergottheit wieder her und fand Platz zur Unterbringung vieler Göttergestalten des Polytheismus in durchsichtiger Verhüllung, obzwar in untergeordneten Stellungen. Vor allem verschloß sie sich nicht wie die Atonreligion und die ihr nachfolgende mosaische dem Eindringen abergläubischer, magischer und mystischer Elemente, die für die geistige Entwicklung der nächsten zwei Jahrtausende eine schwere Hemmung bedeuten sollten.

Der Triumph des Christentums war ein erneuerter Sieg der Ammonspriester über den Gott Ikhnatons nach anderthalbtausendjährigem Intervall und auf erweitertem Schauplatz. Und doch war das Christentum religionsgeschichtlich, d.h. in Bezug auf die Wiederkehr des Verdrängten, ein Fortschritt, die jüdische Religion von da ab gewissermaßen ein Fossil.

Es wäre der Mühe wert zu verstehen, wie es kam, daß die monotheistische Idee grade auf das jüdische Volk einen so tiefen Eindruck machen und von ihm so zähe festgehalten werden konnte. Ich glaube, man kann diese Frage beantworten. Das Schicksal hatte dem jüdischen Volke die Großtat und Untat der Urzeit, die Vatertötung, näher gerückt, indem es dasselbe veranlaßte, sie an der Person des Moses, einer hervorragenden Vatergestalt, zu wiederholen. Es war ein Fall von „Agieren" anstatt zu erinnern, wie er sich so häufig während der analytischen Arbeit am Neurotiker ereignet. Auf die Anregung zur Erinnerung, die ihnen die Lehre Moses' brachte, reagierten sie aber mit der Verleugnung ihrer Aktion, blieben bei der Anerkennung des großen Vaters stehen und sperrten sich so den Zugang zur Stelle, an der später Paulus die Fortsetzung der Urgeschichte anknüpfen sollte. Es ist kaum gleichgültig oder zufällig, daß die gewaltsame Tötung eines anderen großen Mannes auch der Ausgangspunkt für die religiöse Neuschöpfung des Paulus wurde. Eines Mannes, den eine kleine Anzahl von Anhängern in Judäa für den Sohn Gottes und den angekündigten Messias hielt, auf den auch später ein Stück der dem Moses angedichteten Kindheitsgeschichte überging, von dem wir aber in Wirklichkeit kaum mehr Sicheres wissen als von Moses selbst, nicht wissen, ob er wirklich der große Lehrer war, den die Evangelien schildern, oder ob nicht vielmehr die Tatsache und die Umstände seines Todes entscheidend wurden für die Bedeutung, die seine Person gewonnen hat. Paulus, der sein Apostel wurde, hat ihn selbst nicht gekannt.

Die von Sellin aus ihren Spuren in der Tradition erkannte, merkwürdigerweise auch vom jungen Goethe ohne jeden Beweis angenommene, Tötung des Moses durch sein Judenvolk[1] wird so ein unentbehrliches Stück unserer Konstruktion, ein wichtiges Bindeglied zwischen dem vergessenen Vorgang der Urzeit und dem späten Wiederauftauchen in der Form der monotheistischen Religionen.[2] Es ist eine ansprechende Vermutung, daß die Reue um den Mord an Moses den Antrieb zur Wunschphantasie vom Messias gab, der wiederkommen und seinem Volk die Erlösung und die versprochene Weltherrschaft bringen sollte. Wenn Moses dieser erste Messias war, dann ist Christus sein Ersatzmann und Nachfolger geworden, dann konnte auch Paulus mit einer gewissen historischen Berechtigung den Völkern zurufen: Sehet, der Messias ist wirklich gekommen, er ist ja vor Euren Augen hingemordet worden. Dann ist auch an der Auferstehung Christi ein Stück historischer Wahrheit, denn er war der wiedergekehrte Urvater der primitiven Horde, verklärt und als Sohn an die Stelle des Vaters gerückt.

Das arme jüdische Volk, das mit gewohnter Hartnäckigkeit den Mord am Vater zu verleugnen fortfuhr, hat im Laufe der Zeiten schwer dafür gebüßt. Es wurde ihm immer wieder vorgehalten: Ihr habt unseren Gott getötet. Und dieser Vorwurf hat recht, wenn man ihn richtig übersetzt. Er lautet dann auf die Geschichte der Religionen bezogen: Ihr wollt nicht **zugeben**, daß ihr Gott (das Urbild Gottes, den Urvater, und seine späteren Reinkarnationen) gemordet habt. Ein Zusatz sollte aussagen: Wir haben freilich dasselbe getan, aber wir haben es **zugestanden** und wir sind seither entsühnt. Nicht alle Vorwürfe, mit denen der Antisemitismus die Nachkommen des jüdischen Volkes verfolgt, können sich auf eine ähnliche Rechtfertigung berufen. Ein Phänomen von der Intensität und Dauerhaftigkeit des Judenhasses der Völker muß natürlich mehr als nur einen Grund haben. Man kann eine ganze Reihe von Gründen erraten, manche offenkundig aus der Realität abgeleitet, die keiner

---

1) Israel in der Wüste. Bd. 7 der Weimarer Ausgabe, S. 170.
2) Vgl. zu diesem Thema die bekannten Ausführungen von Frazer, The Golden Bough, vol. III, The Dying God.

Deutung bedürfen, andere tieferliegende, aus geheimen Quellen
stammend, die man als die spezifischen Motive anerkennen möchte.
Von den ersteren ist der Vorwurf der Landfremdheit wohl der hinfälligste, denn an vielen, heute vom Antisemitismus beherrschten
Orten gehören die Juden zu den ältesten Anteilen der Bevölkerung
oder sind selbst früher zur Stelle gewesen als die gegenwärtigen
Einwohner. Das trifft z.B. zu für die Stadt *Köln*, wohin die Juden mit
den Römern kamen, ehe sie noch von Germanen besetzt wurde.
Andere Begründungen des Judenhasses sind stärker, so der Umstand,
daß sie zumeist als Minoritäten unter anderen Völkern leben, denn
das Gemeinschaftsgefühl der Massen braucht zu seiner Ergänzung die
Feindseligkeit gegen eine außenstehende Minderzahl, und die
numerische Schwäche dieser Ausgeschlossenen fordert zu deren Unterdrückung auf. Ganz unverzeihlich sind aber zwei andere Eigenheiten
der Juden. Erstens, daß sie in manchen Hinsichten verschieden sind
von ihren „Wirtsvölkern". Nicht grundverschieden, denn sie sind
nicht fremdrassige Asiaten, wie die Feinde behaupten, sondern
zumeist aus Resten der mediterranen Völker zusammengesetzt und
Erben der Mittelmeerkultur. Aber sie sind doch anders, oft in undefinierbarer Art anders als zumal die nordischen Völker, und die Intoleranz der Massen äußert sich merkwürdigerweise gegen kleine
Unterschiede stärker als gegen fundamentale Differenzen. Noch
stärker wirkt der zweite Punkt, nämlich daß sie allen Bedrückungen
trotzen, daß es den grausamsten Verfolgungen nicht gelungen ist, sie
auszurotten, ja, daß sie vielmehr die Fähigkeit zeigen, sich im Erwerbsleben zu behaupten und, wo man sie zuläßt, wertvolle Beiträge
zu allen kulturellen Leistungen zu machen.

Die tieferen Motive des Judenhasses wurzeln in längst vergangenen
Zeiten, sie wirken aus dem Unbewußten der Völker, und ich bin
darauf gefaßt, daß sie zunächst nicht glaubwürdig erscheinen werden.
Ich wage die Behauptung, daß die Eifersucht auf das Volk, welches
sich für das erstgeborene, bevorzugte Kind Gottvaters ausgab, bei den
anderen heute noch nicht überwunden ist, so als ob sie dem Anspruch

Glauben geschenkt hätten. Ferner hat unter den Sitten, durch die
sich die Juden absonderten, die der Beschneidung einen unliebsamen,
unheimlichen Eindruck gemacht, der sich wohl durch die Mahnung
an die gefürchtete Kastration erklärt und damit an ein gern vergessenes Stück der urzeitlichen Vergangenheit rührt. Und endlich das
späteste Motiv dieser Reihe, man sollte nicht vergessen, daß alle
diese Völker, die sich heute im Judenhaß hervortun, erst in spät-
historischen Zeiten Christen geworden sind, oft durch blutigen
Zwang dazu getrieben. Man könnte sagen, sie sind alle „schlecht
getauft", unter einer dünnen Tünche von Christentum sind sie
geblieben, was ihre Ahnen waren, die einem barbarischen Polytheismus huldigten. Sie haben ihren Groll gegen die neue, ihnen
aufgedrängte Religion nicht überwunden, aber sie haben ihn auf die
Quelle verschoben, von der das Christentum zu ihnen kam. Die
Tatsache, daß die Evangelien eine Geschichte erzählen, die unter
Juden und eigentlich nur von Juden handelt, hat ihnen eine solche
Verschiebung erleichtert. Ihr Judenhaß ist im Grunde Christenhaß,
und man braucht sich nicht zu wundern, daß in der deutschen
nationalsozialistischen Revolution diese innige Beziehung der zwei
monotheistischen Religionen in der feindseligen Behandlung beider
so deutlichen Ausdruck findet.

E

Schwierigkeiten

Vielleicht ist es im Vorstehenden geglückt, die Analogie zwischen
neurotischen Vorgängen und den religiösen Geschehnissen durch-
zuführen und damit auf den unvermuteten Ursprung der letzteren
hinzuweisen. Bei dieser Übertragung aus der Individual- in die
Massenpsychologie stellen sich zwei Schwierigkeiten heraus von verschiedener Natur und Würdigkeit, denen wir uns jetzt zuwenden

müssen. Die erste ist, daß wir hier nur einen Fall aus der reichhaltigen Phänomenologie der Religionen behandelt, kein Licht geworfen haben auf die anderen. Mit Bedauern muß der Autor eingestehen, daß er nicht mehr geben kann als diese eine Probe, daß sein Fachwissen nicht ausreicht, um die Untersuchung zu vervollständigen. Er kann aus seiner beschränkten Kenntnis etwa noch hinzufügen, der Fall der mahomedanischen Religionsstiftung erscheine ihm wie eine abgekürzte Wiederholung der jüdischen, als deren Nachahmung sie auftrat. Es scheint ja, daß der Prophet ursprünglich die Absicht hatte, für sich und sein Volk das Judentum voll anzunehmen. Die Wiedergewinnung des einzigen großen Urvaters brachte bei den Arabern eine außerordentliche Hebung des Selbstbewußtseins hervor, die zu großen weltlichen Erfolgen führte, sich aber auch in ihnen erschöpfte. Allah zeigte sich seinem auserwählten Volk weit dankbarer als seinerzeit Jahve dem seinen. Aber die innere Entwicklung der neuen Religion kam bald zum Stillstand, vielleicht weil es an der Vertiefung fehlte, die im jüdischen Falle der Mord am Religionsstifter verursacht hatte. Die anscheinend rationalistischen Religionen des Ostens sind ihrem Kern nach Ahnenkult, machen also auch Halt bei einer frühen Stufe der Rekonstruktion des Vergangenen. Wenn es richtig ist, daß bei primitiven Völkern der Jetztzeit die Anerkennung eines höchsten Wesens als einziger Inhalt ihrer Religion gefunden wird, so kann man dies nur als Verkümmerung der Religionsentwicklung auffassen und in Beziehung setzen zu den ungezählten Fällen rudimentärer Neurosen, die man auf jenem anderen Gebiet konstatiert. Warum es hier wie dort nicht weitergegangen ist, dafür fehlt uns in beiden Fällen das Verständnis. Man muß daran denken, die individuelle Begabung dieser Völker, die Richtung ihrer Tätigkeit und ihrer allgemeinen sozialen Zustände dafür verantwortlich zu machen. Übrigens ist es eine gute Regel der analytischen Arbeit, daß man sich mit der Erklärung des Vorhandenen begnüge und sich nicht bemühe zu erklären, was nicht zustandegekommen ist.

Die zweite Schwierigkeit bei dieser Übertragung auf die Massenpsychologie ist weit bedeutsamer, weil sie ein neues Problem von prinzipieller Natur aufwirft. Es stellt sich die Frage, in welcher Form ist die wirksame Tradition im Leben der Völker vorhanden, eine Frage, die es beim Individuum nicht gibt, denn hier ist sie durch die Existenz der Erinnerungsspuren des Vergangenen im Unbewußten erledigt. Gehen wir auf unser historisches Beispiel zurück. Wir haben das Kompromiß in *Qades* auf den Fortbestand einer mächtigen Tradition bei den aus Ägypten Zurückgekehrten begründet. Dieser Fall birgt kein Problem. Nach unserer Annahme stützte sich eine solche Tradition auf bewußte Erinnerung an mündliche Mitteilungen, die die damals Lebenden von ihren Vorfahren, nur zwei oder drei Generationen zurück, empfangen hatten, und letztere waren Teilnehmer und Augenzeugen der betreffenden Ereignisse gewesen. Aber können wir für die späteren Jahrhunderte dasselbe glauben, daß die Tradition immer ein auf normale Weise mitgeteiltes Wissen zur Grundlage hatte, das vom Ahn auf den Enkel übertragen worden? Welches die Personen waren, die ein solches Wissen bewahrten und es mündlich fortpflanzten, läßt sich nicht mehr wie im früheren Falle angeben. Nach Sellin war die Tradition vom Mord an Moses in Priesterkreisen immer vorhanden, bis sie endlich ihren schriftlichen Ausdruck fand, der allein es Sellin möglich machte, sie zu erraten. Aber sie kann nur Wenigen bekannt gewesen sein, sie war nicht Volksgut. Und reicht das aus, um ihre Wirkung zu erklären? Kann man einem solchen Wissen von Wenigen die Macht zuschreiben, die Massen so nachhaltig zu ergreifen, wenn es zu ihrer Kenntnis kommt? Es sieht doch eher so aus, als müßte auch in der unwissenden Masse etwas vorhanden sein, was dem Wissen der Wenigen irgendwie verwandt ist und ihm entgegenkommt, wenn es geäußert wird.

Die Beurteilung wird noch schwieriger, wenn wir uns zum analogen Fall aus der Urzeit wenden. Daß es einen Urvater von den bekannten Eigenschaften gegeben und welches Schicksal ihn betroffen, ist im Laufe der Jahrtausende ganz gewiß vergessen worden, auch kann man keine mündliche Tradition davon wie im Falle Moses annehmen. In welchem Sinne kommt also eine Tradition überhaupt in Betracht? In welcher Form kann sie vorhanden gewesen sein?

Um es Lesern leichter zu machen, die nicht gewillt oder nicht vorbereitet sind, sich in einen komplizierten psychologischen Sachverhalt zu vertiefen, werde ich das Ergebnis der nun folgenden Untersuchung voranstellen. Ich meine, die Übereinstimmung zwischen dem Individuum und der Masse ist in diesem Punkt eine fast vollkommene, auch in den Massen bleibt der Eindruck der Vergangenheit in unbewußten Erinnerungsspuren erhalten.

Beim Individuum glauben wir klar zu sehen. Die Erinnerungsspur des früh Erlebten ist in ihm erhalten geblieben, nur in einem besonderen psychologischen Zustand. Man kann sagen, das Individuum hat es immer gewußt, so wie man eben um das Verdrängte weiß. Wir haben uns da bestimmte, durch die Analyse unschwer zu erhärtende Vorstellungen gebildet, wie etwas vergessen werden und wie es nach einer Weile wieder zum Vorschein kommen kann. Das Vergessene ist nicht ausgelöscht, sondern nur „verdrängt", seine Erinnerungsspuren sind in aller Frische vorhanden, aber durch „Gegenbesetzungen" isoliert. Sie können nicht in den Verkehr mit den anderen intellektuellen Vorgängen eintreten, sind unbewußt, dem Bewußtsein unzugänglich. Es kann auch sein, daß gewisse Anteile des Verdrängten sich dem Prozeß entzogen haben, der Erinnerung zugänglich bleiben, gelegentlich im Bewußtsein auftauchen, aber auch dann sind sie isoliert, wie Fremdkörper außer Zusammenhang mit dem anderen. Es kann so sein, aber es braucht nicht so zu sein, die Verdrängung kann auch vollständig sein und an diesen Fall wollen wir uns für das Weitere halten.

Dies Verdrängte behält seinen Auftrieb, sein Streben, zum Bewußtsein vorzudringen. Es erreicht sein Ziel unter drei Bedingungen, 1) wenn die Stärke der Gegenbesetzung herabgesetzt wird durch Krankheitsprozesse, die das andere, das sogenannte Ich, befallen, oder durch eine andere Verteilung der Besetzungsenergien in diesem Ich, wie es regelmäßig im Schlafzustand geschieht; 2) wenn die am Verdrängten haftenden Triebanteile eine besondere Verstärkung erfahren, wofür die Vorgänge während der Pubertät das beste Beispiel geben; 3) wenn im rezenten Erleben zu irgend einer Zeit Eindrücke, Erlebnisse auftreten, die dem Verdrängten so ähnlich sind, daß sie es zu erwecken vermögen. Dann verstärkt sich das Rezente durch die latente Energie des Verdrängten und das Verdrängte kommt hinter dem Rezenten mit seiner Hilfe zur Wirkung. In keinem dieser drei Fälle kommt das bisher Verdrängte glatt, unverändert zum Bewußtsein, sondern immer muß es sich Entstellungen gefallen lassen, die den Einfluß des nicht ganz überwundenen Widerstandes aus der Gegenbesetzung bezeugen oder den modifizierenden Einfluß des rezenten Erlebnisses oder beides.

Als Kennzeichen und Anhalt zur Orientierung hat uns die Unterscheidung gedient, ob ein psychischer Vorgang bewußt oder unbewußt ist. Das Verdrängte ist unbewußt. Nun wäre es eine erfreuliche Vereinfachung, wenn dieser Satz auch eine Umkehrung zuließe, wenn also die Differenz der Qualitäten bewußt (bw) und unbewußt (ubw) zusammenfiele mit der Scheidung: ichzugehörig und verdrängt. Die Tatsache, daß es in unserem Seelenleben solche isolierten und unbewußten Dinge gibt, wäre neu und wichtig genug. In Wirklichkeit liegt es komplizierter. Es ist richtig, daß alles Verdrängte unbewußt ist, aber nicht mehr richtig, daß alles, was zum Ich gehört, bewußt ist. Wir werden darauf aufmerksam, daß das Bewußtsein eine flüchtige Qualität ist, die einem psychischen Vorgang nur vorübergehend anhaftet. Wir müssen darum für unsere Zwecke „bewußt" ersetzen durch „bewußtseinsfähig" und nennen diese Qualität „vorbewußt" (vbw). Wir sagen dann richtiger, das Ich ist wesentlich vorbewußt (virtuell bewußt), aber Anteile des Ichs sind unbewußt.

Diese letztere Feststellung lehrt uns, daß die Qualitäten, an die wir uns bisher gehalten haben, zur Orientierung im Dunkel des Seelenlebens nicht ausreichen. Wir müssen eine andere Unterscheidung einführen, die nicht mehr qualitativ, sondern topisch und, was ihr einen besonderen Wert verleiht, gleichzeitig genetisch ist. Wir sondern jetzt in unserem Seelenleben, das wir als einen aus mehreren Instanzen, Bezirken, Provinzen zusammengesetzten Apparat auffassen, eine Region, die wir das eigentliche Ich heißen, von einer anderen, die wir das Es nennen. Das Es ist das ältere, das Ich hat sich aus ihm wie eine Rindenschicht durch den Einfluß der Außenwelt entwickelt. Im Es greifen unsere ursprünglichen Triebe an, alle Vorgänge im Es verlaufen unbewußt. Das Ich deckt sich, wie wir bereits erwähnt haben, mit dem Bereich des Vorbewußten, es enthält Anteile, die normalerweise unbewußt bleiben. Für die psychischen Vorgänge im Es gelten ganz andere Gesetze des Ablaufs und der gegenseitigen Beeinflussung, als die im Ich herrschen. In Wirklichkeit ist es ja die Entdeckung dieser Unterschiede, die uns zu unserer neuen Auffassung geleitet hat und diese rechtfertigt.

Das Verdrängte ist dem Es zuzurechnen und unterliegt auch den Mechanismen desselben, es sondert sich nur in Hinsicht der Genese von ihm ab. Die Differenzierung vollzieht sich in der Frühzeit, während sich das Ich aus dem Es entwickelt. Dann wird ein Teil der Inhalte des Es vom Ich aufgenommen und auf den vorbewußten Zustand gehoben, ein anderer Teil wird von dieser Übersetzung nicht betroffen und bleibt als das eigentliche Unbewußte im Es zurück. Im weiteren Verlauf der Ichbildung werden aber gewisse psychische Eindrücke und Vorgänge im Ich durch einen Abwehrprozeß ausgeschlossen; der Charakter des Vorbewußten wird ihnen entzogen, so daß sie wiederum zu Bestandteilen des Es erniedrigt worden sind. Dies ist also das „Verdrängte" im Es. Was den Verkehr zwischen beiden seelischen Provinzen betrifft, so nehmen wir also an, daß einerseits der unbewußte Vorgang im Es aufs Niveau des Vorbewußten gehoben und dem Ich einverleibt wird, und daß anderseits Vorbewußtes im Ich den umgekehrten Weg machen und ins Es zurückversetzt werden kann. Es bleibt außerhalb unseres gegenwärtigen Interesses, daß sich später im Ich ein besonderer Bezirk, der des „Über-Ichs", abgrenzt.

Das alles mag weit entfernt von einfach scheinen, aber wenn man sich mit der ungewohnten räumlichen Auffassung des seelischen Apparats befreundet hat, kann es der Vorstellung doch keine besonderen Schwierigkeiten bereiten. Ich füge noch die Bemerkung an, daß die hier entwickelte psychische Topik nichts mit der Gehirnanatomie zu tun hat, sie eigentlich nur an einer Stelle streift. Das Unbefriedigende an dieser Vorstellung, das ich so deutlich wie jeder andere verspüre, geht von unserer völligen Unwissenheit über die dynamische Natur der seelischen Vorgänge aus. Wir sagen uns, was eine bewußte Vorstellung von einer vorbewußten, diese von einer unbewußten unterscheidet, kann nichts anderes sein als eine Modifikation, vielleicht auch eine andere Verteilung der psychischen Energie. Wir sprechen von Besetzungen und Überbesetzungen, aber darüber hinaus fehlt uns jede Kenntnis und sogar jeder Ansatz zu einer brauchbaren Arbeitshypothese. Über das Phänomen des Bewußtseins können wir noch angeben, daß es ursprünglich an der Wahrnehmung hängt. Alle Empfindungen, die durch Wahrnehmung von Schmerz-, Getast-, Gehörs- oder Gesichtsreizungen entstehen, sind am ehesten bewußt. Die Denkvorgänge und was ihnen im Es analog sein mag, sind an sich unbewußt und erwerben sich den Zugang zum Bewußtsein durch Verknüpfung mit Erinnerungsresten von Wahrnehmungen des Gesichts und Gehörs auf dem Wege der Sprachfunktion. Beim Tier, dem die Sprache fehlt, müssen diese Verhältnisse einfacher liegen.

Die Eindrücke der frühen Traumen, von denen wir ausgegangen sind, werden entweder nicht ins Vorbewußte übersetzt oder bald durch die Verdrängung in den Eszustand zurückversetzt. Ihre Erinnerungsreste sind dann unbewußt und wirken vom Es aus. Wir glauben ihr weiteres Schicksal gut verfolgen zu können, solange es sich bei ihnen um Selbsterlebtes handelt. Eine neue Komplikation tritt aber hinzu, wenn wir auf die Wahrscheinlichkeit aufmerksam werden, daß im psychischen Leben des Individuums nicht nur selbsterlebte, sondern auch bei der Geburt mitgebrachte Inhalte wirksam sein mögen, Stücke von phylogenetischer Herkunft, eine archaische

Erbschaft. Es entstehen dann die Fragen, worin besteht diese, was enthält sie, was sind ihre Beweise? Die nächste und sicherste Antwort lautet, sie besteht in bestimmten Dispositionen, wie sie allen Lebewesen eigen sind. Also in der Fähigkeit und Neigung, bestimmte Entwicklungsrichtungen einzuschlagen und auf gewisse Erregungen, Eindrücke und Reize in einer besonderen Weise zu reagieren. Da die Erfahrung zeigt, daß sich bei den Einzelwesen der Menschenart in dieser Hinsicht Differenzen ergeben, so schließt die archaische Erbschaft diese Differenzen ein, sie stellen dar, was man als das konstitutionelle Moment im Einzelnen anerkennt. Da nun alle Menschen wenigstens in ihrer Frühzeit ungefähr das Nämliche erleben, reagieren sie darauf auch in gleichartiger Weise, und es konnte der Zweifel entstehen, ob man nicht diese Reaktionen mitsamt ihren individuellen Differenzen der archaischen Erbschaft zurechnen soll. Der Zweifel ist abzuweisen; durch die Tatsache dieser Gleichartigkeit wird unsere Kenntnis von der archaischen Erbschaft nicht bereichert.

Indes hat die analytische Forschung einzelne Ergebnisse gebracht, die uns zu denken geben. Da ist zunächst die Allgemeinheit der Sprachsymbolik. Die symbolische Vertretung eines Gegenstands durch einen anderen — dasselbe ist bei Verrichtungen der Fall — ist all unseren Kindern geläufig und wie selbstverständlich. Wir können ihnen nicht nachweisen, wie sie es erlernt haben, und müssen in vielen Fällen zugestehen, daß ein Erlernen unmöglich ist. Es handelt sich um ein ursprüngliches Wissen, das der Erwachsene später vergessen hat. Er verwendet die nämlichen Symbole zwar in seinen Träumen, aber er versteht sie nicht, wenn der Analytiker sie ihm nicht deutet, und auch dann schenkt er der Übersetzung ungern Glauben. Wenn er sich einer der so häufigen Redensarten bedient hat, in denen sich diese Symbolik fixiert findet, so muß er zugestehen, daß ihm deren eigentlicher Sinn völlig entgangen ist. Die Symbolik setzt sich auch über die Verschiedenheiten der Sprachen hinweg; Untersuchungen würden wahrscheinlich ergeben, daß sie ubiquitär ist, bei allen Völkern die nämliche. Hier scheint also ein gesicherter Fall von archaischer Erbschaft aus der Zeit der Sprachentwicklung vorzuliegen, aber man könnte immer noch eine andere Erklärung versuchen. Man könnte sagen, es handle sich um Denkbeziehungen zwischen Vorstellungen, die sich während der historischen Sprachentwicklung hergestellt hatten und die nun jedesmal wiederholt werden müssen, wo eine Sprachentwicklung individuell durchgemacht wird. Es wäre dann ein Fall von Vererbung einer Denkdisposition wie sonst einer Triebdisposition und wiederum kein neuer Beitrag zu unserem Problem.

Die analytische Arbeit hat aber auch anderes zu Tage gefördert, was in seiner Tragweite über das Bisherige hinausreicht. Wenn wir die Reaktionen auf die frühen Traumen studieren, sind wir oft genug überrascht zu finden, daß sie sich nicht strenge an das wirklich selbst Erlebte halten, sondern sich in einer Weise von ihm entfernen, die weit besser zum Vorbild eines phylogenetischen Ereignisses paßt und ganz allgemein nur durch dessen Einfluß erklärt werden kann. Das Verhalten des neurotischen Kindes zu seinen Eltern im Ödipus- und Kastrationskomplex ist überreich an solchen Reaktionen, die individuell ungerechtfertigt erscheinen und erst phylogenetisch, durch die Beziehung auf das Erleben früherer Geschlechter, begreiflich werden. Es wäre durchaus der Mühe wert, dies Material, auf das ich mich hier berufen kann, der Öffentlichkeit gesammelt vorzulegen. Seine Beweiskraft erscheint mir stark genug, um den weiteren Schritt zu wagen und die Behauptung aufzustellen, daß die archaische Erbschaft des Menschen nicht nur Dispositionen, sondern auch Inhalte umfaßt, Erinnerungsspuren an das Erleben früherer Generationen. Damit wären Umfang wie Bedeutung der archaischen Erbschaft in bedeutungsvoller Weise gesteigert.

Bei näherer Besinnung müssen wir uns eingestehen, daß wir uns seit langem so benommen haben, als stände die Vererbung von Erinnerungsspuren an das von Voreltern Erlebte, unabhängig von direkter Mitteilung und von dem Einfluß der Erziehung durch Beispiel, nicht in Frage. Wenn wir von dem Fortbestand einer alten

Tradition in einem Volk, von der Bildung eines Volkscharakters sprechen, hatten wir meist eine solche ererbte Tradition und nicht eine durch Mitteilung fortgepflanzte im Sinne. Oder wir haben wenigstens zwischen den beiden nicht unterschieden und uns nicht klar gemacht, welche Kühnheit wir durch solche Vernachlässigung begehen. Unsere Sachlage wird allerdings durch die gegenwärtige Einstellung der biologischen Wissenschaft erschwert, die von der Vererbung erworbener Eigenschaften auf die Nachkommen nichts wissen will. Aber wir gestehen in aller Bescheidenheit, daß wir trotzdem diesen Faktor in der biologischen Entwicklung nicht entbehren können. Es handelt sich zwar in beiden Fällen nicht um das Gleiche, dort um erworbene Eigenschaften, die schwer zu fassen sind, hier um Erinnerungsspuren an äußere Eindrücke, gleichsam Greifbares. Aber es wird wohl sein, daß wir uns im Grunde das eine nicht ohne das andere vorstellen können. Wenn wir den Fortbestand solcher Erinnerungsspuren in der archaischen Erbschaft annehmen, haben wir die Kluft zwischen Individual- und Massenpsychologie überbrückt, können die Völker behandeln wie den einzelnen Neurotiker. Zugegeben, daß wir für die Erinnerungsspuren in der archaischen Erbschaft derzeit keinen stärkeren Beweis haben als jene Resterscheinungen der analytischen Arbeit, die eine Ableitung aus der Phylogenese erfordern, so erscheint uns dieser Beweis doch stark genug, um einen solchen Sachverhalt zu postulieren. Wenn es anders ist, kommen wir weder in der Analyse noch in der Massenpsychologie auf dem eingeschlagenen Weg einen Schritt weiter. Es ist eine unvermeidliche Kühnheit.

Wir tun damit auch noch etwas anderes. Wir verringern die Kluft, die frühere Zeiten menschlicher Überhebung allzuweit zwischen Mensch und Tier aufgerissen haben. Wenn die sogenannten Instinkte der Tiere, die ihnen gestatten, sich von Anfang an in der neuen Lebenssituation so zu benehmen, als wäre sie eine alte, längst vertraute, wenn dies Instinktleben der Tiere überhaupt eine Erklärung zuläßt, so kann es nur die sein, daß sie die Erfahrungen ihrer Art in die neue eigene Existenz mitbringen, also Erinnerungen an das von ihren Voreltern Erlebte in sich bewahrt haben. Beim Menschentier wäre es im Grunde auch nicht anders. Den Instinkten der Tiere entspricht seine eigene archaische Erbschaft, sei sie auch von anderem Umfang und Inhalt.

Nach diesen Erörterungen trage ich kein Bedenken auszusprechen, die Menschen haben es — in jener besonderen Weise — immer gewußt, daß sie einmal einen Urvater besessen und erschlagen haben.

Zwei weitere Fragen sind hier zu beantworten. Erstens, unter welchen Bedingungen tritt eine solche Erinnerung in die archaische Erbschaft ein; zweitens, unter welchen Umständen kann sie aktiv werden, d.h. aus ihrem unbewußten Zustand im Es zum Bewußtsein, wenn auch verändert und entstellt, vordringen? Die Antwort auf die erste Frage ist leicht zu formulieren: Wenn das Ereignis wichtig genug war oder sich oft genug wiederholt hat oder beides. Für den Fall der Vatertötung sind beide Bedingungen erfüllt. Zur zweiten Frage ist zu bemerken: Es mögen eine ganze Anzahl von Einflüssen in Betracht kommen, die nicht alle bekannt zu sein brauchen, auch ist ein spontaner Ablauf denkbar in Analogie zum Vorgang bei manchen Neurosen. Sicherlich ist aber von entscheidender Bedeutung die Erweckung der vergessenen Erinnerungsspur durch eine rezente reale Wiederholung des Ereignisses. Eine solche Wiederholung war der Mord an Moses; später der vermeintliche Justizmord an Christus, so daß diese Begebenheiten in den Vordergrund der Verursachung rücken. Es ist, als ob die Genese des Monotheismus diese Vorfälle nicht hätte entbehren können. Man wird an den Ausspruch des Dichters erinnert: „Was unsterblich im Gesang soll leben, muß im Leben untergehen."[1]

Zum Schluß eine Bemerkung, die ein psychologisches Argument beibringt. Eine Tradition, die nur auf Mitteilung gegründet wäre, könnte nicht den Zwangscharakter erzeugen, der den religiösen Phänomenen zukommt. Sie würde angehört, beurteilt, eventuell abgewiesen werden wie jede andere Nachricht von außen, erreichte nie

---

1) Schiller, Die Götter Griechenlands.

das Privileg der Befreiung vom Zwang des logischen Denkens. Sie muß erst das Schicksal der Verdrängung, den Zustand des Verweilens im Unbewußten durchgemacht haben, ehe sie bei ihrer Wiederkehr so mächtige Wirkungen entfalten, die Massen in ihren Bann zwingen kann, wie wir es an der religiösen Tradition mit Erstaunen und bisher ohne Verständnis gesehen haben. Und diese Überlegung fällt schwer ins Gewicht, um uns glauben zu machen, daß die Dinge wirklich so vorgefallen sind, wie wir zu schildern bemüht waren, oder wenigstens so ähnlich.

ZWEITER TEIL

ZUSAMMENFASSUNG UND WIEDERHOLUNG

Der nun folgende Teil dieser Studie kann nicht ohne weitläufige Erklärungen und Entschuldigungen in die Öffentlichkeit geschickt werden. Er ist nämlich nichts anderes als eine getreue, oft wörtliche Wiederholung des ersten Teils, verkürzt in manchen kritischen Untersuchungen und vermehrt um Zusätze, die sich auf das Problem, wie entstand der besondere Charakter des jüdischen Volkes, beziehen. Ich weiß, daß eine solche Art der Darstellung ebenso unzweckmäßig wie unkünstlerisch ist. Ich mißbillige sie selbst uneingeschränkt.

Warum habe ich sie nicht vermieden? Die Antwort darauf ist für mich nicht schwer zu finden, aber nicht leicht einzugestehen. Ich war nicht imstande, die Spuren der immerhin ungewöhnlichen Entstehungsgeschichte dieser Arbeit zu verwischen.

In Wirklichkeit ist sie zweimal geschrieben worden. Zuerst vor einigen Jahren in Wien, wo ich nicht an die Möglichkeit glaubte, sie veröffentlichen zu können. Ich beschloß, sie liegen zu lassen, aber sie quälte mich wie ein unerlöster Geist, und ich fand den Ausweg, zwei Stücke von ihr selbständig zu machen und in unserer Zeitschrift „Imago" zu publizieren, den psychoanalytischen Auftakt des Ganzen („Moses ein Ägypter") und die darauf gebaute historische Konstruktion („Wenn Moses ein Ägypter war . . ."). Den Rest, der das eigentlich Anstößige und Gefährliche enthielt, die Anwendung auf die Genese des Monotheismus und die Auffassung der Religion überhaupt, hielt ich zurück, wie ich meinte, für immer. Da kam im März 1938 die unerwartete deutsche Invasion, zwang mich, die Heimat zu verlassen, befreite mich aber auch von der Sorge, durch meine Veröffentlichung ein Verbot der Psychoanalyse dort heraufzubeschwören, wo sie noch geduldet war. Kaum in England eingetroffen, fand ich die Versuchung unwiderstehlich, meine verhaltene Weisheit der Welt zugänglich zu machen, und begann, das dritte Stück der Studie im Anschluß an die beiden bereits erschienenen umzuarbeiten. Damit war natürlich eine teilweise Umordnung des Materials verbunden. Nun gelang es mir nicht, den ganzen Stoff in dieser zweiten Bearbeitung unterzubringen; anderseits konnte ich mich nicht entschließen, auf die früheren ganz zu verzichten, und so kam die Auskunft zustande, daß ich ein ganzes Stück der ersten Darstellung unverändert an die zweite anschloß, womit eben der Nachteil einer weitgehenden Wiederholung verbunden war.

Nun könnte ich mich mit der Erwägung trösten, die Dinge, die ich behandle, seien immerhin so neu und so bedeutsam, abgesehen davon, wie weit meine Darstellung derselben richtig ist, daß es kein Unglück sein kann, wenn das Publikum veranlaßt wird, darüber zweimal das Nämliche zu lesen. Es gibt Dinge, die mehr als einmal gesagt werden sollen und die nicht oft genug gesagt werden können. Aber es muß der freie Entschluß des Lesers dabei sein, bei dem Gegenstand zu verweilen oder auf ihn zurückzukommen. Es darf nicht in der Art erschlichen werden, daß man ihm in demselben Buch das Gleiche zweimal vorsetzt. Das bleibt eine Ungeschicklichkeit, für die man den Tadel auf sich nehmen muß. Die Schöpferkraft eines Autors folgt leider nicht immer seinem Willen; das Werk gerät, wie es kann, und stellt sich dem Verfasser oft wie unabhängig, ja wie fremd, gegenüber.

a) *Das Volk Israel*

Wenn man sich klar darüber ist, daß ein Verfahren wie das unsrige, vom überlieferten Stoff anzunehmen, was uns brauchbar scheint, zu verwerfen, was uns nicht taugt, und die einzelnen Stücke nach der psychologischen Wahrscheinlichkeit zusammenzusetzen, — daß eine solche Technik keine Sicherheit gibt, die Wahrheit zu finden, dann fragt man mit Recht, wozu man eine solche Arbeit überhaupt unternimmt. Die Antwort beruft sich auf ihr Ergebnis. Wenn man die Strenge der Anforderungen an eine historisch-psychologische Untersuchung weit mildert, wird es vielleicht möglich sein, Probleme zu klären, die immer der Aufmerksamkeit würdig schienen und die infolge rezenter Ereignisse sich von neuem dem Beobachter aufdrängen. Man weiß, von allen Völkern, die im Altertum um das Becken des Mittelmeers gewohnt haben, ist das jüdische Volk nahezu das einzige, das heute dem Namen und wohl auch der Substanz nach noch besteht. Mit beispielloser Widerstandsfähigkeit hat es Unglücksfällen und Mißhandlungen getrotzt, besondere Charakterzüge entwickelt und sich nebstbei die herzliche Abneigung aller anderen Völker erworben. Woher diese Lebensfähigkeit der Juden kommt und wie ihr Charakter mit ihren Schicksalen zusammenhängt, davon möchte man gerne mehr verstehen.

Man darf von einem Charakterzug der Juden ausgehen, der ihr Verhältnis zu den anderen beherrscht. Es ist kein Zweifel daran, sie haben eine besonders hohe Meinung von sich, halten sich für vornehmer, höher stehend, den anderen überlegen, von denen sie auch durch viele ihrer Sitten geschieden sind.[1] Dabei beseelt sie eine besondere Zuversicht im Leben, wie sie durch den geheimen Besitz eines kostbaren Gutes verliehen wird, eine Art von Optimismus; Fromme würden es Gottvertrauen nennen.

Wir kennen den Grund dieses Verhaltens und wissen, was ihr geheimer Schatz ist. Sie halten sich wirklich für das von Gott auserwählte Volk, glauben ihm besonders nahe zu stehen, und dies macht sie stolz und zuversichtlich. Nach guten Nachrichten benahmen sie

---

[1] Die in alten Zeiten so häufige Schmähung, die Juden seien „Aussätzige" (s. Manetho), hat wohl den Sinn einer Projektion: „Sie halten sich von uns so fern, als ob wir Aussätzige wären."

sich schon in hellenistischen Zeiten so wie heute, der Jude war also damals schon fertig, und die Griechen, unter denen und neben denen sie lebten, reagierten auf die jüdische Eigenart in der nämlichen Weise wie die heutigen „Wirtsvölker". Man könnte meinen, sie reagierten, als ob auch sie an den Vorzug glaubten, den das Volk Israel für sich in Anspruch nahm. Wenn man der erklärte Liebling des gefürchteten Vaters ist, braucht man sich über die Eifersucht der Geschwister nicht zu verwundern, und wozu diese Eifersucht führen kann, zeigt sehr schön die jüdische Sage von Josef und seinen Brüdern. Der Verlauf der Weltgeschichte schien dann die jüdische Anmassung zu rechtfertigen, denn als es später Gott gefiel, der Menschheit einen Messias und Erlöser zu senden, wählte er ihn wiederum aus dem Volke der Juden. Die anderen Völker hätten damals Anlaß gehabt, sich zu sagen: Wirklich, sie haben recht gehabt, sie sind das von Gott auserwählte Volk. Aber es geschah anstatt dessen, daß ihnen die Erlösung durch Jesus Christus nur eine Verstärkung ihres Judenhasses brachte, während die Juden selbst aus dieser zweiten Bevorzugung keinen Vorteil zogen, da sie den Erlöser nicht anerkannten.

Auf Grund unserer früheren Erörterungen dürfen wir nun behaupten, daß es der Mann Moses war, der dem jüdischen Volk diesen für alle Zukunft bedeutsamen Zug aufgeprägt hat. Er hob ihr Selbstgefühl durch die Versicherung, daß sie Gottes auserwähltes Volk seien, er legte ihnen die Heiligung auf und verpflichtete sie zur Absonderung von den anderen. Nicht etwa, daß es den anderen Völkern an Selbstgefühl gemangelt hätte. Genau wie heute hielt sich auch damals jede Nation für besser als jede andere. Aber das Selbstgefühl der Juden erfuhr durch Moses eine religiöse Verankerung, es wurde ein Teil ihres religiösen Glaubens. Durch ihre besonders innige Beziehung zu ihrem Gott erwarben sie einen Anteil an seiner Großartigkeit. Und da wir wissen, daß hinter dem Gott, der die Juden ausgewählt und aus Ägypten befreit hat, die Person Moses' steht, die grade das, vorgeblich in seinem Auftrag, getan hatte, getrauen wir uns zu sagen: Es war der eine Mann Moses, der die Juden geschaffen hat. Ihm dankt dieses Volk seine Zählebigkeit, aber auch viel von der Feindseligkeit, die es erfahren hat und noch erfährt.

b) *Der große Mann*

Wie ist es möglich, daß ein einzelner Mensch eine so außerordentliche Wirksamkeit entfaltet, daß er aus indifferenten Individuen und Familien ein Volk formt, ihm seinen endgültigen Charakter prägt und sein Schicksal für Jahrtausende bestimmt? Ist eine solche Annahme nicht ein Rückschritt auf die Denkungsart, die die Schöpfermythen und Heldenverehrung entstehen ließ, auf Zeiten, in denen die Geschichtsschreibung sich in der Berichterstattung der Taten und Schicksale einzelner Personen, Herrscher oder Eroberer erschöpfte? Die Neigung der Neuzeit geht vielmehr dahin, die Vorgänge der Menschheitsgeschichte auf versteckte, allgemeine und unpersönliche Momente zurückzuführen, auf den zwingenden Einfluß ökonomischer Verhältnisse, den Wechsel in der Ernährungsweise, die Fortschritte im Gebrauch von Materialien und Werkzeugen, auf Wanderungen, die durch Volksvermehrung und Veränderungen des Klimas veranlaßt werden. Den Einzelpersonen fällt dabei keine andere Rolle zu als die von Exponenten oder Repräsentanten von Massenstrebungen, welche notwendigerweise ihren Ausdruck finden mußten und ihn mehr zufälligerweise in jenen Personen fanden.

Das sind durchaus berechtigte Gesichtspunkte, aber sie geben uns Anlaß, an eine bedeutsame Unstimmigkeit zwischen der Einstellung unseres Denkorgans und der Einrichtung der Welt zu mahnen, die mittels unseres Denkens erfaßt werden soll. Unserem allerdings gebieterischen Kausalbedürfnis genügt es, wenn jeder Vorgang *eine* nachweisbare Ursache hat. In der Wirklichkeit außerhalb uns ist das aber kaum so der Fall; vielmehr scheint jedes Ereignis überdeterminiert zu sein, stellt sich als die Wirkung mehrerer konvergierender Ursachen heraus. Durch die unübersehbare Komplikation des Geschehens geschreckt, ergreift unsere Forschung Partei für den einen Zusammenhang gegen einen anderen, stellt Gegensätze auf, die nicht bestehen, nur durch die Zerreißung von umfassenderen Beziehungen entstanden sind.[1] Wenn uns also die Untersuchung eines bestimmten Falles den überragenden Einfluß einer einzelnen Persönlichkeit beweist, so braucht uns unser Gewissen nicht vorzuwerfen, daß wir mit dieser Annahme der Lehre von der Bedeutung jener allgemeinen, unpersönlichen Faktoren ins Gesicht geschlagen haben. Es ist grundsätzlich Raum für beides. Bei der Genese des Monotheismus können wir allerdings auf kein anderes äußeres Moment hinweisen als auf das bereits erwähnte, daß diese Entwicklung mit der Herstellung intimerer Beziehungen zwischen verschiedenen Nationen und dem Aufbau eines großes Reiches verknüpft ist.

Wir wahren also dem „großen Mann" seine Stelle in der Kette oder vielmehr im Netzwerk der Verursachungen. Aber vielleicht wird es nicht ganz zwecklos sein zu fragen, unter welchen Bedingungen wir diesen Ehrennamen vergeben. Wir sind überrascht zu finden, daß es nicht ganz leicht ist, diese Frage zu beantworten. Eine erste Formulierung: wenn ein Mensch die Eigenschaften, die wir hochschätzen, in besonders hohem Maß besitzt, ist offenbar nach allen Richtungen unzutreffend. Schönheit z.B. und Muskelstärke, so beneidet sie auch sein mögen, geben keinen Anspruch auf „Größe". Es müßten also geistige Qualitäten sein, psychische und intellektuelle Vorzüge. Bei letzteren kommt uns das Bedenken, daß wir einen Menschen, der ein außerordentlicher Könner auf einem bestimmten Gebiet ist, darum doch nicht ohne weiteres einen großen Mann heißen würden. Gewiß nicht einen Meister des Schachspiels oder einen Virtuosen auf einem Musikinstrument, aber auch nicht leicht einen ausgezeichneten Künstler oder Forscher. Es entspricht uns, in solchem Falle zu sagen,

---

1) Ich protestiere aber gegen das Mißverständnis, als wollte ich sagen, die Welt sei so kompliziert, daß jede Behauptung, die man aufstellt, irgendwo ein Stück der Wahrheit treffen muß. Nein, unser Denken hat sich die Freiheit bewahrt, Abhängigkeiten und Zusammenhänge aufzufinden, denen nichts in der Wirklichkeit entspricht, und schätzt diese Gabe offenbar sehr hoch, da es innerhalb wie außerhalb der Wissenschaft so reichlichen Gebrauch von ihr macht.

er sei ein großer Dichter, Maler, Mathematiker oder Physiker, ein Bahnbrecher auf dem Feld dieser oder jener Tätigkeit, aber wir halten mit der Anerkennung, er sei ein großer Mann, zurück. Wenn wir z.B. Goethe, Leonardo da Vinci, Beethoven unbedenklich für große Männer erklären, so muß uns noch etwas anderes bewegen als die Bewunderung ihrer großartigen Schöpfungen. Wären nicht grade solche Beispiele im Wege, so würde man wahrscheinlich auf die Idee kommen, der Name „ein großer Mann" sei vorzugsweise für Männer der Tat reserviert, also Eroberer, Feldherrn, Herrscher, und anerkenne die Größe ihrer Leistung, die Stärke der Wirkung, die von ihnen ausging. Aber auch dies ist unbefriedigend und wird voll widerlegt durch unsere Verurteilung so vieler nichtswürdiger Personen, denen man doch die Wirkung auf Mit- und Nachwelt nicht bestreiten kann. Auch den Erfolg wird man nicht zum Kennzeichen der Größe wählen dürfen, wenn man an die Überzahl von großen Männern denkt, die, anstatt Erfolg zu haben, im Unglück zu Grunde gegangen sind.

So wird man vorläufig der Entscheidung geneigt, es verlohne sich nicht, nach einem eindeutig bestimmten Inhalt des Begriffs „großer Mann" zu suchen. Es sei nur eine locker gebrauchte und ziemlich willkürlich vergebene Anerkennung der überdimensionalen Entwicklung gewisser menschlicher Eigenschaften in ziemlicher Annäherung an den ursprünglichen Wortsinn der „Größe". Auch dürfen wir uns besinnen, daß uns nicht so sehr das Wesen des großen Mannes interessiert als die Frage, wodurch er auf seine Nebenmenschen wirkt. Wir werden aber diese Untersuchung möglichst abkürzen, weil sie uns weit von unserem Ziel abzuführen droht.

Lassen wir es also gelten, daß der große Mann seine Mitmenschen auf zwei Wegen beeinflußt, durch seine Persönlichkeit und durch die Idee, für die er sich einsetzt. Diese Idee mag ein altes Wunschgebilde der Massen betonen oder ihnen ein neues Wunschziel zeigen oder in noch anderer Weise die Masse in ihren Bann ziehen. Mitunter — und das ist gewiß der ursprünglichere Fall — wirkt die Persönlichkeit allein und die Idee spielt eine recht geringfügige Rolle. Warum der große Mann überhaupt zu einer Bedeutung kommen sollte, das ist uns keinen Augenblick unklar. Wir wissen, es besteht bei der Masse der Menschen ein starkes Bedürfnis nach einer Autorität, die man bewundern kann, der man sich beugt, von der man beherrscht, eventuell sogar mißhandelt wird. Aus der Psychologie des Einzelmenschen haben wir erfahren, woher dies Bedürfnis der Masse stammt. Es ist die Sehnsucht nach dem Vater, die jedem von seiner Kindheit her innewohnt, nach demselben Vater, den überwunden zu haben der Held der Sage sich rühmt. Und nun mag uns die Erkenntnis dämmern, daß alle Züge, mit denen wir den großen Mann ausstatten, Vaterzüge sind, daß in dieser Übereinstimmung das von uns vergeblich gesuchte Wesen des großen Mannes besteht. Die Entschiedenheit der Gedanken, die Stärke des Willens, die Wucht der Taten gehören dem Vaterbilde zu, vor allem aber die Selbständigkeit und Unabhängigkeit des großen Mannes, seine göttliche Unbekümmertheit, die sich zur Rücksichtslosigkeit steigern darf. Man muß ihn bewundern, darf ihm vertrauen, aber man kann nicht umhin, ihn auch zu fürchten. Wir hätten uns vom Wortlaut leiten lassen sollen; wer anders als der Vater soll denn in der Kindheit der „große Mann" gewesen sein!

Unzweifelhaft war es ein gewaltiges Vatervorbild, das sich in der Person des Moses zu den armen jüdischen Fronarbeitern herabließ, um ihnen zu versichern, daß sie seine lieben Kinder seien. Und nicht minder überwältigend muß die Vorstellung eines einzigen, ewigen, allmächtigen Gottes auf sie gewirkt haben, dem sie nicht zu gering waren, um einen Bund mit ihnen zu schließen, und der für sie zu sorgen versprach, wenn sie seiner Verehrung treu blieben. Wahrscheinlich wurde es ihnen nicht leicht, das Bild des Mannes Moses von dem seines Gottes zu scheiden, und sie ahnten recht darin, denn Moses mag Züge seiner eigenen Person in den Charakter seines Gottes eingetragen haben wie die Zornmütigkeit und Unerbittlichkeit. Und wenn sie dann einmal diesen ihren großen Mann erschlugen, so wiederholten sie nur eine Untat, die sich in Urzeiten als Gesetz gegen den göttlichen König gerichtet hatte und die, wie wir wissen, auf ein noch älteres Vorbild zurückging.¹

Ist uns so auf der einen Seite die Gestalt des großen Mannes ins Göttliche gewachsen, so ist es anderseits Zeit, sich zu besinnen, daß auch der Vater einmal ein Kind gewesen war. Die große religiöse Idee, die der Mann Moses vertrat, war nach unseren Ausführungen nicht sein Eigentum; er hatte sie von seinem König Ikhnaton übernommen. Und dieser, dessen Größe als Religionsstifter unzweideutig bezeugt ist, folgte vielleicht Anregungen, die durch Vermittlung seiner Mutter oder auf anderen Wegen — aus dem näheren oder ferneren Asien — zu ihm gelangt waren.

Weiter können wir die Verkettung nicht verfolgen, aber wenn diese ersten Stücke richtig erkannt sind, dann ist die monotheistische Idee Boomerang-artig in das Land ihrer Herkunft zurückgekommen. Es erscheint so unfruchtbar, das Verdienst eines Einzelnen um eine neue Idee feststellen zu wollen. Viele haben offenbar an ihrer Entwicklung mitgetan und Beiträge zu ihr geleistet. Anderseits wäre es offenkundiges Unrecht, die Kette der Verursachung bei Moses abzubrechen und zu vernachlässigen, was seine Nachfolger und Fortsetzer, die jüdischen Propheten, geleistet haben. Die Saat des Monotheismus war in Ägypten nicht aufgegangen. Dasselbe hätte in Israel geschehen können, nachdem das Volk die beschwerliche und anspruchsvolle Religion abgeschüttelt hatte. Aber aus dem jüdischen Volk erhoben sich immer wieder Männer, die die verblassende Tradition auffrischten, die Mahnungen und Anforderungen Moses' erneuerten und nicht rasteten, ehe das Verlorene wiederhergestellt war. In der stetigen Bemühung von Jahrhunderten und endlich durch zwei große Reformen, die eine vor, die andere nach dem babylonischen Exil, vollzog sich die Verwandlung des Volksgottes Jahve in den Gott, dessen Verehrung Moses den Juden aufgedrängt hatte. Und es ist der Beweis einer besonderen psychischen Eignung in der Masse, die zum jüdischen Volk geworden war, wenn sie so viele Personen hervorbringen konnte,

---

1) Vgl. Frazer, l. c.

die bereit waren, die Beschwerden der Moses-Religion auf sich zu nehmen, für den Lohn des Auserwähltseins und vielleicht noch andere Prämien von ähnlichem Rang.

c) *Der Fortschritt in der Geistigkeit*

Um nachhaltige psychische Wirkungen bei einem Volke zu erzielen, reicht es offenbar nicht hin, ihm zu versichern, es sei von der Gottheit auserlesen. Man muß es ihm auch irgendwie beweisen, wenn es daran glauben und aus dem Glauben Konsequenzen ziehen soll. In der Moses-Religion diente der Auszug aus Ägypten als dieser Beweis; Gott oder Moses in seinem Namen wurde nicht müde, sich auf diese Gunstbezeugung zu berufen. Das Passahfest wurde eingesetzt, um die Erinnerung an dies Ereignis festzuhalten, oder vielmehr ein altbestehendes Fest mit dem Inhalt dieser Erinnerung erfüllt. Aber es war doch nur eine Erinnerung, der Auszug gehörte einer verschwommenen Vergangenheit an. In der Gegenwart waren die Zeichen von Gottes Gunst recht spärlich, die Schicksale des Volkes deuteten eher auf seine Ungnade hin. Primitive Völker pflegten ihre Götter abzusetzen oder selbst zu züchtigen, wenn sie nicht ihre Pflicht erfüllten, ihnen Sieg, Glück und Behagen zu gewähren. Könige sind zu allen Zeiten nicht anders behandelt worden als Götter; eine alte Identität beweist sich darin, die Entstehung aus gemeinsamer Wurzel. Auch moderne Völker pflegen also ihre Könige zu verjagen, wenn der Glanz ihrer Regierung durch Niederlagen mit den dazugehörigen Verlusten an Land und Geld gestört wird. Warum aber das Volk Israel seinem Gott immer nur unterwürfiger anhing, je schlechter es von ihm behandelt wurde, das ist ein Problem, welches wir vorläufig bestehen lassen müssen.

Es mag uns die Anregung geben zu untersuchen, ob die Moses-Religion dem Volke nichts anderes gebracht hatte als die Steigerung des Selbstgefühls durch das Bewußtsein der Auserwähltheit. Und das nächste Moment ist wirklich leicht zu finden. Die Religion brachte den Juden auch eine weit großartigere Gottesvorstellung, oder, wie man nüchterner sagen könnte, die Vorstellung eines großartigeren Gottes. Wer an diesen Gott glaubte, hatte gewissermaßen Anteil an seiner Größe, durfte sich selbst gehoben fühlen. Das ist für einen Ungläubigen nicht ganz selbstverständlich, aber vielleicht erfaßt man es leichter durch den Hinweis auf das Hochgefühl eines Briten in einem fremden durch Aufruhr unsicher gewordenen Land, das dem Angehörigen irgend eines kontinentalen Kleinstaates völlig abgeht. Der Brite rechnet nämlich damit, daß sein *Government* ein Kriegsschiff ausschicken wird, wenn ihm ein Härchen gekrümmt wird, und daß die Aufständischen es sehr wohl wissen, während der Kleinstaat überhaupt kein Kriegsschiff besitzt. Der Stolz auf die Größe des *British Empire* hat also auch eine Wurzel im Bewußtsein der größeren Sicherheit, des Schutzes, den der einzelne Brite genießt. Das mag bei der Vorstellung des großartigen Gottes ähnlich sein, und da man schwerlich beanspruchen wird, Gott in der Verwaltung der Welt zu assistieren, fließt der Stolz auf die Gottesgröße mit dem auf das Auserwähltsein zusammen.

Unter den Vorschriften der Moses-Religion findet sich eine, die bedeutungsvoller ist, als man zunächst erkennt. Es ist das Verbot, sich ein Bild von Gott zu machen, also der Zwang, einen Gott zu verehren, den man nicht sehen kann. Wir vermuten, daß Moses in diesem Punkt die Strenge der Aton-Religion überboten hat; vielleicht wollte er nur konsequent sein, sein Gott hatte dann weder einen Namen noch ein Angesicht, vielleicht war es eine neue Vorkehrung gegen magische Mißbräuche. Aber wenn man dies Verbot annahm, mußte es eine tiefgreifende Wirkung ausüben. Denn es bedeutete eine Zurücksetzung der sinnlichen Wahrnehmung gegen eine abstrakt zu nennende Vorstellung, einen Triumph der Geistigkeit über die Sinnlichkeit, streng genommen einen Triebverzicht mit seinen psychologisch notwendigen Folgen.

Um glaubwürdig zu finden, was auf den ersten Blick nicht einleuchtend scheint, muß man sich an andere Vorgänge gleichen

Charakters in der Entwicklung der menschlichen Kultur erinnern. Der früheste unter ihnen, der wichtigste vielleicht, verschwimmt im Dunkel der Urzeit. Seine erstaunlichen Wirkungen nötigen uns, ihn zu behaupten. Bei unseren Kindern, bei den Neurotikern unter den Erwachsenen wie bei den primitiven Völkern finden wir das seelische Phänomen, das wir als den Glauben an die „Allmacht der Gedanken" bezeichnen. Nach unserem Urteil ist es eine Überschätzung des Einflusses, den unsere seelischen, hier die intellektuellen, Akte auf die Veränderung der Außenwelt üben können. Im Grunde ruht ja alle Magie, die Vorläuferin unserer Technik, auf dieser Voraussetzung. Auch aller Zauber der Worte gehört hieher und die Überzeugung von der Macht, die mit der Kenntnis und dem Aussprechen eines Namens verbunden ist. Wir nehmen an, daß die „Allmacht der Gedanken" der Ausdruck des Stolzes der Menschheit war auf die Entwicklung der Sprache, die eine so außerordentliche Förderung der intellektuellen Tätigkeiten zur Folge hatte. Es eröffnete sich das neue Reich der Geistigkeit, in dem Vorstellungen, Erinnerungen und Schlußprozesse maßgebend wurden, im Gegensatz zur niedrigeren psychischen Tätigkeit, die unmittelbare Wahrnehmungen der Sinnesorgane zum Inhalt hatte. Es war gewiß eine der wichtigsten Etappen auf dem Wege zur Menschwerdung.

Weit greifbarer tritt uns ein anderer Vorgang späterer Zeit entgegen. Unter dem Einfluß äußerer Momente, die wir hier nicht zu verfolgen brauchen, die zum Teil auch nicht genügend bekannt sind, geschah es, daß die matriarchalische Gesellschaftsordnung von der patriarchalischen abgelöst wurde, womit natürlich ein Umsturz der bisherigen Rechtsverhältnisse verbunden war. Man glaubt den Nachklang dieser Revolution noch in der Orestie des Äschylos zu verspüren. Aber diese Wendung von der Mutter zum Vater bezeichnet überdies einen Sieg der Geistigkeit über die Sinnlichkeit, also einen Kulturfortschritt, denn die Mutterschaft ist durch das Zeugnis der Sinne erwiesen, während die Vaterschaft eine Annahme ist, auf einen Schluß und auf eine Voraussetzung aufgebaut. Die Parteinahme, die den Denkvorgang über die sinnliche Wahrnehmung erhebt, bewährt sich als ein folgenschwerer Schritt.

Irgendwann zwischen den beiden vorerwähnten Fällen ereignete sich ein anderer, der am meisten Verwandtschaft zeigt mit dem von uns in der Religionsgeschichte untersuchten. Der Mensch fand sich veranlaßt, überhaupt „geistige" Mächte anzuerkennen, d.h. solche, die mit den Sinnen, speziell mit dem Gesicht, nicht erfaßt werden können, aber doch unzweifelhafte, sogar überstarke Wirkungen äußern. Wenn wir uns dem Zeugnis der Sprache anvertrauen dürften, war es die bewegte Luft, die das Vorbild der Geistigkeit abgab, denn der Geist entlehnt den Namen vom Windhauch (*animus, spiritus,* hebräisch: *ruach,* Hauch). Damit war auch die Entdeckung der Seele gegeben als des geistigen Prinzips im einzelnen Menschen. Die Beobachtung fand die bewegte Luft im Atmen des Menschen wieder, das mit dem Tode aufhört; noch heute haucht der Sterbende seine Seele aus. Nun aber war dem Menschen das Geisterreich eröffnet; er war bereit, die Seele, die er bei sich entdeckt hatte, allem anderen in der Natur zuzutrauen. Die ganze Welt wurde beseelt, und die Wissenschaft, die soviel später kam, hatte genug zu tun, um einen Teil der Welt wieder zu entseelen, ist auch noch heute mit dieser Aufgabe nicht fertig geworden.

Durch das mosaische Verbot wurde Gott auf eine höhere Stufe der Geistigkeit gehoben, der Weg eröffnet für weitere Abänderungen der Gottesvorstellung, von denen noch zu berichten ist. Aber zunächst darf uns eine andere Wirkung desselben beschäftigen. Alle solchen Fortschritte in der Geistigkeit haben den Erfolg, das Selbstgefühl der Person zu steigern, sie stolz zu machen, so daß sie sich anderen überlegen fühlt, die im Banne der Sinnlichkeit verblieben sind. Wir wissen, daß Moses den Juden das Hochgefühl vermittelt hatte, ein auserwähltes Volk zu sein; durch die Entmaterialisierung Gottes kam ein neues, wertvolles Stück zu dem geheimen Schatz des Volkes hinzu. Die Juden behielten die Richtung auf geistige Interessen bei, das politische Unglück der Nation lehrte sie, den einzigen Besitz, der ihnen geblieben war, ihr Schrifttum, seinem Werte nach einzuschätzen. Unmittelbar nach der Zerstörung des Tempels in Jerusalem durch Titus erbat sich Rabbi *Jochanan ben Sakkai* die Erlaubnis, die erste Thoraschule in *Jabne* zu eröffnen. Fortan war es die heilige Schrift und die geistige Bemühung um sie, die das versprengte Volk zusammenhielt.

Soviel ist allgemein bekannt und angenommen. Ich wollte nur einfügen, daß diese charakteristische Entwicklung des jüdischen Wesens durch das Verbot Moses', Gott in sichtbarer Gestalt zu verehren, eingeleitet wurde.

Der Vorrang, der durch etwa 2000 Jahre im Leben des jüdischen Volkes geistigen Bestrebungen eingeräumt war, hat natürlich seine Wirkung getan; er half, die Roheit und die Neigung zur Gewalttat einzudämmen, die sich einzustellen pflegen, wo die Entwicklung der Muskelkraft Volksideal ist. Die Harmonie in der Ausbildung geistiger und körperlicher Tätigkeit, wie das griechische Volk sie erreichte, blieb den Juden versagt. Im Zwiespalt trafen sie wenigstens die Entscheidung für das Höherwertige.

d) *Triebverzicht*

Es ist nicht selbstverständlich und nicht ohne weiteres einzusehen, warum ein Fortschritt in der Geistigkeit, eine Zurücksetzung der Sinnlichkeit, das Selbstbewußtsein einer Person wie eines Volkes erhöhen sollte. Das scheint einen bestimmten Wertmaßstab vorauszusetzen und eine andere Person oder Instanz, die ihn handhabt. Wir wenden uns zur Klärung an einen analogen Fall aus der Psychologie des Individuums, der uns verständlich geworden ist.

Erhebt das Es in einem menschlichen Wesen einen Triebanspruch erotischer oder aggressiver Natur, so ist das Einfachste und Natürlichste, daß das Ich, dem der Denk- und der Muskelapparat zur Verfügung steht, ihn durch eine Aktion befriedigt. Diese Befriedigung des Triebes wird vom Ich als Lust empfunden, wie die Unbefriedigung unzweifelhaft Quelle von Unlust geworden wäre. Nun

kann sich der Fall ereignen, daß das Ich die Triebbefriedigung mit
Rücksicht auf äußere Hindernisse unterläßt, nämlich dann, wenn es
einsieht, daß die betreffende Aktion eine ernste Gefahr für das Ich
hervorrufen würde. Ein solches Abstehen von der Befriedigung, ein
Triebverzicht infolge äußerer Abhaltung, wie wir sagen: im Gehorsam gegen das Realitätsprinzip, ist auf keinen Fall lustvoll. Der
Triebverzicht würde eine anhaltende Unlustspannung zur Folge
haben, wenn es nicht gelänge, die Triebstärke selbst durch Energieverschiebungen herabzusetzen. Der Triebverzicht kann aber auch
aus anderen, wie wir mit Recht sagen, inneren Gründen erzwungen
werden. Im Laufe der individuellen Entwicklung wird ein Anteil der
hemmenden Mächte in der Außenwelt verinnerlicht, es bildet sich
im Ich eine Instanz, die sich beobachtend, kritisierend und verbietend
dem übrigen entgegengestellt. Wir nennen diese neue Instanz das
Über-Ich. Von nun an hat das Ich, ehe es die vom Es geforderten
Triebbefriedigungen ins Werk setzt, nicht nur auf die Gefahren der
Außenwelt, sondern auch auf den Einspruch des Über-Ichs Rücksicht
zu nehmen, und wird umsomehr Anlässe haben, die Triebbefriedigung
zu unterlassen. Während aber der Triebverzicht aus äußeren Gründen nur unlustvoll ist, hat der aus inneren Gründen, aus Gehorsam
gegen das Über-Ich, eine andere ökonomische Wirkung. Er bringt
außer der unvermeidlichen Unlustfolge dem Ich auch einen Lustgewinn, eine Ersatzbefriedigung gleichsam. Das Ich fühlt sich gehoben, es wird stolz auf den Triebverzicht wie auf eine wertvolle
Leistung. Den Mechanismus dieses Lustgewinns glauben wir zu verstehen. Das Über-Ich ist Nachfolger und Vertreter der Eltern (und
Erzieher), die die Handlungen des Individuums in seiner ersten
Lebensperiode beaufsichtigt hatten; es setzt die Funktionen derselben
fast ohne Veränderung fort. Es hält das Ich in dauernder Abhängigkeit, es übt einen ständigen Druck auf dasselbe aus. Das Ich ist ganz
wie in der Kindheit besorgt, die Liebe des Oberherrn aufs Spiel zu
setzen, empfindet seine Anerkennung als Befreiung und Befriedigung,
seine Vorwürfe als Gewissensbisse. Wenn das Ich dem Über-Ich das

Opfer eines Triebverzichts gebracht hat, erwartet es als Belohnung dafür, von ihm mehr geliebt zu werden. Das Bewußtsein, diese Liebe zu verdienen, empfindet es als Stolz. Zur Zeit, da die Autorität noch nicht als Über-Ich verinnerlicht war, konnte die Beziehung zwischen drohendem Liebesverlust und Triebanspruch die nämliche sein. Es gab ein Gefühl von Sicherheit und Befriedigung, wenn man aus Liebe zu den Eltern einen Triebverzicht zustandegebracht hatte. Den eigentümlich narzißtischen Charakter des Stolzes konnte dies gute Gefühl erst annehmen, nachdem die Autorität selbst ein Teil des Ichs geworden war.

Was leistet uns diese Aufklärung der Befriedigung durch Triebverzicht für das Verständnis der Vorgänge, die wir studieren wollen, der Hebung des Selbstbewußtseins bei Fortschritten der Geistigkeit? Anscheinend sehr wenig. Die Verhältnisse liegen ganz anders. Es handelt sich um keinen Triebverzicht und es ist keine zweite Person oder Instanz da, der zuliebe das Opfer gebracht wird. An der zweiten Behauptung wird man bald schwankend werden. Man kann sagen, der große Mann ist eben die Autorität, der zuliebe man die Leistung vollbringt, und da der große Mann selbst dank seiner Ähnlichkeit mit dem Vater wirkt, darf man sich nicht verwundern, wenn ihm in der Massenpsychologie die Rolle des Über-Ichs zufällt. Das würde also auch für den Mann Moses im Verhältnis zum Judenvolk gelten. Im anderen Punkte will sich aber keine richtige Analogie herstellen. Der Fortschritt in der Geistigkeit besteht darin, daß man gegen die direkte Sinneswahrnehmung zu Gunsten der sogenannten höheren intellektuellen Prozesse entscheidet, also der Erinnerungen, Überlegungen, Schlußvorgänge. Daß man z.B. bestimmt, die Vaterschaft ist wichtiger als die Mutterschaft, obwohl sie nicht wie letztere durch das Zeugnis der Sinne erweisbar ist. Darum soll das Kind den Namen des Vaters tragen und nach ihm erben. Oder: unser Gott ist der größte und mächtigste, obwohl er unsichtbar ist wie der Sturmwind und die Seele. Die Abweisung eines sexuellen oder aggressiven Triebanspruches scheint etwas davon ganz Verschiedenes zu sein. Auch ist bei manchen Fortschritten der Geistigkeit, z.B. beim Sieg des Vaterrechts, die Autorität nicht aufzeigbar, die den Maßstab für das abgibt, was als höher geachtet werden soll. Der Vater kann es in diesem Falle nicht sein, denn er wird erst durch den Fortschritt zur Autorität erhoben. Man steht also vor dem Phänomen, daß in der Entwicklung der Menschheit die Sinnlichkeit allmählich von der Geistigkeit überwältigt wird und daß die Menschen sich durch jeden solchen Fortschritt stolz und gehoben fühlen. Man weiß aber nicht zu sagen, warum das so sein sollte. Später ereignet es sich dann noch, daß die Geistigkeit selbst von dem ganz rätselhaften emotionellen Phänomen des Glaubens überwältigt wird. Das ist das berühmte *Credo quia absurdum*, und auch wer dies zustandegebracht hat, sieht es als eine Höchstleistung an. Vielleicht ist das Gemeinsame all dieser psychologischen Situationen etwas anderes. Vielleicht erklärt der Mensch einfach das für das Höhere, was das Schwierigere ist, und sein Stolz ist bloß der durch das Bewußtsein einer überwundenen Schwierigkeit gesteigerte Narzißmus.

Das sind gewiß wenig fruchtbare Erörterungen, und man könnte meinen, sie haben mit unserer Untersuchung, was den Charakter des jüdischen Volkes bestimmt hat, überhaupt nichts zu tun. Das wäre nur ein Vorteil für uns, aber eine gewisse Zugehörigkeit zu unserem Problem verrät sich doch durch eine Tatsache, die uns später noch mehr beschäftigen wird. Die Religion, die mit dem Verbot begonnen hat, sich ein Bild von Gott zu machen, entwickelt sich im Laufe der Jahrhunderte immer mehr zu einer Religion der Triebverzichte. Nicht daß sie sexuelle Abstinenz fordern würde, sie begnügt sich mit einer merklichen Einengung der sexuellen Freiheit. Aber Gott wird der Sexualität völlig entrückt und zum Ideal ethischer Vollkommenheit erhoben. Ethik ist aber Triebeinschränkung. Die Propheten werden nicht müde zu mahnen, daß Gott nichts anderes von seinem Volke verlange als gerechte und tugendhafte Lebensführung, also Enthaltung von allen Triebbefriedigungen, die auch noch von unserer heutigen Moral als lasterhaft verurteilt werden. Und selbst die

Forderung, an ihn zu glauben, scheint gegen den Ernst dieser ethischen Forderungen zurückzutreten. Somit scheint der Triebverzicht eine hervorragende Rolle in der Religion zu spielen, auch wenn er nicht von Anfang an in ihr hervortritt.

Hier ist aber Raum für einen Einspruch, der ein Mißverständnis abwehren soll. Mag es auch scheinen, daß der Triebverzicht und die auf ihn gegründete Ethik nicht zum wesentlichen Inhalt der Religion gehört, so ist er doch genetisch aufs innigste mit ihr verbunden. Der Totemismus, die erste Form einer Religion, die wir erkennen, bringt als unerläßliche Bestände des Systems eine Anzahl von Geboten und Verboten mit sich, die natürlich nichts anderes als Triebverzichte bedeuten, die Verehrung des Totem, die das Verbot einschließt, ihn zu schädigen oder zu töten, die Exogamie, also den Verzicht auf die leidenschaftlich begehrten Mütter und Schwestern in der Horde, das Zugeständnis gleicher Rechte für alle Mitglieder des Brüderbundes, also die Einschränkung der Tendenz zu gewalttätiger Rivalität unter ihnen. In diesen Bestimmungen müssen wir die ersten Anfänge einer sittlichen und sozialen Ordnung erblicken. Es entgeht uns nicht, daß sich hier zwei verschiedene Motivierungen geltend machen. Die beiden ersten Verbote liegen im Sinne des beseitigten Vaters, sie setzen gleichsam seinen Willen fort; das dritte Gebot, das der Gleichberechtigung der Bundesbrüder, sieht vom Willen des Vaters ab, es rechtfertigt sich durch die Berufung auf die Notwendigkeit, die neue Ordnung, die nach der Beseitigung des Vaters entstanden war, für die Dauer zu erhalten. Sonst wäre der Rückfall in den früheren Zustand unvermeidlich geworden. Hier sondern sich die sozialen Gebote von den anderen ab, die, wie wir sagen dürfen, direkt aus religiösen Beziehungen stammen.

In der abgekürzten Entwicklung des menschlichen Einzelwesens wiederholt sich das wesentliche Stück dieses Hergangs. Auch hier ist es die Autorität der Eltern, im wesentlichen die des unumschränkten, mit der Macht zur Strafe drohenden Vaters, die das Kind zu Triebverzichten auffordert, die für dasselbe festsetzt, was ihm erlaubt und was ihm verboten ist. Was beim Kinde „brav" oder „schlimm" heißt, wird später, wenn Gesellschaft und Über-Ich an die Stelle der Eltern getreten sind, „gut" und „böse", tugendhaft oder lasterhaft genannt werden, aber es ist immer noch das nämliche, Triebverzicht durch den Druck der den Vater ersetzenden, ihn fortsetzenden, Autorität.

Diese Einsichten erfahren eine weitere Vertiefung, wenn wir eine Untersuchung des merkwürdigen Begriffs der Heiligkeit unternehmen. Was erscheint uns eigentlich als „heilig" in Hervorhebung von anderem, das wir hochschätzen und als wichtig und bedeutungsvoll anerkennen? Einerseits ist der Zusammenhang des Heiligen mit dem Religiösen unverkennbar, er wird in aufdringlicher Weise betont; alles Religiöse ist heilig, es ist geradezu der Kern der Heiligkeit. Anderseits wird unser Urteil durch die zahlreichen Versuche gestört, den Charakter der Heiligkeit für soviel anderes, Personen, Institutionen, Verrichtungen in Anspruch zu nehmen, die wenig mit Religion zu tun haben. Diese Bemühungen dienen offenkundigen Tendenzen. Wir wollen von dem Verbotcharakter ausgehen, der so fest am Heiligen haftet. Das Heilige ist offenbar etwas, was nicht berührt werden darf. Ein heiliges Verbot ist sehr stark affektiv betont, aber eigentlich ohne rationelle Begründung. Denn warum sollte es z.B. ein so besonders schweres Verbrechen sein, Inzest mit Tochter oder Schwester zu begehen, soviel ärger als jeder andere Sexualverkehr? Fragt man nach einer solchen Begründung, so wird man gewiß hören, daß sich alle unsere Gefühle dagegen sträuben. Aber das heißt nur, daß man das Verbot für selbstverständlich hält, daß man es nicht zu begründen weiß.

Die Nichtigkeit einer solchen Erklärung ist leicht genug zu erweisen. Was angeblich unsere heiligsten Gefühle beleidigt, war in den Herrscherfamilien der alten Ägypter und anderer frühen Völker allgemeine Sitte, man möchte sagen geheiligter Brauch. Es war selbstverständlich, daß der Pharao in seiner Schwester seine erste und vornehmste Frau fand, und die späten Nachfolger der Pharaonen, die griechischen Ptolemäer, zögerten nicht, dies Vorbild nachzuahmen. Soweit drängt sich uns eher die Einsicht auf, daß der Inzest — in diesem Falle zwischen Bruder und Schwester — ein Vorrecht war, das gewöhnlichen Sterblichen entzogen, aber den die Götter vertretenden Königen vorbehalten war, wie ja auch die Welt der griechischen und der germanischen Sage keinen Anstoß an solchen inzestuösen Beziehungen nahm. Man darf vermuten, daß die ängstliche Wahrung der Ebenbürtigkeit in unserem Hochadel noch ein Residuum dieses alten Privilegs ist, und kann feststellen, daß infolge der über so viele Generationen fortgesetzten Inzucht in den höchsten sozialen Schichten Europa heute nur von Mitgliedern einer und einer zweiten Familie regiert wird.

Der Hinweis auf den Inzest bei Göttern, Königen und Heroen hilft auch mit zur Erledigung eines anderen Versuches, der die Inzestscheu biologisch erklären will, sie auf ein dunkles Wissen um die Schädlichkeit der Inzucht zurückführt. Es ist aber nicht einmal sicher, daß eine Gefahr der Schädigung durch die Inzucht besteht, geschweige denn, daß die Primitiven sie erkannt und gegen sie reagiert hätten. Die Unsicherheit in der Bestimmung der erlaubten und der verbotenen Verwandtschaftsgrade spricht ebensowenig für die Annahme eines „natürlichen Gefühls" als Urgrund der Inzestscheu.

Unsere Konstruktion der Vorgeschichte drängt uns eine andere Erklärung auf. Das Gebot der Exogamie, dessen negativer Ausdruck die Inzestscheu ist, lag im Willen des Vaters und setzte diesen Willen nach seiner Beseitigung fort. Daher die Stärke seiner affektiven Betonung und die Unmöglichkeit einer rationellen Begründung, also seine Heiligkeit. Wir erwarten zuversichtlich, daß die Untersuchung aller anderen Fälle von heiligem Verbot zu demselben Ergebnis führen würde wie im Falle der Inzestscheu, daß das Heilige ursprünglich nichts anderes ist als der fortgesetzte Wille des Urvaters. Damit fiele auch ein Licht auf die bisher unverständliche Ambivalenz der Worte, die den Begriff der Heiligkeit ausdrücken. Es ist die Ambivalenz, die das Verhältnis zum Vater überhaupt beherrscht.

„*Sacer*" bedeutet nicht nur „heilig", „geweiht", sondern auch etwas, was wir nur mit „verrucht", „verabscheuenswert" übersetzen können („*auri sacra fames*"). Der Wille des Vaters aber war nicht nur etwas, woran man nicht rühren durfte, was man hoch in Ehren halten mußte, sondern auch etwas, wovor man erschauerte, weil es einen schmerzlichen Triebverzicht erforderte. Wenn wir hören, daß Moses sein Volk „heiligte" durch die Einführung der Sitte der Beschneidung, so verstehen wir jetzt den tiefen Sinn dieser Behauptung. Die Beschneidung ist der symbolische Ersatz der Kastration, die der Urvater einst aus der Fülle seiner Machtvollkommenheit über die Söhne verhängt hatte, und wer dies Symbol annahm, zeigte damit, daß er bereit war, sich dem Willen des Vaters zu unterwerfen, auch wenn er ihm das schmerzlichste Opfer auferlegte.

Um zur Ethik zurückzukehren, dürfen wir abschließend sagen: Ein Teil ihrer Vorschriften rechtfertigt sich auf rationelle Weise durch die Notwendigkeit, die Rechte der Gemeinschaft gegen den Einzelnen, die Rechte des Einzelnen gegen die Gesellschaft und die der Individuen gegen einander abzugrenzen. Was aber an der Ethik uns großartig, geheimnisvoll, in mystischer Weise selbstverständlich erscheint, das dankt diese Charaktere dem Zusammenhang mit der Religion, der Herkunft aus dem Willen des Vaters.

e) *Der Wahrheitsgehalt der Religion*

Wie beneidenswert erscheinen uns, den Armen im Glauben, jene Forscher, die von der Existenz eines höchsten Wesens überzeugt sind! Für diesen großen Geist hat die Welt keine Probleme, weil er selbst alle ihre Einrichtungen geschaffen hat. Wie umfassend, erschöpfend und endgültig sind die Lehren der Gläubigen im Vergleich mit den mühseligen, armseligen und stückhaften Erklärungsversuchen, die das Äußerste sind, was wir zustandebringen! Der göttliche Geist, der selbst das Ideal ethischer Vollkommenheit ist, hat den Menschen die Kenntnis dieses Ideals eingepflanzt und gleichzeitig den Drang, ihr Wesen dem Ideal anzugleichen. Sie verspüren unmittelbar, was höher und edler, und was niedriger und gemeiner ist. Ihr Empfindungsleben ist auf ihre jeweilige Distanz vom Ideal eingestellt. Es bringt ihnen hohe Befriedigung, wenn sie, im Perihel gleichsam, ihm näher kommen, es straft sich durch schwere Unlust, wenn sie, im Aphel, sich von ihm entfernt haben. Das ist alles so einfach und so unerschütterlich festgelegt. Wir können nur bedauern, wenn gewisse Lebenserfahrungen und Weltbeobachtungen es uns unmöglich machen, die Voraussetzung eines solchen höchsten Wesens anzunehmen. Als hätte die Welt der Rätsel nicht genug, wird uns die neue Aufgabe gestellt, zu verstehen, wie jene anderen den Glauben an das göttliche Wesen erwerben konnten und woher dieser Glaube seine ungeheure, „Vernunft und Wissenschaft" überwältigende Macht bezieht.

Kehren wir zu dem bescheideneren Problem zurück, das uns bisher beschäftigt hat. Wir wollten erklären, woher der eigentümliche Charakter des jüdischen Volkes rührt, der wahrscheinlich auch seine Erhaltung bis auf den heutigen Tag ermöglicht hat. Wir fanden, der Mann Moses hat diesen Charakter geprägt, dadurch, daß er ihnen eine Religion gab, welche ihr Selbstgefühl so erhöhte, daß sie sich allen anderen Völkern überlegen glaubten. Sie erhielten sich dann dadurch, daß sie sich von den anderen fern hielten. Blutvermischungen störten dabei wenig, denn was sie zusammenhielt, war ein ideelles Moment, der gemeinsame Besitz bestimmter intellektueller und emotioneller Güter. Die Moses-Religion hatte diese Wirkung, weil sie 1) das Volk Anteil nehmen ließ an der Großartigkeit einer neuen Gottesvorstellung, 2) weil sie behauptete, daß dies Volk von diesem großen Gott auserwählt und für die Beweise seiner besonderen Gunst bestimmt war, 3) weil sie dem Volk einen Fortschritt in der Geistigkeit aufnötigte, der, an sich bedeutungsvoll genug, überdies den Weg zur Hochschätzung der intellektuellen Arbeit und zu weiteren Triebverzichten eröffnete.

Dies ist unser Ergebnis, und obwohl wir nichts davon zurücknehmen mögen, können wir uns doch nicht verhehlen, daß es irgendwie unbefriedigend ist. Die Verursachung deckt sozusagen nicht den

Erfolg, die Tatsache, die wir erklären wollen, scheint von einer anderen Größenordnung als alles, wodurch wir sie erklären. Wäre es möglich, daß alle unsere bisherigen Untersuchungen nicht die ganze Motivierung aufgedeckt haben, sondern nur eine gewissermaßen oberflächliche Schicht, und dahinter noch ein anderes, sehr bedeutsames Moment auf Entdeckung wartet? Bei der außerordentlichen Komplikation aller Verursachung in Leben und Geschichte mußte man auf etwas dergleichen gefaßt sein.

Der Zugang zu dieser tieferen Motivierung ergäbe sich an einer bestimmten Stelle der vorstehenden Erörterungen. Die Religion des Moses hat ihre Wirkungen nicht unmittelbar geübt, sondern in einer merkwürdig indirekten Weise. Das will nicht besagen, sie habe nicht sofort gewirkt, sie habe lange Zeiten, Jahrhunderte gebraucht, um ihre volle Wirkung zu entfalten, denn soviel versteht sich von selbst, wenn es sich um die Ausprägung eines Volkscharakters handelt. Sondern die Einschränkung bezieht sich auf eine Tatsache, die wir der jüdischen Religionsgeschichte entnommen, oder, wenn man will, in sie eingetragen haben. Wir haben gesagt, das jüdische Volk warf die Moses-Religion nach einer gewissen Zeit wieder ab — ob vollständig, ob einige ihrer Vorschriften beibehalten wurden, können wir nicht erraten. Mit der Annahme, daß in den langen Zeiten der Besitzergreifung Kanaans und des Ringens mit den dort wohnenden Völkern die Jahve-Religion sich nicht wesentlich von der Verehrung der anderen Baalim unterschied, stehen wir auf historischem Boden trotz aller Anstrengungen späterer Tendenzen, diesen beschämenden Sachverhalt zu verschleiern. Die Moses-Religion war aber nicht spurlos untergegangen, eine Art von Erinnerung an sie hatte sich erhalten, verdunkelt und entstellt, vielleicht bei einzelnen Mitgliedern der Priesterkaste durch alte Aufzeichnungen gestützt. Und diese Tradition einer großen Vergangenheit war es, die aus dem Hintergrunde gleichsam zu wirken fortfuhr, allmählich immer mehr Macht über die Geister gewann und es endlich erreichte, den Gott Jahve in den Gott Moses' zu verwandeln und die vor langen Jahrhunderten eingesetzte und dann verlassene Religion Moses' wieder zum Leben zu erwecken.

Wir haben in einem früheren Abschnitt dieser Abhandlung erörtert, welche Annahme unabweisbar scheint, wenn wir eine solche Leistung der Tradition begreiflich finden sollen.

f) *Die Wiederkehr des Verdrängten*

Es gibt nun eine Menge ähnlicher Vorgänge unter denen, die uns die analytische Erforschung des Seelenlebens kennen gelehrt hat. Einen Teil derselben heißt man pathologisch, andere rechnet man in die Mannigfaltigkeit der Normalität ein. Aber darauf kommt es wenig an, denn die Grenzen zwischen beiden sind nicht scharf gezogen, die Mechanismen sind im weiten Ausmaß die nämlichen, und es ist weit wichtiger, ob die betreffenden Veränderungen sich am Ich selbst vollziehen oder ob sie sich ihm fremd entgegenstellen, wo sie dann Symptome genannt werden. Aus der Fülle des Materials hebe ich zunächst Fälle hervor, die sich auf Charakterentwicklung beziehen. Das junge Mädchen hat sich in den entschiedensten Gegensatz zu seiner Mutter gebracht, alle Eigenschaften gepflegt, die sie an der Mutter vermißt, und alles vermieden, was an die Mutter erinnert. Wir dürfen ergänzen, daß sie in früheren Jahren wie jedes weibliche Kind eine Identifizierung mit der Mutter vorgenommen hatte und sich nun energisch gegen diese auflehnt. Wenn aber dieses Mädchen heiratet, selbst Frau und Mutter wird, dürfen wir nicht erstaunt sein zu finden, daß sie anfängt, ihrer befeindeten Mutter immer mehr ähnlich zu werden, bis sich schließlich die überwundene Mutteridentifizierung unverkennbar wiederhergestellt hat. Das Gleiche ereignet sich auch bei Knaben, und selbst der große Goethe, der in seiner Geniezeit den steifen und pedantischen Vater gewiß geringgeschätzt hat, entwickelte im Alter Züge, die dem Charakterbild des Vaters angehörten. Auffälliger kann der Erfolg noch werden, wo der Gegensatz zwischen beiden Personen schärfer ist. Ein junger Mann, dem es zum Schicksal wurde, neben einem nichtswürdigen Vater aufzuwachsen, entwickelte sich zunächst, ihm zum Trotz, zu einem tüchtigen, zuverlässigen und ehrenhaften Menschen. Auf der Höhe des Lebens schlug sein Charakter um, und er verhielt sich von nun an so, als ob er sich diesen selben Vater zum Vorbild genommen hätte. Um den Zusammenhang mit unserem Thema nicht zu verlieren, muß man im Sinne behalten, daß zu Anfang eines solchen Ablaufs immer eine frühkindliche Identifizierung mit dem Vater steht. Diese wird dann verstoßen, selbst überkompensiert, und hat sich am Ende wieder durchgesetzt.

Es ist längst Gemeingut geworden, daß die Erlebnisse der ersten fünf Jahre einen bestimmenden Einfluß auf das Leben nehmen, dem sich nichts Späteres widersetzen kann. Über die Art, wie sich diese frühen Eindrücke gegen alle Einwirkungen reiferer Lebenszeiten behaupten, wäre viel Wissenswertes zu sagen, das nicht hierher gehört. Weniger bekannt dürfte aber sein, daß die stärkste zwangsartige Beeinflussung von jenen Eindrücken herrührt, die das Kind zu einer Zeit treffen, da wir seinen psychischen Apparat für noch nicht vollkommen aufnahmefähig halten müssen. An der Tatsache selbst ist nicht zu zweifeln, sie ist so befremdend, daß wir uns ihr Verständnis durch den Vergleich mit einer photographischen Aufnahme erleichtern dürfen, die nach einem beliebigen Aufschub entwickelt und in ein Bild verwandelt werden mag. Immerhin weist man gern darauf hin, daß ein phantasievoller Dichter mit der Poeten gestatteten Kühnheit diese unsere unbequeme Entdeckung vorweggenommen hat. E. T. A. Hoffmann pflegte den Reichtum an Gestalten, die sich ihm für seine Dichtungen zur Verfügung stellten, auf den Wechsel der Bilder und Eindrücke während einer wochenlangen Reise im Postwagen zurückzuführen, die er noch als Säugling an der Mutterbrust erlebt hatte. Was die Kinder im Alter von zwei Jahren erlebt und nicht verstanden haben, brauchen sie außer in Träumen nie zu erinnern. Erst durch eine psychoanalytische Behandlung kann es ihnen bekannt werden, aber es bricht zu irgend einer späteren Zeit mit Zwangsimpulsen in ihr Leben ein, dirigiert ihre Handlungen, drängt ihnen Sympathien und Antipathien auf, entscheidet oft genug über ihre Liebeswahl, die so häufig rationell nicht zu begründen ist. Es ist nicht zu verkennen, in welchen zwei Punkten diese Tatsachen unser Problem berühren. Erstens in der Entlegenheit der Zeit,[1] die hier als das eigentlich maßgebende Moment erkannt wird, z.B. in dem besonderen Zustand der Erinnerung, die wir bei diesen Kindheitserlebnissen als „unbewußt" klassifizieren. Wir erwarten hierin eine Analogie mit dem Zustand zu finden, den wir der Tradition im Seelenleben des Volkes zuschreiben möchten. Freilich war es nicht leicht, die Vorstellung des Unbewußten in die Massenpsychologie einzutragen.

Regelmäßige Beiträge zu den von uns gesuchten Phänomenen bringen die Mechanismen, die zur Neurosenbildung führen. Auch hier fallen die maßgebenden Ereignisse in frühen Kinderzeiten vor, aber der Akzent ruht dabei nicht auf der Zeit, sondern auf dem Vorgang, der dem Ereignis entgegentritt, auf der Reaktion gegen dasselbe. In schematischer Darstellung kann man sagen: Als Folge des Erlebnisses erhebt sich ein Triebanspruch, der nach Befriedigung verlangt. Das Ich verweigert diese Befriedigung, entweder weil es durch die Größe des Anspruchs gelähmt wird oder weil es in ihm eine Gefahr erkennt. Die erstere dieser Begründungen ist die ursprünglichere, beide laufen auf die Vermeidung einer Gefahrsituation hinaus. Das Ich erwehrt sich der Gefahr durch den Prozeß der Verdrängung. Die Triebregung wird irgendwie gehemmt, der Anlaß mit den zugehörigen Wahrnehmungen und Vorstellungen vergessen. Damit ist aber der Prozeß nicht abgeschlossen, der Trieb hat entweder seine Stärke behalten oder er sammelt sie wieder oder er wird durch einen neuen Anlaß wieder geweckt. Er erneuert dann seinen Anspruch, und da ihm der Weg zur normalen Befriedigung durch das, was wir die Verdrängungsnarbe nennen können, verschlossen

---

[1] Auch hierin darf ein Dichter das Wort haben. Um seine Bindung zu erklären, erfindet er: Du warst in abgelebten Zeiten meine Schwester oder meine Frau. (Goethe, Bd. IV der Weimarer Ausgabe, S. 97.)

bleibt, bahnt er sich irgendwo an einer schwachen Stelle einen anderen Weg zu einer sogenannten Ersatzbefriedigung, die nun als Symptom zum Vorschein kommt, ohne die Einwilligung, aber auch ohne das Verständnis des Ichs. Alle Phänomene der Symptombildung können mit gutem Recht als „Wiederkehr des Verdrängten" beschrieben werden. Ihr auszeichnender Charakter ist aber die weitgehende Entstellung, die das Wiederkehrende im Vergleich zum Ursprünglichen erfahren hat. Vielleicht wird man meinen, daß wir uns mit der letzten Gruppe von Tatsachen zu weit von der Ähnlichkeit mit der Tradition entfernt haben. Aber es soll uns nicht gereuen, wenn wir damit in die Nähe der Probleme des Triebverzichts gekommen sind.

g) *Die historische Wahrheit*

Wir haben alle diese psychologischen Exkurse unternommen, um es uns glaubhafter zu machen, daß die Moses-Religion ihre Wirkung auf das jüdische Volk erst als Tradition durchgesetzt hat. Mehr als eine gewisse Wahrscheinlichkeit haben wir wahrscheinlich nicht zustandegebracht. Aber nehmen wir an, es sei uns der volle Nachweis gelungen; es bliebe doch der Eindruck, daß wir bloß dem qualitativen Faktor der Anforderung genügt haben, nicht auch dem quantitativen. Allem, was mit der Entstehung einer Religion, gewiß auch der jüdischen, zu tun hat, hängt etwas Großartiges an, das durch unsere bisherigen Erklärungen nicht gedeckt wird. Es müßte noch ein anderes Moment beteiligt sein, für das es wenig Analoges und nichts Gleichartiges gibt, etwas Einziges und etwas von der gleichen Größenordnung wie das, was daraus geworden ist, wie die Religion selbst.

Versuchen wir, uns dem Gegenstand von der Gegenseite zu nähern. Wir verstehen, daß der Primitive einen Gott braucht als Weltschöpfer, Stammesoberhaupt, persönlichen Fürsorger. Dieser Gott hat seine Stelle hinter den verstorbenen Vätern, von denen die Tradition noch etwas zu sagen weiß. Der Mensch späterer Zeiten, unserer Zeit, benimmt sich in der gleichen Weise. Auch er bleibt infantil und schutzbedürftig selbst als Erwachsener; er meint, er kann den Anhalt an seinem Gott nicht entbehren. Soviel ist unbestritten, aber minder leicht ist es zu verstehen, warum es nur einen einzigen Gott geben darf, warum grade der Fortschritt vom Henotheismus zum Monotheismus die überwältigende Bedeutung erwirbt. Gewiß nimmt, wie wir es ausgeführt haben, der Gläubige Anteil an der Größe seines Gottes, und je größer der Gott, desto zuverlässiger der Schutz, den er spenden kann. Aber die Macht eines Gottes hat nicht seine Einzigkeit zur notwendigen Voraussetzung. Viele Völker sahen nur eine Verherrlichung ihres Obergottes darin, wenn er andere ihm untergebene Gottheiten beherrschte, und nicht eine Verkleinerung seiner Größe, wenn andere außer ihm existierten. Auch bedeutete es ja ein Opfer an Intimität, wenn dieser Gott universell wurde und sich um alle Länder und Völker bekümmerte. Man teilte gleichsam seinen Gott mit den Fremden und mußte sich dafür durch den Vorbehalt, daß man von ihm bevorzugt sei, entschädigen. Man kann auch noch geltend machen, daß die Vorstellung des einzigen Gottes selbst einen Fortschritt in der Geistigkeit bedeute, aber man kann den Punkt so hoch unmöglich schätzen.

Für diese offenkundige Lücke in der Motivierung wissen nun die Frommgläubigen eine zureichende Ausfüllung. Sie sagen, die Idee eines einzigen Gottes hat darum so überwältigend auf die Menschen gewirkt, weil sie ein Stück der ewigen Wahrheit ist, die, lange verhüllt, endlich zum Vorschein kam und dann alle mit sich fortreißen mußte. Wir müssen zugeben, ein Moment dieser Art ist endlich der Größe des Gegenstands wie des Erfolgs angemessen.

Auch wir möchten diese Lösung annehmen. Aber wir stoßen auf ein Bedenken. Das fromme Argument ruht auf einer optimistisch-idealistischen Voraussetzung. Es hat sich sonst nicht feststellen lassen, daß der menschliche Intellekt eine besonders feine Witterung für die Wahrheit besitzt und daß das menschliche Seelenleben eine besondere Geneigtheit zeigt, die Wahrheit anzuerkennen. Wir haben eher im Gegenteil erfahren, daß unser Intellekt sehr leicht ohne alle

Warnung irre geht, und daß nichts leichter von uns geglaubt wird, als was, ohne Rücksicht auf die Wahrheit, unseren Wunschillusionen entgegenkommt. Darum müssen wir unserer Zustimmung eine Einschränkung anfügen. Wir glauben auch, daß die Lösung der Frommen die Wahrheit enthält, aber nicht die **materielle**, sondern die **historische** Wahrheit. Und wir nehmen uns das Recht, eine gewisse Entstellung zu korrigieren, welche diese Wahrheit bei ihrer Wiederkehr erfahren hat. Das heißt, wir glauben nicht, daß es einen einzigen großen Gott heute gibt, sondern daß es in Urzeiten eine einzige Person gegeben hat, die damals übergroß erscheinen mußte und die dann zur Gottheit erhöht in der Erinnerung der Menschen wiedergekehrt ist.

Wir hatten angenommen, daß die Moses-Religion zunächst verworfen und halb vergessen wurde und dann als Tradition zum Durchbruch kam. Wir nehmen jetzt an, daß dieser Vorgang sich damals zum zweiten Mal wiederholte. Als Moses dem Volk die Idee des einzigen Gottes brachte, war sie nichts Neues, sondern sie bedeutete die Wiederbelebung eines Erlebnisses aus den Urzeiten der menschlichen Familie, das dem bewußten Gedächtnis der Menschen längst entschwunden war. Aber es war so wichtig gewesen, hatte so tief einschneidende Veränderungen im Leben der Menschen erzeugt oder angebahnt, daß man nicht umhin kann zu glauben, es habe irgendwelche dauernden Spuren, einer Tradition vergleichbar, in der menschlichen Seele hinterlassen.

Wir haben aus den Psychoanalysen von Einzelpersonen erfahren, daß ihre frühesten Eindrücke, zu einer Zeit aufgenommen, da das Kind noch kaum sprachfähig war, irgend einmal Wirkungen von Zwangscharakter äußern, ohne selbst bewußt erinnert zu werden. Wir halten uns berechtigt, dasselbe von den frühesten Erlebnissen der ganzen Menschheit anzunehmen. Eine dieser Wirkungen wäre das Auftauchen der Idee eines einzigen großen Gottes, die man als zwar entstellte, aber durchaus berechtigte Erinnerung anerkennen muß. Eine solche Idee hat Zwangscharakter, sie muß Glauben finden.

Soweit ihre Entstellung reicht, darf man sie als **Wahn** bezeichnen, insofern sie die Wiederkehr des Vergangenen bringt, muß man sie **Wahrheit** heißen. Auch der psychiatrische Wahn enthält ein Stückchen Wahrheit, und die Überzeugung des Kranken greift von dieser Wahrheit aus auf die wahnhafte Umhüllung über.

Was nun folgt, ist bis zum Ende eine wenig abgeänderte Wiederholung der Ausführungen im ersten Teil.

Im Jahre 1912 habe ich in „Totem und Tabu" versucht, die alte Situation, von der solche Wirkungen ausgingen, zu rekonstruieren. Ich habe mich dabei gewisser theoretischer Gedanken von Ch. **Darwin, Atkinson**, besonders aber von W. **Robertson Smith** bedient und sie mit Funden und Andeutungen aus der Psychoanalyse kombiniert. Von Darwin entlehnte ich die Hypothese, daß die Menschen ursprünglich in kleinen Horden lebten, eine jede unter der Gewaltherrschaft eines älteren Männchens, das sich alle Weibchen aneignete und die jungen Männer, auch seine Söhne, züchtigte oder beseitigte. Von Atkinson in Fortsetzung dieser Schilderung, daß dies patriarchalische System sein Ende fand in einer Empörung der Söhne, die sich gegen den Vater vereinigten, ihn überwältigten und gemeinsam verzehrten. Im Anschluß an die Totemtheorie von Robertson Smith nahm ich an, daß nachher die Vaterhorde dem totemistischen Brüderklan Platz machte. Um mit einander in Frieden leben zu können, verzichteten die siegreichen Brüder auf die Frauen, derentwegen sie doch den Vater erschlagen hatten, und legten sich Exogamie auf. Die väterliche Macht war gebrochen, die Familien nach Mutterrecht eingerichtet. Die ambivalente Gefühlseinstellung der Söhne gegen den Vater blieb über die ganze weitere Entwicklung in Kraft. An Stelle des Vaters wurde ein bestimmtes Tier als Totem eingesetzt; es galt als Ahnherr und Schutzgeist, durfte nicht geschädigt oder getötet werden, aber einmal im Jahr fand sich die ganze Männergemeinschaft zu einem Festmahl zusammen, bei dem das sonst verehrte Totemtier in Stücke gerissen und gemeinsam verzehrt wurde. Niemand durfte sich von diesem Mahle ausschließen, es war die feierliche Wiederholung der Vatertötung, mit der die soziale Ordnung, Sittengesetze und Religion ihren Anfang genommen hatten. Die Übereinstimmung der Robertson Smithschen Totemmahlzeit mit dem christlichen Abendmahl ist manchen Autoren vor mir aufgefallen.

Ich halte an diesem Aufbau noch heute fest. Ich habe wiederholt heftige Vorwürfe zu hören bekommen, daß ich in späteren Auflagen des Buches meine Meinungen nicht abgeändert habe, nachdem doch neuere Ethnologen die Aufstellungen von Robertson Smith einmütig verworfen und zum Teil andere, ganz abweichende Theorien vorgebracht haben. Ich habe zu entgegnen, daß mir diese angeblichen Fortschritte wohl bekannt sind. Aber ich bin weder von der Richtigkeit dieser Neuerungen noch von den Irrtümern Robertson Smiths überzeugt worden. Ein Widerspruch ist noch keine Widerlegung, eine Neuerung nicht notwendig ein Fortschritt. Vor allem aber, ich bin nicht Ethnologe, sondern Psychoanalytiker. Ich hatte das Recht, aus der ethnologischen Literatur herauszugreifen, was ich für die analytische Arbeit brauchen konnte. Die Arbeiten des genialen Robertson Smith haben mir wertvolle Berührungen mit dem psychologischen Material der Analyse, Anknüpfungen für dessen Verwertung gegeben. Mit seinen Gegern traf ich nie zusammen.

h) *Die geschichtliche Entwicklung*

Ich kann den Inhalt von „Totem und Tabu" hier nicht ausführlicher wiederholen, aber ich muß für die Ausfüllung der langen Strecke zwischen jener angenommenen Urzeit und dem Sieg des Monotheismus in historischen Zeiten sorgen. Nachdem das Ensemble von Brüderklan, Mutterrecht, Exogamie und Totemismus eingerichtet war, setzte eine Entwicklung ein, die als langsame „Wiederkehr des Verdrängten" zu beschreiben ist. Den Terminus „das Verdrängte" gebrauchen wir hier im uneigentlichen Sinn. Es handelt sich um etwas Vergangenes, Verschollenes, Überwundenes im Völkerleben, das wir dem Verdrängten im Seelenleben des Einzelnen gleichzustellen wagen. In welcher psychologischen Form dies Vergangene während der Zeit seiner Verdunkelung vorhanden war, wissen wir zunächst nicht zu sagen. Es wird uns nicht leicht, die Begriffe der Einzelpsychologie auf die Psychologie der Massen zu übertragen, und ich glaube nicht, daß wir etwas erreichen, wenn wir den Begriff eines „kollektiven" Unbewußten einführen. Der Inhalt des Unbewußten ist ja überhaupt kollektiv, allgemeiner Besitz der Menschen. Wir behelfen uns also vorläufig mit dem Gebrauch von Analogien. Die Vorgänge, die wir hier im Völkerleben studieren, sind den uns aus der Psychopathologie bekannten sehr ähnlich, aber doch nicht ganz die nämlichen. Wir entschließen uns endlich zur Annahme, daß die psychischen Niederschläge jener Urzeiten Erbgut geworden waren, in jeder neuen Generation nur der Erweckung, nicht der Erwerbung bedürftig. Wir denken hierbei an das Beispiel der sicherlich „mitgeborenen" Symbolik, die aus der Zeit der Sprachentwicklung stammt, allen Kindern vertraut ist, ohne daß sie eine Unterweisung erhalten hätten, und die bei allen Völkern trotz der Verschiedenheit der Sprachen gleich lautet. Was uns etwa noch an Sicherheit fehlt, gewinnen wir aus anderen Ergebnissen der psychoanalytischen Forschung. Wir erfahren, daß unsere Kinder in einer Anzahl von bedeutsamen Relationen nicht so reagieren, wie es ihrem eigenen Erleben entspricht, sondern instinktmäßig, den Tieren vergleichbar, wie es nur durch phylogenetischen Erwerb erklärlich ist.

Die Wiederkehr des Verdrängten vollzieht sich langsam, gewiß nicht spontan, sondern unter dem Einfluß all der Änderungen in den Lebensbedingungen, welche die Kulturgeschichte der Menschen erfüllen. Ich kann hier weder eine Übersicht dieser Abhängigkeiten noch eine mehr als lückenhafte Aufzählung der Etappen dieser Wiederkehr geben. Der Vater wird wiederum das Oberhaupt der Familie, längst nicht so unbeschränkt, wie es der Vater der Urhorde gewesen war. Das Totemtier weicht dem Gotte in noch sehr deutlichen Übergängen. Zunächst trägt der menschengestaltige Gott noch den Kopf des Tieres, später verwandelt er sich mit Vorliebe in dies bestimmte Tier, dann wird dies Tier ihm heilig und sein Lieblingsbegleiter oder er hat das Tier getötet und trägt selbst den Beinamen danach. Zwischen dem Totemtier und dem Gotte taucht der Heros auf, häufig als Vorstufe der Vergottung. Die Idee einer höchsten Gottheit scheint sich frühzeitig einzustellen, zunächst nur schattenhaft, ohne Einmengung in die täglichen Interessen des Menschen. Mit dem Zusammenschluß der Stämme und Völker zu größeren Einheiten organisieren sich auch die Götter zu Familien, zu Hierarchien. Einer unter ihnen wird häufig zum Oberherrn über Götter und Menschen erhöht. Zögernd geschieht dann der weitere Schritt, nur einem Gott zu zollen, und endlich erfolgt die Entscheidung, einem einzigen Gott alle Macht einzuräumen und keine anderen Götter neben ihm zu dulden. Erst damit war die Herrlichkeit des Urhordenvaters wiederhergestellt, und die ihm geltenden Affekte konnten wiederholt werden.

Die erste Wirkung des Zusammentreffens mit dem so lange Vermißten und Ersehnten war überwältigend und so, wie die Tradition der Gesetzgebung vom Berge Sinai sie beschreibt. Bewunderung, Ehrfurcht und Dankbarkeit dafür, daß man Gnade gefunden in seinen Augen — die Moses-Religion kennt keine anderen als diese positiven Gefühle gegen den Vatergott. Die Überzeugung von seiner Unwiderstehlichkeit, die Unterwerfung unter seinen Willen können bei dem hilflosen, eingeschüchterten Sohn des Hordenvaters nicht unbedingter gewesen sein, ja, sie werden erst durch die Versetzung in das primitive und infantile Milieu voll begreiflich. Kindliche Gefühlsregungen sind in ganz anderem Ausmaß als die Erwachsener intensiv und unausschöpfbar tief, nur die religiöse Ekstase kann das wiederbringen. So ist ein Rausch der Gottesergebenheit die nächste Reaktion auf die Wiederkehr des großen Vaters.

Die Richtung dieser Vaterreligion war damit für alle Zeiten

festgelegt, doch war ihre Entwicklung damit nicht abgeschlossen. Zum Wesen des Vaterverhältnisses gehört die Ambivalenz; es konnte nicht ausbleiben, daß sich im Laufe der Zeiten auch jene Feindseligkeit regen wollte, die einst die Söhne angetrieben, den bewunderten und gefürchteten Vater zu töten. Im Rahmen der Moses-Religion war für den direkten Ausdruck des mörderischen Vaterhasses kein Raum; nur eine mächtige Reaktion auf ihn konnte zum Vorschein kommen, das Schuldbewußtsein wegen dieser Feindseligkeit, das schlechte Gewissen, man habe sich gegen Gott versündigt und höre nicht auf zu sündigen. Dieses Schuldbewußtsein, das von den Propheten ohne Unterlaß wach gehalten wurde, das bald einen integrierenden Inhalt des religiösen Systems bildete, hatte noch eine andere, oberflächliche Motivierung, die seine wirkliche Herkunft geschickt maskierte. Es ging dem Volke schlecht, die auf Gottes Gunst gesetzten Hoffnungen wollten sich nicht erfüllen, es war nicht leicht, an der über alles geliebten Illusion festzuhalten, daß man Gottes auserwähltes Volk sei. Wollte man auf dieses Glück nicht verzichten, so bot das Schuldgefühl ob der eigenen Sündhaftigkeit eine willkommene Entschuldung Gottes. Man verdiente nichts Besseres, als von ihm bestraft zu werden, weil man seine Gebote nicht hielt, und im Bedürfnis, dieses Schuldgefühl, das unersättlich war und aus soviel tieferer Quelle kam, zu befriedigen, mußte man diese Gebote immer strenger, peinlicher und auch kleinlicher werden lassen. In einem neuen Rausch moralischer Askese legte man sich immer neue Triebverzichte auf und erreichte dabei wenigstens in Lehre und Vorschrift ethische Höhen, die den anderen alten Völkern unzugänglich geblieben waren. In dieser Höherentwicklung erblicken viele Juden den zweiten Hauptcharakter und die zweite große Leistung ihrer Religion. Aus unseren Erörterungen soll hervorgehen, wie sie mit der ersteren, der Idee des einzigen Gottes, zusammenhängt. Diese Ethik kann aber ihren Ursprung aus dem Schuldbewußtsein wegen der unterdrückten Gottesfeindschaft nicht verleugnen. Sie hat den unabgeschlossenen und unabschließbaren Charakter zwangsneurotischer

Reaktionsbildungen; man errät auch, daß sie den geheimen Absichten der Bestrafung dient.

Die weitere Entwicklung geht über das Judentum hinaus. Das übrige, was von der Urvatertragödie wiederkehrte, war mit der Moses-Religion in keiner Art mehr vereinbar. Das Schuldbewußtsein jener Zeit war längst nicht mehr auf das jüdische Volk beschränkt, es hatte als ein dumpfes Unbehagen, als eine Unheilsahnung, deren Grund niemand anzugeben wußte, alle Mittelmeervölker ergriffen. Die Geschichtsschreibung unserer Tage spricht von einem Altern der antiken Kultur; ich vermute, sie hat nur Gelegenheitsursachen und Beihilfen zu jener Völkerverstimmung erfaßt. Die Klärung der bedrückten Situation ging vom Judentum aus. Ungeachtet aller Annäherungen und Vorbereitungen ringsum war es doch ein jüdischer Mann Saulus aus Tarsus, der sich als römischer Bürger Paulus nannte, in dessen Geist zuerst die Erkenntnis durchbrach: Wir sind so unglücklich, weil wir Gottvater getötet haben. Und es ist überaus verständlich, daß er dies Stück Wahrheit nicht anders erfassen konnte als in der wahnhaften Einkleidung der frohen Botschaft: Wir sind von aller Schuld erlöst, seitdem einer von uns sein Leben geopfert hat, um uns zu entsühnen. In dieser Formulierung war die Tötung Gottes natürlich nicht erwähnt, aber ein Verbrechen, das durch einen Opfertod gesühnt werden mußte, konnte nur ein Mord gewesen sein. Und die Vermittlung zwischen dem Wahn und der historischen Wahrheit stellte die Versicherung her, daß das Opfer Gottes Sohn gewesen sei. Mit der Kraft, die ihm aus der Quelle historischer Wahrheit zufloß, warf dieser neue Glaube alle Hindernisse nieder; an die Stelle der beseligenden Auserwähltheit trat nun die befreiende Erlösung. Aber die Tatsache der Vatertötung hatte bei ihrer Rückkehr in die Erinnerung der Menschheit größere Widerstände zu überwinden als die andere, die den Inhalt des Monotheismus ausgemacht hatte; sie mußte sich auch eine stärkere Entstellung gefallen lassen. Das unnennbare Verbrechen wurde ersetzt durch die Annahme einer eigentlich schattenhaften Erbsünde.

Erbsünde und Erlösung durch den Opfertod wurden die Grundpfeiler der neuen, durch Paulus begründeten Religion. Ob es in der Brüderschar, die sich gegen den Urvater empörte, wirklich einen Anführer und Anstifter der Mordtat gegeben hat oder ob diese Gestalt von der Phantasie der Dichter zur Heroisierung der eigenen Person später geschaffen und in die Tradition eingefügt wurde, muß dahingestellt bleiben. Nachdem die christliche Lehre den Rahmen des Judentums gesprengt hatte, nahm sie Bestandteile aus vielen anderen Quellen auf, verzichtete auf manche Züge des reinen Monotheismus, schmiegte sich in vielen Einzelheiten dem Rituale der übrigen Mittelmeervölker an. Es war, als ob neuerdings Ägypten Rache nähme an den Erben des Ikhnaton. Beachtenswert ist, in welcher Weise die neue Religion sich mit der alten Ambivalenz im Vaterverhältnis auseinandersetzte. Ihr Hauptinhalt war zwar die Versöhnung mit Gottvater, die Sühne des an ihm begangenen Verbrechens, aber die andere Seite der Gefühlsbeziehung zeigte sich darin, daß der Sohn, der die Sühne auf sich genommen, selbst Gott wurde neben dem Vater und eigentlich an Stelle des Vaters. Aus einer Vaterreligion hervorgegangen, wurde das Christentum eine Sohnesreligion. Dem Verhängnis, den Vater beseitigen zu müssen, ist es nicht entgangen.

Nur ein Teil des jüdischen Volkes nahm die neue Lehre an. Jene, die sich dessen weigerten, heißen noch heute Juden. Sie sind durch diese Scheidung noch schärfer von den anderen abgesondert als vorher. Sie mußten von der neuen Religionsgemeinschaft, die außer Juden Ägypter, Griechen, Syrer, Römer und endlich auch Germanen aufgenommen hat, den Vorwurf hören, daß sie Gott gemordet haben. Unverkürzt würde dieser Vorwurf lauten: Sie wollen es nicht wahr haben, daß sie Gott gemordet haben, während wir es zugeben und von dieser Schuld gereinigt worden sind. Man sieht dann leicht ein, wieviel Wahrheit hinter diesem Vorwurf steckt. Warum es den Juden unmöglich gewesen ist, den Fortschritt mitzumachen, den das Bekenntnis zum Gottesmord bei aller Entstellung enthielt, wäre

Gegenstand einer besonderen Untersuchung. Sie haben damit gewissermaßen eine tragische Schuld auf sich geladen; man hat sie dafür schwer büßen lassen.

Unsere Untersuchung hat vielleicht einiges Licht auf die Frage geworfen, wie das jüdische Volk die Eigenschaften erworben hat, die es kennzeichnen. Weniger Aufklärung fand das Problem, wieso sie sich bis auf den heutigen Tag als Individualität erhalten konnten. Aber erschöpfende Beantwortungen solcher Rätsel wird man billigerweise weder verlangen noch erwarten dürfen. Ein Beitrag, nach den eingangs erwähnten Einschränkungen zu beurteilen, ist alles, was ich bieten kann.

BRIEFE

THOMAS MANN ZUM 60. GEBURTSTAG

Lieber Thomas Mann!

Nehmen Sie einen herzlichen Liebesgruß zu Ihrem 60. Geburtstag freundlich auf! Ich bin einer Ihrer „ältesten" Leser und Bewunderer, ich könnte Ihnen ein sehr langes und glückliches Leben wünschen, wie man es bei solchem Anlaß zu tun gewohnt ist. Aber ich enthalte mich dessen, Wünschen ist wohlfeil und erscheint mir als Rückfall in die Zeiten, da man an die magische Allmacht der Gedanken glaubte. Auch meine ich aus eigenster Erfahrung, es ist gut, wenn ein mitleidiges Schicksal unsere Lebensdauer rechtzeitig begrenzt.

Ferner halte ich es für nicht nachahmenswert, daß sich bei solch festlicher Gelegenheit die Zärtlichkeit über den Respekt hinaussetzt, daß man den Gefeierten nötigt anzuhören, wie er als Mensch mit Lob überhäuft und als Künstler analysiert und kritisiert wird. Ich will mich dieser Überhebung nicht schuldig machen. Etwas anderes kann ich mir aber gestatten: Im Namen von Ungezählten Ihrer Zeitgenossen darf ich unserer Zuversicht Ausdruck geben, Sie würden nie etwas tun oder sagen — die Worte des Dichters sind ja Taten —, was feig und niedrig ist, Sie werden auch in Zeiten und Lagen, die das Urteil verwirren, den rechten Weg gehen und ihn anderen weisen.

Ihr herzlich ergebener
Freud

Juni 1935.

BRIEF AN ROMAIN ROLLAND
(EINE ERINNERUNGSSTÖRUNG AUF DER AKROPOLIS)

Verehrter Freund!
Dringend aufgefordert, etwas Geschriebenes zur Feier Ihres siebzigsten Geburtstages beizutragen, habe ich mich lange bemüht, etwas zu finden, was Ihrer in irgendeinem Sinne würdig wäre, was meiner Bewunderung Ausdruck geben könnte für Ihre Wahrheitsliebe, Ihren Bekennermut, Ihre Menschenfreundlichkeit und Hilfsbereitschaft. Oder was die Dankbarkeit für den Dichter bezeugen würde, der mir soviel Genuß und Erhebung geschenkt hat. Es war vergeblich; ich bin um ein Jahrzehnt älter als Sie, meine Produktion ist versiegt. Was ich Ihnen schließlich zu bieten habe, ist die Gabe eines Verarmten, der „einst bessere Tage gesehen hat".

Sie wissen, meine wissenschaftliche Arbeit hatte sich das Ziel gesetzt, ungewöhnliche, abnorme, pathologische Erscheinungen des Seelenlebens aufzuklären, das heißt, sie auf die hinter ihnen wirkenden psychischen Kräfte zurückzuführen und die dabei tätigen Mechanismen aufzuzeigen. Ich versuchte dies zunächst an der eigenen Person, dann auch an anderen, und endlich in kühnem Übergriff auch am Menschengeschlecht im Ganzen. Ein solches Phänomen, das ich vor einem Menschenalter, im Jahre 1904, an mir erlebt und nie verstanden hatte, tauchte in den letzten Jahren in meiner Erinnerung immer wieder auf; ich wußte zunächst nicht warum. Ich entschloß mich endlich, das kleine Erlebnis zu analysieren, und teile Ihnen hier das Ergebnis dieser Studie mit. Dabei muß ich Sie natürlich bitten, den Angaben aus meinem persönlichen Leben mehr Aufmerksamkeit zu schenken, als sie sonst verdienten.

Eine Erinnerungsstörung auf der Akropolis
Ich pflegte damals alljährlich Ende August oder Anfang September mit meinem jüngeren Bruder eine Ferienreise anzutreten, die mehrere Wochen dauerte und uns nach Rom, irgendeiner Gegend des Landes Italien oder an eine Küste des

Mittelmeeres führte. Mein Bruder ist zehn Jahre jünger als ich, also gleichaltrig mit Ihnen, — ein Zusammentreffen, das mir erst jetzt auffällt. In diesem Jahr erklärte mein Bruder, seine Geschäfte erlaubten ihm keine längere Abwesenheit, er könnte höchstens eine Woche ausbleiben, wir müßten unsere Reise abkürzen. So beschlossen wir, über Triest nach der Insel Korfu zu fahren und unsere wenigen Urlaubstage dort zu verbringen. In Triest besuchte er einen dort ansässigen Geschäftsfreund, ich begleitete ihn. Der freundliche Mann erkundigte sich auch nach unseren weiteren Absichten, und als er hörte, daß wir nach Korfu wollten, riet er uns dringend ab. „Was wollen Sie um diese Zeit dort machen? Es ist so heiß, daß Sie nichts unternehmen können. Gehen Sie doch lieber nach Athen. Der Lloyddampfer geht heute nachmittags ab, läßt Ihnen drei Tage Zeit, um die Stadt zu sehen, und holt Sie auf seiner Rückfahrt ab. Das wird lohnender und angenehmer sein."

Als wir den Triestiner verlassen hatten, waren wir beide in merkwürdig übler Stimmung. Wir diskutierten den uns vorgeschlagenen Plan, fanden ihn durchaus unzweckmäßig und sahen nur Hindernisse gegen seine Ausführung, nahmen auch an, daß wir ohne Reisepässe in Griechenland nicht eingelassen würden. Die Stunden bis zur Eröffnung des Lloydbureaus wanderten wir mißvergnügt und unentschlossen in der Stadt herum. Aber als die Zeit gekommen war, gingen wir an den Schalter und lösten Schiffskarten nach Athen, wie selbstverständlich, ohne uns um die vorgeblichen Schwierigkeiten zu kümmern, ja ohne daß wir die Gründe für unsere Entscheidung gegeneinander ausgesprochen hätten. Dies Benehmen war doch sehr sonderbar. Wir anerkannten später, daß wir den Vorschlag, nach Athen anstatt nach Korfu zu gehen, sofort und bereitwilligst angenommen hatten. Warum hatten wir uns also die Zwischenzeit bis zur Öffnung der Schalter durch üble Laune verstört und uns nur Abhaltungen und Schwierigkeiten vorgespiegelt?

Als ich dann am Nachmittag nach der Ankunft auf der Akropolis stand und mein Blick die Landschaft umfaßte, kam mir plötzlich der merkwürdige Gedanke: **Also existiert das alles wirklich so wie wir es auf der Schule gelernt haben?!** Genauer beschrieben, die Person, die eine Äußerung tat, sonderte sich, weit schärfer als sonst merklich, von einer anderen, die diese Äußerung wahrnahm, und beide waren verwundert, wenn auch nicht über das Gleiche. Die eine benahm sich so, als müßte sie unter dem Eindruck einer unzweifelhaften Beobachtung an etwas glauben, dessen Realität ihr bis dahin unsicher erschienen war. Mit einer mäßigen Übertreibung: als ob jemand, entlang des schottischen Loch Ness spazierend, plötzlich den ans Land gespülten Leib des vielberedeten Ungeheuers vor sich sähe und sich zum Zugeständnis gezwungen fände: Also existiert sie wirklich, die Seeschlange, an die wir nicht geglaubt haben! Die andere Person war aber mit Recht erstaunt, weil sie nicht gewußt hatte, daß die reale Existenz von Athen, der Akropolis und dieser Landschaft jemals ein Gegenstand des Zweifels gewesen war. Sie war eher auf eine Äußerung der Entzückung und Erhebung vorbereitet.

Es liegt nun nahe zu sagen, der befremdliche Gedanke auf der Akropolis wolle nur betonen, es sei doch etwas ganz anderes, wenn man etwas mit eigenen Augen sehe, als wenn man nur davon höre oder lese. Aber das bliebe eine sehr sonderbare Einkleidung eines uninteressanten Gemeinplatzes. Oder man könnte die Behauptung wagen, man habe als Gymnasiast zwar gemeint, man sei von der historischen Wirklichkeit der Stadt Athen und ihrer Geschichte überzeugt gewesen, aber aus jenem Einfall auf der Akropolis erfahre man eben, daß man damals im Unbewußten nicht daran geglaubt habe; erst jetzt habe man sich auch eine ,,ins Unbewußte reichende" Überzeugung erworben. Eine solche Erklärung klingt sehr tiefsinnig, aber sie ist leichter aufzustellen als zu erweisen, wird auch theoretisch recht angreifbar sein. Nein, ich meine, die beiden Phänomene, die Verstimmung in Triest und der Einfall auf der Akropolis gehören innig zusammen. Das erstere davon ist leichter verständlich und mag uns zur Erklärung des späteren verhelfen.

Das Erlebnis in Triest ist, wie ich merke, auch nur der Ausdruck eines Unglaubens. ,,Wir sollen Athen zu sehen bekommen? Aber das geht ja nicht, es wird zu schwierig sein." Die begleitende Verstimmung entspricht dann dem Bedauern darüber, daß es nicht geht. Es wäre ja so schön gewesen! Und nun versteht man, woran man ist. Es ist ein Fall von ,,*too good to be true*", wie er uns so geläufig ist. Ein Fall von jehem Unglauben, der sich so häufig zeigt, wenn man durch eine glückbringende Nachricht überrascht wird, daß man einen Treffer gemacht, einen Preis gewonnen hat, für ein Mädchen, daß der heimlich geliebte Mann bei den Eltern als Bewerber aufgetreten ist, u. dgl.

Ein Phänomen konstatieren, läßt natürlich sofort die Frage nach seiner Verursachung entstehen. Ein solcher Unglaube ist offenbar ein Versuch, ein Stück der Realität abzulehnen, aber es ist etwas daran befremdend. Wir würden gar nicht erstaunt sein, wenn sich ein solcher Versuch gegen ein Stück Realität richten sollte, das Unlust zu bringen droht; unser psychischer Mechanismus ist darauf sozusagen eingerichtet. Aber warum ein derartiger Unglaube gegen etwas, was im Gegenteil hohe Lust verspricht? Ein wirklich paradoxes Verhalten! Ich erinnere mich aber, daß ich bereits früher einmal den ähnlichen Fall jener Personen behandelt habe, die, wie ich es ausdrückte, ,,am Erfolge scheitern". Sonst erkrankt man in der Regel an der Versagung, der Nichterfüllung eines lebenswichtigen Bedürfnisses oder Wunsches; bei diesen Personen ist es aber umgekehrt, sie erkranken, gehen selbst daran zu Grunde, daß ihnen ein überwältigend starker Wunsch erfüllt worden ist. Die Gegensätzlichkeit der beiden Situationen ist aber nicht so groß, wie es anfangs scheint. Im paradoxen Falle ist einfach eine innere Versagung an die Stelle der äußeren getreten. Man gönnt sich das Glück nicht, die innere Versagung befiehlt, an der äußeren festzuhalten. Warum aber? Weil, so lautet in einer Reihe von Fällen die Antwort, man sich vom Schicksal etwas so Gutes nicht erwarten kann. Also wiederum das „*too good to be true*", die Äußerung eines Pessimismus, von dem viele von uns ein großes Stück in sich zu beherbergen scheinen. In anderen Fällen ist es ganz so wie bei denen, die am Erfolg scheitern, ein Schuld- oder Minderwertigkeitsgefühl, das man übersetzen kann: Ich bin eines solchen Glückes nicht würdig, ich verdiene es nicht. Aber diese beiden Motivierungen sind im Grunde das nämliche, die eine nur eine Projektion der anderen. Denn, wie längst bekannt, ist das Schicksal, von dem man sich so schlechte Behandlung erwartet, eine Materialisation unseres Gewissens, des strengen Über-Ichs in uns, in dem sich die strafende Instanz unserer Kindheit niedergeschlagen hat.

Damit wäre, meine ich, unser Benehmen in Triest erklärt. Wir konnten nicht glauben, daß uns die Freude bestimmt sein sollte, Athen zu sehen. Daß das Stück Realität, das wir ablehnen wollten, zunächst nur eine Möglichkeit war, bestimmte die Eigentümlichkeiten unserer damaligen Reaktion. Als wir dann auf der Akropolis standen, war die Möglichkeit zur Wirklichkeit geworden, und derselbe Unglaube fand nun einen veränderten, aber weit deutlicheren Ausdruck. Dieser hätte ohne Entstellung lauten sollen: Ich hätte wirklich nicht geglaubt, daß es mir je gegönnt sein würde, Athen mit meinen eigenen Augen zu sehen, wie es doch jetzt unzweifelhaft der Fall ist! Wenn ich mich erinnere, welche glühende Sehnsucht, zu reisen und die Welt zu sehen, mich in der Gymnasialzeit und später beherrscht hatte, und wie spät sie sich in Erfüllung umzusetzen begann, verwundere ich mich dieser Nachwirkung auf der Akropolis nicht; ich war damals achtundvierzig Jahre alt. Ich habe meinen jüngeren Bruder nicht befragt, ob er ähnliches wie ich verspürt. Eine gewisse Scheu lag über dem ganzen Erlebnis, sie hatte schon in Triest unseren Gedankenaustausch behindert.

Wenn ich aber den Sinn meines Einfalls auf der Akropolis richtig erraten habe, er drücke meine freudige Verwunderung darüber aus, daß ich mich jetzt an diesem Ort befinde, so erhebt sich die weitere Frage, warum dieser Sinn im Einfall eine so entstellte und entstellende Einkleidung erfahren hat.

Der wesentliche Inhalt des Gedankens ist auch in der Entstellung erhalten geblieben, es ist ein Unglaube. „Nach dem Zeugnis meiner Sinne stehe ich jetzt auf der Akropolis, allein ich kann es nicht glauben". Dieser Unglaube, dieser

Zweifel an einem Stück der Realität, wird aber in der Äußerung in zweifacher Weise verschoben, erstens in die Vergangenheit gerückt und zweitens von meiner Beziehung zur Akropolis weg auf die Existenz der Akropolis selbst verlegt. So kommt etwas zustande, was der Behauptung gleichkommt, ich hätte früher einmal an der realen Existenz der Akropolis gezweifelt, was meine Erinnerung aber als unrichtig, ja als unmöglich ablehnt.

Die beiden Entstellungen bedeuten zwei von einander unabhängige Probleme. Man kann versuchen, tiefer in den Umsetzungsprozeß einzudringen. Ohne näher anzugeben, wie ich dazu komme, will ich davon ausgehen, das Ursprüngliche müsse eine Empfindung gewesen sein, daß an der damaligen Situation etwas Unglaubwürdiges und Unwirkliches zu verspüren sei. Die Situation umfaßt meine Person, die Akropolis und meine Wahrnehmung derselben. Ich weiß diesen Zweifel nicht unterzubringen, ich kann ja meine Sinneseindrücke von der Akropolis nicht in Zweifel ziehen. Ich erinnere mich aber, daß ich in der Vergangenheit an etwas gezweifelt, was mit eben dieser Örtlichkeit zu tun hatte, und finde so die Auskunft, den Zweifel in die Vergangenheit zu versetzen. Aber dabei ändert der Zweifel seinen Inhalt. Ich erinnere mich nicht einfach daran, daß ich in frühen Jahren daran gezweifelt, ob ich je die Akropolis selbst sehen werde, sondern ich behaupte, daß ich damals überhaupt nicht an die Realität der Akropolis geglaubt habe. Grade aus diesem Ergebnis der Entstellung ziehe ich den Schluß, daß die gegenwärtige Situation auf der Akropolis ein Element von Zweifel an der Realität enthalten hat. Es ist mir bisher gewiß nicht gelungen, den Hergang klarzumachen, darum will ich kurz abschließend sagen, die ganze anscheinend verworrene und schwer darstellbare psychische Situation löst sich glatt durch die Annahme, daß ich damals auf der Akropolis einen Moment lang das Gefühl hatte — oder hätte haben können: was ich da sehe, ist nicht wirklich. Man nennt das ein „Entfremdungsgefühl". Ich machte einen Versuch, mich dessen zu erwehren, und es gelang mir auf Kosten einer falschen Aussage über die Vergangenheit.

Diese Entfremdungen sind sehr merkwürdige, noch wenig verstandene Phänomene. Man beschreibt sie als „Empfindungen", aber es sind offenbar komplizierte Vorgänge, an bestimmte Inhalte geknüpft und mit Entscheidungen über diese Inhalte verbunden. Bei gewissen psychischen Erkrankungen sehr häufig, sind sie doch auch dem normalen Menschen nicht unbekannt, etwa wie die gelegentlichen Halluzinationen der Gesunden. Aber sie sind doch gewiß Fehlleistungen, von abnormem Aufbau wie die Träume, die ungeachtet ihres regelmäßigen Vorkommens beim Gesunden uns als Vorbilder seelischer Störung gelten. Man beobachtet sie in zweierlei Formen; entweder erscheint uns ein Stück der Realität als fremd oder ein Stück des eigenen Ichs. In letzterem Fall spricht man von „Depersonalisation"; Entfremdungen und Depersonalisationen gehören innig zusammen. Es gibt andere Phänomene, in denen wir gleichsam die positiven Gegenstücke zu ihnen erkennen mögen, die sog. *„Fausse Reconnaissance"*, das *„Déjà vu"*, *„Déjà raconté"*, Täuschungen, in denen wir etwas als zu unserem Ich gehörig annehmen wollen, wie wir bei den Entfremdungen etwas von uns auszuschließen bemüht sind. Ein naiv-mystischer, unpsychologischer Erklärungsversuch will die Phänomene des *Déjà vu* als Beweise für frühere Existenzen unseres seelischen Ichs verwerten. Von der Depersonalisation führt der Weg zu der höchst merkwürdigen *„Double Conscience"*, die man richtiger „Persönlichkeitsspaltung" benennt. Das ist alles noch so dunkel, so wenig wissenschaftlich bezwungen, daß ich mir verbieten muß, es vor Ihnen weiter zu erörtern.

Es genügt meiner Absicht, wenn ich auf zwei allgemeine Charaktere der Entfremdungsphänomene zurückkomme. Der erste ist, sie dienen alle der Abwehr, wollen etwas vom Ich fernhalten, verleugnen. Nun kommen von zwei Seiten her neue Elemente an das Ich heran, die zur Abwehr auffordern können, aus der realen Außenwelt und aus der Innenwelt der im Ich auftauchenden Gedanken und Regungen. Vielleicht deckt diese Alternative die Unterscheidung zwischen den eigentlichen Entfremdungen und den Depersonalisationen. Es gibt eine außerordentliche Fülle von Methoden, Mechanismen sagen wir, deren sich unser Ich bei der Erledigung seiner Abwehraufgaben bedient. In meiner nächsten Nähe erwächst jetzt eine Arbeit, die sich mit dem Studium dieser Abwehrmethoden beschäftigt; meine Tochter, die Kinderanalytikerin, schreibt eben ein Buch darüber. Von der primitivsten und gründlichsten dieser Methoden, von der „Verdrängung", hat unsere Vertiefung in die Psychopathologie überhaupt ihren Ausgang genommen. Zwischen der Verdrängung und der normal zu nennenden Abwehr des Peinlich-Unerträglichen durch Anerkennung, Überlegung, Urteil und zweckmäßiges Handeln liegt eine große Reihe von Verhaltungsweisen des Ichs von mehr oder weniger deutlich pathologischem Charakter. Darf ich bei einem Grenzfall einer solchen Abwehr verweilen? Sie kennen das berühmte Klagelied der spanischen Mauren *„Ay de mi Alhama"*, das erzählt, wie der König Boabdil die Nachricht vom Fall seiner Stadt Alhama aufnimmt. Er ahnt, daß dieser Verlust das Ende seiner Herrschaft bedeutet. Aber er will es nicht „wahr haben", er beschließt, die Nachricht als *„non arrivé"* zu behandeln. Die Strophe lautet:

Cartas le fueron venidas,
de que Alhama era ganada.
Las cartas echó en el fuego
y al mensagero mataba.

Man errät leicht, daß an diesem Benehmen des Königs das Bedürfnis mitbeteiligt ist, dem Gefühl seiner Ohnmacht zu widerstreiten. Indem er die Briefe verbrennt und den Boten töten läßt, sucht er noch seine Machtvollkommenheit zu demonstrieren.

Der andere allgemeine Charakter der Entfremdungen, ihre Abhängigkeit von der Vergangenheit, von dem Erinnerungsschatz des Ichs und früheren peinlichen Erlebnissen, die vielleicht seither der Verdrängung anheimgefallen sind, wird ihnen nicht ohne Einspruch zugestanden. Aber grade mein Erlebnis auf der Akropolis, das ja in eine Erinnerungsstörung, eine Verfälschung der Vergangenheit ausgeht, hilft uns dazu, diesen Einfluß aufzuzeigen. Es ist nicht wahr, daß ich in den Gymnasialjahren je an der realen Existenz von Athen gezweifelt habe. Ich habe nur daran gezweifelt, daß ich Athen je werde sehen können. So weit zu reisen, es „so weit zu bringen", erschien mir als außerhalb jeder Möglichkeit. Das hing mit der Enge und Armseligkeit unserer Lebensverhältnisse in meiner Jugend zusammen. Die Sehnsucht zu reisen war gewiß auch ein Ausdruck des Wunsches, jenem Druck zu entkommen, verwandt dem Drang, der so viel halbwüchsige Kinder dazu antreibt, vom Hause durchzugehen. Es war mir längst klar geworden, daß ein großes Stück der Lust am Reisen in der Erfüllung dieser frühen Wünsche besteht, also in der Unzufriedenheit mit Haus und Familie wurzelt. Wenn man zuerst das Meer sieht, den Ozean überquert, Städte und Länder als Wirklichkeiten erlebt, die so lange ferne, unerreichbare Wunschdinge waren, so fühlt man sich wie ein Held, der unwahrscheinlich große Taten vollbracht hat. Ich hätte damals auf der Akropolis meinen Bruder fragen können: Weißt Du noch, wie wir in unserer Jugend Tag für Tag denselben Weg gegangen sind, von der .... straße ins Gymnasium, am Sonntage dann jedesmal in den Prater oder auf eine der Landpartien, die wir schon so gut kannten, und jetzt sind wir in Athen und stehen auf der Akropolis! Wir haben es wirklich weit gebracht! Und wenn man so Kleines mit Größerem vergleichen darf, hat nicht der erste Napoleon während der Kaiserkrönung in Notre-Dame sich zu einem seiner Brüder gewendet — es wird wohl der älteste, Josef, gewesen sein — und bemerkt: „Was würde Monsieur notre Père dazu sagen, wenn er jetzt dabei sein könnte?"

Hier stoßen wir aber auf die Lösung des kleinen Problems, warum wir uns schon in Triest das Vergnügen an der Reise nach Athen verstört hatten. Es muß so sein, daß sich an die Befriedigung, es so weit gebracht zu haben, ein Schuldgefühl knüpft; es ist etwas dabei, was unrecht, was von alters her verboten ist. Das hat mit der kindlichen Kritik am Vater zu tun, mit der Geringschätzung, welche die frühkindliche Überschätzung seiner Person abgelöst hatte. Es sieht aus, als wäre es das Wesentliche am Erfolg, es weiter zu bringen als der Vater, und als wäre es noch immer unerlaubt, den Vater übertreffen zu wollen.

Zu dieser allgemein giltigen Motivierung kommt noch für unseren Fall das besondere Moment hinzu, daß in dem Thema Athen und Akropolis an und für sich ein Hinweis auf die Überlegenheit der Söhne enthalten ist. Unser Vater war Kaufmann gewesen, er besaß keine Gymnasialbildung, Athen konnte ihm nicht viel bedeuten. Was uns im Genuß der Reise nach Athen störte, war also eine Regung der Pietät. Und jetzt werden Sie sich nicht mehr verwundern, daß mich die Erinnerung an das Erlebnis auf der Akropolis so oft heimsucht, seitdem ich selbst alt, der Nachsicht bedürftig geworden bin und nicht mehr reisen kann.

Ich grüße Sie herzlich, Ihr

Sigm. Freud

Jänner 1936.

GEDENKWORTE

MEINE BERÜHRUNG MIT JOSEF POPPER-LYNKEUS

Es war im Winter 1899, daß mein Buch „Die Traumdeutung", ins neue Jahrhundert vordatiert, endlich vor mir lag. Dieses Werk war das Ergebnis einer vier- bis fünfjährigen Arbeit, auf nicht gewöhnliche Art entstanden. Für Nervenkrankheiten an der Universität habilitiert, hatte ich versucht, mich selbst und meine rasch angewachsene Familie durch ärztliche Hilfeleistung an die sogenannten „Nervösen" zu erhalten, deren es in unserer Gesellschaft nur zu viele gab. Aber die Aufgabe erwies sich als schwerer als ich erwartet hatte. Die gebräuchlichen Behandlungsmethoden nützten offenbar nichts oder zu wenig, man mußte neue Wege suchen. Und wie wollte man überhaupt den Kranken helfen, wenn man nichts von ihren Leiden verstand, nichts von der Verursachung ihrer Beschwerden, von der Bedeutung ihrer Klagen? Ich suchte also eifrig nach Anhalt und Unterweisung bei Meister Charcot in Paris, bei Bernheim in Nancy; eine Beobachtung meines überlegenen Freundes Josef Breuer in Wien schien endlich neue Aussicht auf Verständnis und therapeutischen Einfluß zu eröffnen.

Diese neuen Erfahrungen brachten es nämlich zur Gewißheit, daß die von uns nervös genannten Kranken in gewissem Sinne an psychischen Störungen litten und daher mit psychischen Mitteln zu behandeln waren. Unser Interesse mußte sich der Psychologie zuwenden. Was nun die in den Philosophenschulen herrschende Seelenwissenschaft geben konnte, war freilich geringfügig und für unsere Zwecke unbrauchbar; wir hatten die Methoden wie deren theoretische Voraussetzungen neu zu finden. Ich arbeitete also in dieser Richtung zuerst in Gemeinschaft mit Breuer, dann unabhängig von ihm. Am Ende wurde es ein Stück meiner Technik, daß ich die Kranken aufforderte, mir kritiklos mitzuteilen, was immer durch ihren Sinn ging, auch solche Einfälle, deren Berechtigung sie nicht verstanden, deren Mitteilung ihnen peinlich war.

Wenn sie meinem Verlangen nachgaben, erzählten sie mir auch ihre Träume, als ob diese von derselben Art wären, wie ihre anderen Gedanken. Es war ein deutlicher Wink, diese Träume zu werten wie andere verständliche Produktionen. Aber sie waren nicht verständlich, sondern fremdartig, verworren, absurd, wie eben Träume sind und weshalb sie von der Wissenschaft als sinn- und zwecklose Zuckungen am Seelenorgan verurteilt wurden. Wenn meine Patienten recht hatten, die ja nur den Jahrtausende alten Glauben der unwissenschaftlichen Menschheit zu wiederholen schienen, so stand ich vor der Aufgabe einer „Traumdeutung", die vor der Kritik der Wissenschaft bestehen konnte.

Zunächst verstand ich natürlich von den Träumen meiner Patienten nicht mehr als die Träumer selbst. Indem ich aber auf diese Träume und besonders auf meine eigenen das Verfahren anwendete, dessen ich mich schon beim Studium anderer abnormer psychischer Bildungen bedient hatte, gelang es mir, die meisten der Fragen zu beantworten, die eine Traumdeutung aufwerfen konnte. Es gab da viel zu fragen: wovon träumt man? warum träumt man überhaupt? woher rühren all die merkwürdigen Eigenheiten, die den Traum vom wachen Denken unterscheiden? und dergleichen mehr. Einige der Antworten waren leicht zu geben, erwiesen sich auch als Bestätigung von früher geäußerten Ansichten, andere erforderten durchaus neue Annahmen über den Aufbau und die Arbeitsweise unseres seelischen Apparats. Man träumte von dem, was die Seele während des wachen Tages bewegt hatte; man träumte, um die Regungen, die den Schlaf stören wollten, zu besänftigen und den Schlaf fortsetzen zu können. Aber warum konnte der Traum so fremdartig erscheinen, so verworren unsinnig, so offenbar gegensätzlich gegen den Inhalt des wachen Denkens, wenn er sich doch mit dem nämlichen Stoff beschäftigte? Sicherlich war der Traum nur der Ersatz einer vernünftigen Gedankentätigkeit und ließ sich deuten, d. h. in eine solche übersetzen, aber was nach Erklärung verlangte, war die Tatsache der Entstellung, die die Traumarbeit an dem vernünftigen und verständlichen Material vorgenommen hatte.

Die Traumentstellung war das tiefste und schwierigste Problem des Traumlebens. Und zu ihrer Aufklärung ergab sich folgendes, was den Traum in eine Reihe stellte mit anderen psychopathologischen Bildungen, ihn gleichsam als die normale Psychose des Menschen entlarvte. Unsere

Seele, jenes kostbare Instrument, mittels dessen wir uns im Leben behaupten, ist nämlich keine in sich friedlich geschlossene Einheit, sondern eher einem modernen Staat vergleichbar, in dem eine genuß- und zerstörungssüchtige Masse durch die Gewalt einer besonnenen Oberschicht niedergehalten werden muß. Alles, was sich in unserem Seelenleben tummelt und was sich in unseren Gedanken Ausdruck schafft, ist Abkömmling und Vertretung der mannigfachen Triebe, die uns in unserer leiblichen Konstitution gegeben sind; aber nicht alle diese Triebe sind gleich lenkbar und erziehbar, sich den Anforderungen der Außenwelt und der menschlichen Gemeinschaft zu fügen. Manche von ihnen haben ihren ursprünglich unbändigen Charakter bewahrt; wenn wir sie gewähren ließen, würden sie uns unfehlbar ins Verderben stürzen. Wir haben darum, durch Schaden klug gemacht, in unserer Seele Organisationen entwickelt, die sich der direkten Triebäußerung als Hemmungen entgegenstellen. Was als Wunschregung aus den Quellen der Triebkräfte auftaucht, muß sich die Prüfung durch unsere obersten seelischen Instanzen gefallen lassen und wird, wenn es nicht besteht, verworfen und vom Einfluß auf unsere Motilität, also von der Ausführung abgehalten. Ja, oft genug wird diesen Wünschen selbst der Zutritt zum Bewußtsein verweigert, dem regelmäßig selbst die Existenz der gefährlichen Triebquellen fremd ist. Wir sagen dann, diese Regungen seien für das Bewußtsein verdrängt und nur im Unbewußten vorhanden. Gelingt es dem Verdrängten, irgendwo durchzudringen, zum Bewußtsein oder zur Motilität oder zu beiden, dann sind wir eben nicht mehr normal. Dann entwickeln wir die ganze Reihe neurotischer und psychotischer Symptome. Das Aufrechthalten der notwendig gewordenen Hemmungen und Verdrängungen kostet unser Seelenleben einen großen Kräfteaufwand, von dem es sich gerne ausruht. Der nächtliche Schlafzustand scheint dafür eine gute Gelegenheit zu sein, weil er ja die Einstellung unserer motorischen Leistungen mit sich bringt. Die Situation erscheint ungefährlich, also ermäßigen wir die Strenge unserer inneren Polizeigewalten. Wir ziehen sie nicht ganz ein, denn man kann es nicht wissen, das Unbewußte schläft vielleicht niemals. Und nun tut der Nachlaß des auf ihm lastenden Drucks seine Wirkung. Aus dem verdrängten Unbewußten erheben sich Wünsche, die im Schlaf wenigstens den Zugang zum Bewußtsein frei finden würden. Wenn wir sie erfahren könnten, würden wir entsetzt sein über ihren Inhalt, ihre Maßlosigkeit, ja ihre bloße Möglichkeit. Doch das geschieht nur selten, worauf wir dann eiligst unter Angst erwachen. In der Regel erfährt unser Bewußtsein den

Traum nicht so, wie er wirklich gelautet hat. Die hemmenden Mächte, die Traumzensur, wie wir sie nennen wollen, werden zwar nicht voll wach, aber sie haben auch nicht ganz geschlafen. Sie haben den Traum beeinflußt, während er um seinen Ausdruck in Worten und Bildern rang, haben das Anstößigste beseitigt, anderes bis zur Unkenntlichkeit abgeändert, echte Zusammenhänge aufgelöst, falsche Verknüpfungen eingeführt, bis aus der ehrlichen, aber brutalen Wunschphantasie des Traumes der manifeste, von uns erinnerte Traum geworden ist, mehr oder weniger verworren, fast immer fremdartig und unverständlich. Der Traum, die Traumentstellung, ist also der Ausdruck eines Kompromisses, das Zeugnis des Konflikts zwischen den miteinander unverträglichen Regungen und Bestrebungen unseres Seelenlebens. Und vergessen wir es nicht, derselbe Vorgang, das nämliche Kräftespiel, das uns den Traum des normalen Schläfers erklärt, gibt uns den Schlüssel zum Verständnis aller neurotischen und psychotischen Phänomene.

Ich bitte um Entschuldigung dafür, daß ich bisher so viel von mir und meiner Arbeit an den Traumproblemen gehandelt habe;. es war notwendige Voraussetzung des Folgenden. Meine Erklärung der Traumentstellung schien mir neu zu sein, ich hatte nirgends etwas ähnliches gefunden. Jahre später (ich kann nicht mehr sagen, wann) gerieten „Die Phantasien eines Realisten" von Josef Popper-Lynkeus in meine Hand. Eine der darin enthaltenen Geschichten hieß „Träumen wie Wachen", sie mußte mein stärkstes Interesse erwecken. Ein Mann war in ihr beschrieben, der von sich rühmen konnte, daß er nie etwas Unsinniges geträumt hatte. Seine Träume mochten phantastisch sein wie die Märchen, aber sie standen mit der wachen Welt nicht so in Widerspruch, daß man mit Bestimmtheit hätte sagen können, „sie seien unmöglich oder an und für sich absurd". Das hieß in meine Ausdrucksweise übersetzt, bei diesem Manne kam keine Traumentstellung zustande, und wenn man den Grund ihres Ausbleibens erfuhr, hatte man auch den Grund ihrer Entstehung erkannt. Popper gibt seinem Manne volle Einsicht in die Begründung seiner Eigentümlichkeit. Er läßt ihn sagen: „In meinem Denken wie in meinen Gefühlen herrscht Ordnung und Harmonie, auch kämpfen die beiden nie miteinander ... Ich bin eins, ungeteilt, die Anderen sind geteilt und ihre zwei Teile: Wachen und Träumen führen beinahe immerfort Krieg miteinander". Und weiter über die Deutung der Träume: „Das ist gewiß keine leichte Aufgabe, aber es müßte bei einiger Aufmerksamkeit dem Träumenden selbst wohl immer gelingen. — Warum es meistens nicht gelingt? Es scheint bei Euch etwas Verstecktes in den Träumen zu liegen, etwas Unkeusches eigener Art, eine gewisse Heimlichkeit in Eurem Wesen, die schwer auszudrücken ist; und darum scheint Euer Träumen so oft ohne Sinn, sogar ein Widersinn zu sein. Es ist aber im tiefsten Grund durchaus nicht so; ja es kann gar nicht so sein, denn es ist immer derselbe Mensch, ob er wacht oder träumt".

Dies war aber unter Verzicht auf psychologische Terminologie dieselbe Erklärung der Traumentstellung, die ich aus meinen Arbeiten über den Traum entnommen hatte. Die Entstellung war ein Kompromiß, etwas seiner Natur nach Unaufrichtiges, das Ergebnis eines Konflikts zwischen Denken und Fühlen, oder, wie ich gesagt hatte, zwischen Bewußtem und Verdrängtem. Wo ein solcher Konflikt nicht bestand, nicht verdrängt zu werden brauchte, konnten die Träume auch nicht fremdartig und unsinnig werden. In dem Mann, der nicht anders träumte als er im Wachen dachte, hatte Popper jene innere Harmonie walten lassen, die in einem Staatskörper herzustellen sein Ziel als Sozialreformer war. Und wenn die Wissenschaft uns sagt, daß ein solcher Mensch, ganz ohne Arg und Falsch und ohne alle Verdrängungen, nicht vorkommt oder nicht lebensfähig ist, so ließ sich doch erraten, daß, soweit eine Annäherung an diesen Idealzustand möglich ist, sie in Poppers eigener Person ihre Verwirklichung gefunden hatte.

Von dem Zusammentreffen mit seiner Weisheit überwältigt, begann ich nun alle seine Schriften zu lesen, die über Voltaire, über Religion, Krieg, Allgemeine Nährpflicht u. ä., bis sich das Bild des schlichten großen Mannes, der ein Denker und Kritiker, zugleich ein gütiger Menschenfreund und Reformer war, klar vor meinem Blick aufbaute. Ich sann viel über die Rechte des Individuums, für die er eintrat, und die ich so gerne mit vertreten hätte, störte mich nicht die Erwägung, daß weder das Verhalten der Natur noch die Zielsetzungen der menschlichen Gesellschaft ihren Anspruch voll rechtfertigen. Eine besondere Sympathie zog mich zu ihm hin, da offenbar auch er die Bitterkeit des jüdischen Lebens und die Hohlheit der gegenwärtigen Kulturideale schmerzlich empfunden. Doch habe ich ihn selbst nie gesehen. Er wußte von mir durch gemeinsame Bekannte und einmal hatte ich einen Brief von ihm zu beantworten, der eine Auskunft verlangte. Aber ich habe ihn nicht aufgesucht. Meine Neuerungen in der Psychologie hatten mich den Zeitgenossen, besonders den älteren unter ihnen, entfremdet; oft genug, wenn ich mich einem Manne näherte, den ich aus der Entfernung geehrt hatte, fand ich mich wie abgewiesen durch seine Verständnislosigkeit für das, was mir zum Lebensinhalt geworden war.

Josef Popper kam doch von der Physik, er war ein Freund von Ernst Mach gewesen; ich wollte mir den erfreulichen Eindruck unserer Übereinstimmung über das Problem der Traumentstellung nicht stören lassen. So kam es, daß ich den Besuch bei ihm aufschob, bis es zu spät wurde und ich nur noch in unserem Rathauspark seine Büste begrüßen konnte.

SÁNDOR FERENCZI †

Wir haben die Erfahrung gemacht, daß Wünschen wohlfeil ist, und darum beschenken wir einander freigebig mit den besten und wärmsten Wünschen, unter denen der eines langen Lebens voransteht. Die Zwiewertigkeit gerade dieses Wunsches wird in einer bekannten orientalischen Anekdote aufgedeckt. Der Sultan hat sich von zwei Weisen das Horoskop stellen lassen. Ich preise dich glücklich, Herr, sagt der eine, in den Sternen steht geschrieben, daß du alle deine Verwandten vor dir sterben sehen wirst. Dieser Seher wird hingerichtet. Ich preise dich glücklich, sagt auch der andere, denn ich lese in den Sternen, daß du alle deine Verwandten überleben wirst. Dieser wird reich belohnt; beide hatten der gleichen Wunscherfüllung Ausdruck gegeben.

Im Jänner 1926 mußte ich unserem unvergeßlichen Freund Karl Abraham den Nachruf schreiben. Wenige Jahre vorher, 1923, konnte ich Sándor Ferenczi zur Vollendung des fünfzigsten Lebensjahres begrüßen. Heute, ein kurzes Jahrzehnt später, schmerzt es mich, daß ich auch ihn überlebt habe. In jenem Aufsatz zu seinem Geburtstag durfte ich seine Vielseitigkeit und Originalität, den Reichtum seiner Begabungen öffentlich rühmen; von seiner liebenswerten, menschenfreundlichen, allem Bedeutenden aufgetanen Persönlichkeit zu sprechen, verbot die dem Freund geziemende Diskretion.

Seitdem das Interesse für die junge Psychoanalyse ihn zu mir geführt hatte, haben wir viel miteinander geteilt. Ich lud ihn ein, mich zu begleiten, als ich 1909 nach Worcester, Mass., gerufen wurde, um dort während einer Festwoche Vorlesungen zu halten. Des Morgens, ehe meine Vorlesungsstunde schlug, spazierten wir miteinander vor dem Universitätsgebäude, ich forderte ihn auf, mir vorzuschlagen, worüber ich an diesem Tage reden sollte, und er machte für mich den Entwurf, den ich dann eine halbe Stunde später in einer Improvisation ausführte. In solcher Art war er an der Entstehung der „Fünf Vorlesungen" beteiligt. Bald darauf, auf dem Kongreß zu Nürnberg 1910, veranlaßte ich ihn, die Organisation der Analytiker zu einer internationalen Vereinigung, wie wir sie miteinander ausgedacht hatten, zu beantragen. Sie wurde mit geringen Abänderungen angenommen und ist noch heute in Geltung. In den Herbstferien mehrerer aufeinanderfolgender Jahre verweilten wir zusammen in Italien und mancher Aufsatz, der später unter seinem oder meinem Namen in die Literatur einging, erhielt dort in unseren Gesprächen seine erste Gestalt. Als der Weltkrieg ausbrach, unserer Bewegungsfreiheit ein Ende machte, aber auch unsere analytische Tätigkeit lähmte, nutzte er die Pause, um seine Analyse bei mir zu beginnen, die dann durch seine Einberufung zum Kriegsdienst unterbrochen wurde, aber später fortgesetzt werden konnte. Das Gefühl der sicheren Zusammengehörigkeit, das sich unter soviel gemeinsamen Erlebnissen zwischen uns herausbildete, erfuhr auch keine Störung, als er sich, leider erst spät im Leben, an die ausgezeichnete Frau band, die ihn heute als Witwe betrauert.

Vor einem Jahrzehnt, als die „Internationale Zeitschrift" Ferenczi ein Sonderheft zum 50. Geburtstag widmete, waren die meisten der Arbeiten bereits veröffentlicht, die alle Analytiker zu seinen Schülern gemacht haben. Aber seine glänzendste, gedankenreichste Leistung hatte er noch zurückgehalten. Ich wußte darum und mahnte ihn im Schlußsatz meines Beitrags, sie uns zu schenken. 1924 erschien dann sein „Versuch einer Genitaltheorie". Das kleine Buch ist eher eine biologische als eine psychoanalytische Studie, eine Anwendung der Gesichtspunkte und Einsichten, die sich der Psychoanalyse ergeben hatten, auf die Biologie der Sexualvorgänge, des weiteren auf das organische Leben überhaupt, vielleicht die kühnste Anwendung der Analyse, die jemals versucht worden ist. Als Leitgedanke wird die konservative Natur der Triebe betont, die jeden durch äußere Störung aufgegebenen Zustand wiederherstellen wollen; die Symbole werden als Zeugen alter Zusammenhänge erkannt; an eindrucksvollen Beispielen wird gezeigt, wie die Eigentümlichkeiten des Psychischen die Spuren uralter Veränderungen der körperlichen Substanz bewahren. Wenn man diese Schrift gelesen, glaubt man zahlreiche Besonderheiten des Geschlechtslebens zu verstehen, die man vorher niemals im Zusammenhang hatte überblicken können, und man findet sich um Ahnungen bereichert, die tiefgehende Einsichten auf weiten Gebieten der Biologie versprechen. Vergebens, daß man schon heute zu scheiden versucht, was als glaubhafte Erkenntnis angenommen werden kann und was nach Art einer wissenschaftlichen Phantasie zukünftige Erkenntnis zu erraten sucht. Man legt die kleine Schrift mit dem Urteil beiseite: das ist beinahe zuviel für einmal, ich werde sie nach einer Weile wieder lesen. Aber nicht mir allein geht es so; wahrscheinlich wird es wirklich einmal eine „Bioanalyse" geben, wie Ferenczi sie angekündigt hat, und die wird auf den „Versuch einer Genitaltheorie" zurückgreifen müssen.

Nach dieser Höhenleistung ereignete es sich, daß der Freund uns langsam entglitt. Von einer Arbeitssaison in Amerika zurückgekehrt, schien er sich immer mehr in einsame Arbeit zurückzuziehen, der doch vorher an allem, was in analytischen Kreisen vorfiel, den lebhaftesten Anteil genommen hatte. Man erfuhr, daß ein einziges Problem sein Interesse mit Beschlag belegt hatte. Das Bedürfnis zu heilen und zu helfen war in ihm übermächtig geworden. Wahrscheinlich hatte er sich Ziele gesteckt, die mit unseren therapeutischen Mitteln heute überhaupt nicht zu erreichen sind. Aus unversiegten affektiven Quellen floß ihm die Überzeugung, daß man bei den Kranken weit mehr ausrichten könnte, wenn man ihnen genug von der Liebe gäbe, nach der sie sich als Kinder gesehnt hatten. Wie das im Rahmen der psychoanalytischen Situation durchführbar sei, wollte er herausfinden, und solange er damit nicht zum Erfolg gekommen war, hielt er sich abseits, wohl auch der Übereinstimmung mit den Freunden nicht mehr sicher. Wohin immer der von ihm eingeschlagene Weg geführt hätte, er konnte ihn nicht zu Ende gehen. Langsam enthüllten sich bei ihm die Zeichen des schweren organischen Destruktionsprozesses, der sein Leben wahrscheinlich schon jahrelang beschattet hatte. Es war eine perniziöse Anämie, der er kurz vor Vollendung des 60. Jahres erlag. Es ist nicht glaublich, daß die Geschichte unserer Wissenschaft seiner vergessen wird.

Mai 1933.

LOU ANDREAS-SALOMÉ †

Am 5. Februar dieses Jahres starb eines sanften Todes in ihrem Häuschen in Göttingen Frau Lou Andreas-Salomé, nahezu 76 Jahre alt. Die letzten 25 Lebensjahre dieser außerordentlichen Frau gehörten der Psychoanalyse an, zu der sie wertvolle wissenschaftliche Arbeiten beitrug und die sie auch praktisch ausübte. Ich sage nicht zu viel, wenn ich bekenne, daß wir es alle als eine Ehre empfanden, als sie in die Reihen unserer Mitarbeiter und Mitkämpfer eintrat, und gleichzeitig als eine neue Gewähr für den Wahrheitsgehalt der analytischen Lehren.

Man wußte von ihr, daß sie als junges Mädchen eine intensive Freundschaft mit Friedrich Nietzsche unterhalten hatte, gegründet auf ihr tiefes Verständnis für die kühnen Ideen des Philosophen. Dies Verhältnis fand ein plötzliches Ende, als sie den Heiratsantrag ablehnte, den er ihr gemacht hatte. Aus späteren Jahrzehnten wurde bekannt, daß sie dem großen, im Leben ziemlich hilflosen Dichter Rainer Maria Rilke zugleich Muse und sorgsame Mutter gewesen war. Aber sonst blieb ihre Persönlichkeit im Dunkel. Sie war von ungewöhnlicher Bescheidenheit und Diskretion. Von ihren eigenen poetischen und literarischen Produktionen sprach sie nie. Sie wußte offenbar, wo die wirklichen Lebenswerte zu suchen sind. Wer ihr näher kam, bekam den stärksten Eindruck von der Echtheit und der Harmonie ihres Wesens und konnte zu seinem Erstaunen feststellen, daß ihr alle weiblichen, vielleicht die meisten menschlichen Schwächen fremd oder im Lauf des Lebens von ihr überwunden worden waren.

In Wien hatte sich dereinst das ergreifendste Stück ihrer weiblichen Schicksale abgespielt. 1912 kam sie nach Wien zurück, um sich in die Psychoanalyse einführen zu lassen. Meine Tochter, die mit ihr vertraut war, hat sie bedauern gehört, daß sie die Psychoanalyse nicht in ihrer Jugend kennen gelernt hatte. Freilich gab es damals noch keine.

Sigm. Freud

Februar 1937.

VORREDEN

GELEITWORT

zu „*ALLGEMEINE NEUROSENLEHRE auf psychoanalytischer Grundlage*" *von HERMANN NUNBERG. Bern, Verlag Hans Huber, 1932.*

Dieses Buch von H. Nunberg enthält die vollständigste und gewissenhafteste Darstellung einer psychoanalytischen Theorie der neurotischen Vorgänge, die wir derzeit besitzen. Wem es um Vereinfachung und glatte Erledigung der betreffenden Probleme zu tun ist, der wird von dieser Arbeit kaum befriedigt werden. Wer aber wissenschaftliches Denken bevorzugt, es als Verdienst zu würdigen weiß, wen die Spekulation, das Leitseil der Erfahrung, nie verläßt und wer die schöne Mannigfaltigkeit des psychischen Geschehens genießen kann, der wird dieses Werk schätzen und eifrig studieren.

VORREDE

zur hebräischen Ausgabe der „*VORLESUNGEN ZUR EINFÜHRUNG IN DIE PSYCHOANALYSE*". *Jerusalem, Verlag Stybel, 1934.*

Diese Vorlesungen sind in den Jahren 1916 und 1917 gehalten worden, sie entsprachen ziemlich getreu dem damaligen Stand der jungen Wissenschaft und sie enthielten mehr als ihr Name aussagte. Sie brachten nicht nur eine Einführung in die Psychoanalyse, sondern auch das meiste ihres Inhalts. Es ist natürlich, daß dies heute nicht mehr zutrifft. Die Theorie hat in der Zwischenzeit Fortschritte gemacht, wichtige Stücke, wie die Zerlegung der Persönlichkeit in ein Ich, Über-Ich und Es, eine tiefgreifende Abänderung der Trieblehre, Einsichten in die Herkunft von Gewissen und Schuldgefühl sind hinzugekommen. Die Vorlesungen sind also in hohem Grade unvollständig geworden; erst jetzt haben sie wirklich den Charakter einer bloßen „Einführung". In anderem Sinne aber sind sie auch heute nicht überholt oder veraltet. Was sie mitteilen, wird in den psychoanalytischen Schulen, von wenigen Abänderungen abgesehen, noch immer geglaubt und gelehrt.

Dem hebräisch lesenden Publikum und insbesondere der wißbegierigen Jugend wird durch dieses Buch die Psychoanalyse im Gewand jener uralten Sprache vorgestellt, die durch den Willen des jüdischen Volkes zu neuem Leben erweckt worden ist. Der Autor hat eine gute Vorstellung davon, welche Arbeit der Übersetzer dabei zu leisten hatte. Er braucht den Zweifel nicht zu unterdrücken, ob wohl Moses und die Propheten diese hebräischen Vorlesungen verständlich gefunden hätten. Ihren Nachkommen aber, — zu denen er selbst zählt, — für die dies Buch bestimmt ist, legt der Autor die Bitte vor, nicht zu rasch nach den ersten Regungen von Kritik und

Mißfallen mit Ablehnung zu reagieren. Die Psychoanalyse bringt so viel Neues, darunter auch so viel, was althergebrachten Meinungen widerspricht und tiefwurzelnde Gefühle verletzt, daß sie zunächst Widerspruch hervorrufen muß. Wenn man sein Urteil zurückhält und das Ganze der Psychoanalyse auf sich einwirken läßt, wird man vielleicht der Überzeugung zugänglich werden, daß auch dies unerwünschte Neue wissenswert und unentbehrlich ist, wenn man Seele und Menschenleben verstehen will.

Wien, im Dezember 1930.

VORWORT

zu „*EDGAR POE, étude psychanalytique*", *par MARIE BONAPARTE. Paris, Denoël et Steele, 1933. Deutsche Ausgabe: „Edgar Poe, eine psychoanalytische Studie." Wien, Iuternationaler Psychoanalytischer Verlag, 1934.*

Meine Freundin und Schülerin Marie Bonaparte hat in diesem Buch das Licht der Psychoanalyse auf das Leben und das Werk eines großen, krankhaft gearteten Dichters fallen lassen. Dank ihrer Deutungsarbeit versteht man jetzt, wieviel von den Charakteren seines Werkes durch die Eigenart des Mannes bedingt ist, erfährt aber auch, daß diese selbst der Niederschlag starker Gefühlsbindungen und schmerzlicher Erlebnisse seiner frühen Jugend war. Solche Untersuchungen sollen nicht das Genie des Dichters erklären, aber sie zeigen, welche Motive es geweckt haben und welcher Stoff ihm vom Schicksal aufgetragen wurde. Es hat einen besonderen Reiz, die Gesetze des menschlichen Seelenlebens an hervorragenden Individuen zu studieren.

BIBLIOGRAPHISCHE ANMERKUNG

Zur Gewinnung des Feuers

In deutscher Sprache:
1932 In „Imago", Band 18, Internationaler Psychoanalytischer Verlag, Leipzig, Wien, Zürich.
1934 In „Gesammelte Schriften", Band XII, im gleichen Verlag.

In englischer Sprache:
1932 In „The International Journal of Psycho-Analysis", Vol. XIII.
1932 In „The Psychoanalytic Quarterly", Vol. I.
1949 In „Collected Papers", Vol. V, The International Psycho-Analytical Library, The Hogarth Press, London.

Warum Krieg?

In deutscher Sprache:
1933 Für bibliographische Angaben des Erstdruckes siehe Seite 12 dieses Bandes.
1934 In „Gesammelte Schriften", Band XII, Internationaler Psychoanalytischer Verlag, Leipzig, Wien, Zürich.

In englischer Sprache:
1933 Für bibliographische Angaben des Erstdruckes siehe Seite 12 dieses Bandes.
1939 Peace Pledge Union, London.
1939 In „Civilization, War and Death", Psycho-analytical Epitomes herausgegeben von John Rickman, The Hogarth Press, London.

In französischer Sprache:
1933 Für bibliographische Angaben des Erstdruckes siehe Seite 12 dieses Bandes.

Nachschrift 1935 zur Selbstdarstellung

In deutscher Sprache:
1936 In „Almanach der Psychoanalyse", Internationaler Psychoanalytischer Verlag, Leipzig, Wien, Zürich.
1946 Enthalten in „Selbstdarstellung", Imago Publ. Co., London.

In englischer Sprache:
1935 Übersetzt von James Strachey, The International Psycho-Analytical Library, The Hogarth Press, London, und W. W. Norton, New York.

In italienischer Sprache:
1948 Übersetzt von Joachim Flescher, Editrice Scienza Moderna, Roma.

DIE FEINHEIT EINER FEHLHANDLUNG

In deutscher Sprache:
1936 In „Almanach der Psychoanalyse", Internationaler Psychoanalytischer Verlag, Leipzig, Wien, Zürich.

In englischer Sprache:
1949 Übersetzt von James Strachey „Collected Papers", Vol. V, The International Psycho-Analytical Library, The Hogarth Press, London.

DIE ENDLICHE UND DIE UNENDLICHE ANALYSE

In deutscher Sprache:
1937 In „Internationale Zeitschrift für Psychoanalyse", Band 23.

In englischer Sprache:
1937 In „The International Journal of Psycho-Analysis", Vol. XVIII.
1949 In „Collected Papers", Vol. V, The International Psycho-Analytical Library, The Hogarth Press, London.

KONSTRUKTIONEN IN DER ANALYSE

In deutscher Sprache:
1937 In „Internationale Zeitschrift für Psychoanalyse", Band 23.

In englischer Sprache:
1938 Übersetzt von James Strachey, in „The International Journal of Psycho-Analysis", Vol. XIX.
1949 In „Collected Papers", Vol. V, The International Psycho-Analytical Library, The Hogarth Press, London.

DER MANN MOSES UND DIE MONOTHEISTISCHE RELIGION

In deutscher Sprache:
1937 Die erste der drei Abhandlungen unter den Titel „Moses ein Ägypter", in Imago, Band 23, Heft 1.
1937 Die zweite der drei Abhandlungen unter dem Titel „Wenn Moses ein Ägypter war", in Imago, Band 23, Heft 4.
1939 Unter dem Titel „Der Mann Moses und die monotheistische Religion. Drei Abhandlungen", Verlag Allert de Lange, Amsterdam.

In englischer Sprache:
1939 Übersetzt von Katherine Jones, The Hogarth Press, London, und A. A. Knopf, New York.

In französischer Sprache:
1948 Übersetzt von Anne Berman, Librairie Gallimard, Paris.

In holländischer Sprache:
1947 Übersetzt von C. Houwaard. G. W. Breughel, Uitgewer, Amsterdam.

In ungarischer Sprache:
1946 Übersetzt von F. Ozorai Gizella, Bibliotheca, Budapest.

THOMAS MANN ZUM 60. GEBURTSTAG
In deutscher Sprache:
1936 In „Almanach der Psychoanalyse", Internationaler Psychoanalytischer Verlag, Leipzig, Wien, Zürich.

BRIEF AN ROMAIN ROLLAND
(Eine Erinnerungsstörung auf der Akropolis)

In deutscher Sprache:
1937 Geschrieben für eine Festschrift zu Romain Rollands 70. Geburtstag, veröffentlicht in „Almanach der Psychoanalyse", Internationaler Psychoanalytischer Verlag, Leipzig, Wien, Zürich.

In englischer Sprache:
1941 Übersetzt von James Strachey, "The International Journal of Psycho-Analysis", Vol XXII.
1949 In „Collected Papers", Vol. V, The International Psycho-Analytical Library, The Hogarth Press, London.

MEINE BERÜHRUNG MIT JOSEF POPPER-LYNKEUS
In deutscher Sprache:
1932 In der Festschrift „Allgemeine Nährpflicht", Band XV, Gedenknummer zum zehnjährigen Todestag von Josef Popper-Lynkeus, Wien.
1934 In „Gesammelte Schriften", Band XII, Internationaler Psychoanalytischer Verlag, Leipzig, Wien, Zürich.

In englischer Sprache:
1942 Übersetzt von James Strachey, „The International Journal of Psycho-Analysis", Vol. XXIII.
1949 In „Collected Papers", Vol. V, The International Psycho-Analytical Library, The Hogarth Press, London.

SANDOR FERENCZI
In deutscher Sprache:
1933 In „Internationale Zeitschrift für Psychoanalyse", Band 19.

In englischer Sprache:
1933 In „The International Journal of Psycho-Analysis", Vol. XIV.

LOU ANDREAS SALOME
1937 In „Internationale Zeitschrift für Psychoanalyse", Band 23.

GELEITWORT
ZU 'ALLGEMEINE NEUROSENLEHRE AUF PSYCHOANALYTISCHER GRUNDLAGE'
VON HERMANN NUNBERG
1932 Im Verlag Hans Huber, Bern.

VORWORT
zu „Edgar Poe, étude psychanalytique", per Marie Bonaparte
In deutscher Sprache:
1934 Internationaler Psychoanalytischer Verlag, Leipzig, Wien, Zürich.

In französischer Sprache:
1933 Denoël et Steele, Paris.

In englischer Sprache:
1949 Imago Publ. Co., London.

INDEX

Abasie, Fall von 66
Abendmahl u. Totem 240
Aberglauben bleibt erhalten 73
Ablehnung b. Patienten 49
Abwehr als Widerstand 84
   führt z. Entfremdung 83
   Ökonomie d. 83
   u. analytische Aufgabe 83
   u. Neurose 83
   u. Triebstärke 74
   u. Vererbung i.d. Ichwiderständen 86
Abwehrkampf d. Ich 64
Abwehrkonflikte 85
Abwehrmechanismen, Definition 80
   u. Verdrängung 255
Abwehrmechanismus, Verdrängung 81
Adel—Ebenbürtigkeit—Inzestprivileg 229
Adler, Alfred 97
Aggression, Ablenkung d. 23
   freie u. Konfliktneigung 90
   introjiziert 90
   i. Selbsterhaltungstrieb 20
   u. Gewissen 22
   u. Selbstzerstörung 22
   Verinnerlichung d. 26
Aggressionslust u. Triebverzicht 6
Aggressionstrieb u. Kur 88
Ägyptens Rache 245
Akropolis 250
Aktive Therapie Ferenczis 75
Aktivität d. Analytikers 65
Aktualität, Rolle d. 65
Aktuellmachen e. Konflikts 75
Akzidentelles Moment i.d. Neurose 64
   u. Triebstärke 70
Alexander d. Grosse 175

Alhama 255
Allah 199
Allmacht d. Gedanken 221
Alte Leute 87
Alter u. Analyse 87
Ambivalenz, Wesen d. Vaterbez. 243
Amenhotep 118
Amerikanische Prosperity 60
Amnesie, infantile 180
Amphiktyonien 19
Analyse, Aufgabe d. 96
   basiert a.pos. Übertragung 78
   Dauer 94
   Eigen- 95
   eigentliche Leistung d. 71
   eine Kunst 93
   Ende d. 63f
   Faktoren d. Dauer beeinflussend 64
   Familie, Rasse 86
   Frühzeit d. 67
   Gefahren d. 95
   Grenze d. 75, 77
   heilige Macht d. 84
   Nach- 96
   optimale Situation 76
   s.a. Behandlung, Kur, Selbst-, Therapie, Heilung
   Tiefe, d. 74
   u. Prophylaxe 75
   u. Trauma 64, 68
   Vertiefung u. Abkürzung 93
   v. Krisen 77
   vollständige 65
   vor u. nach d.- 72
Analysenende 93
Analysenwiderstand 85

Analysiert u. Nicht-, Unterschied 71
Analysierte, der 65
Analysierter, gründlich 96
　Überzeugung d. 74
Analytiker als Vorbild u. Lehrer 94
　Analyse d. 65
　Aufgabe d. 45
　Defekte d. 94
　Eigenart d. -u. Therapie 93
　Entfremdung 85
　Interessen d. 64
　Irrtum d. 48
　Korrektheit d. 94
　Leistung d. 45
　Macht u. Missbrauch 95
　Opposition g.d. 65
　Suggestion d. 48
　u. Normalität 93
　Vertrauen z. 84
　Wechsel d. 62
Analytische Aufgaben 84
　Situation 44, 79
Analytisches Experiment 76
Andreas-Salomé, Lou 270
Angeborene Ichverschiedenheiten 86
Angstproblem, Revision d. 32
Antisemitismus 196
Aphel 231
Apparat, seelischer, Fundamente d. 87
　u. Gesundheit 70
　Unreife d. 234
　u. Unlust 82
Äquivalente, Konstruktionen, Wahnbildungen 55
Araber 199
Archaische Erbschaft 86, 204
　Erinnerungen 206
Archäologe u. Analytiker 45
Asche, urinieren a. 3
Äschylos 221
Asiaten 197
Ästhetische Erniedrigung d. Krieges 26

Athen 251
Ätiologie d. Ichveränderungen 64
　quantitatives Moment 70
　s.a. Krankheitsverursachung
　traumatische 64, 178
Atkinson 186, 239
Atmen—Geistigkeit 222
Atonreligion 121
"auch" als Bestätigung 51
Aufklärung d. Patienten 78
　sexuelle d. Kinder 78
Auri sacra fames 230
Aussenwelt, s.a. Realität
　u. Körper 9
　u. Zwang 181
Äussere Gefahr 80
Aussetzungssage 107f
Autobiographisches: Akropolis 250
Autorität d. Analytikers 48
　d. Oberschicht 24
　d. Völkerbundes 18

Bändigung d. Triebes 69
Bataillonen, Sieg b.d. stärkeren 85
Behandlung e. Hysterie i. 3/4 Jahren 66
　s.a. Analyse, Kur, Therapie, Heilung
　Unterbrechung d. 68
　Ziele d. 68
Bemächtigungstrieb 21
Beruf, Misserfolg i. 185
Berufe, unmögliche 94
Berühren u. heilig 228
Beschneidung 124, 128, 134, 194
Besetzungstreue 87
Bevölkerungszuwachs 26
Bewusstmachen u. Ichkorrektur 84
Biologie u. Vererbung 207
Biologisches u. Psychisches 99
Biopsychische, das 92
"Bis" in e. Fehlleistung 37
Bisexualität d. Mannes 97
Bisexuelle 89

Blatternimpfung 77
Bolschewismus u. Krieg 19
Bolschewisten u. Aggression 23
Bonaparte, Marie 276
Brüderbund 188
Brust, Erlebnisse E. T. A. Hoffmanns 234
Breasted, J. H. 104
Brentano, Verleger in U.S.A. 31
Buchzensur u. Verdrängung 81
Bürgerkrieg 17

Chamisso 105
Charakteranalyse, Dauer 96
Charakterbildung u. Neurose 181
Christenhass—Judenhass 198
Christentum d. Primitiven 79
Christus 193
Credo quia absurdum 190

Darwin, Charles 170, 186, 239
Dauer d. Behandlung u. Erfolg 67
Déjà raconté 255
Déjà vu 255
Denkdisposition 206
Denken, primitives 6
  Zwang d. logischen 209
Denkverbot d. Autorität 24
Depersonalisation 255
Depression d. Weibes 99
Destruktion u. Eros b. Empedokles 91
Destruktionstrieb u. Kur 88
  i. Normalen 89
  unbeliebt 22
Deutsche Nation u. Psychoanalyse 33
Deutsches Volk 157
Deutung u. Konstruktion 47, 84
Dichter—Worte—Taten 249
Differenzen, kleine d. Völker 197
Diktatur d. Vernunft 24
Disposition d. Ich 86
Dispositionen i. Psychischen 205

Disraeli, Benjamin 105
Dollars, zehn 51
Domestikation u. Kultur 26
Double Conscience 255
Dualistische Theorie 90
Dynamische Natur 204
Dynamischer Gesichtspunkt 71

Ehe u. analytische Behandlung 76
Ehrgeiz d. Moses als Kind 131
  therapeutischer 75
Ehrgeizige 67
Eifersucht auf d. Juden 197
  i.d. Übertragung 78
Eigenart d. Analytikers 93
Einschüchterung 24
Einstein, Albert 13f
Eisler, Robert 81
Empedokles aus Akragas 91
Empfindungen u. Lustprinzip 89
Ende d. Analyse, s. Analyse
Energie, psychische 204
Energieaufwand i. Analysen 85
England 159
Engländer, Hirntumor d. 51
Entfremdung durch Abwehr 83
Entfremdungsgefühl a.d. Akropolis 254
Entropie, psychische 88
Entwicklung d. Schuldgefühls 6
  frühmenschliche 86
  Triebverstärkung u. 68
Entwicklungsgesetze, Verfälschung durch 72
Erbliche Übertragung in Symbolik 86
Erblichkeit, Überschätzung d. 86
Erbschaft, archaische 86
Erbsünde—Schuldgefühl 192
Ererbt—erworben 86
Erfolg, am-scheitern 252
  Bedingungen d. 64
  d. Therapie 64
Ergänzungsreihe i. Trauma 178

Erinnern, Ersatz f. 53
Erinnerung aus früh. Kindheit 234
 u. Konstruktion 49, 53
Erinnerungen als Bestätigung 49
 überdeutliche 53
Erinnerungsspuren i.d. Massen 201
 phylogenetische 206
Erinnerungsstörung a.d. Akropolis 250ff
Erlebnis u. Trieb 235
Erlebnisse, früheste 234
Erlenmeyer, E. H. 3
Erlösungsphantasie 192
Eros u. Streit bei Empedokles 92
Erraten i.d. Analyse, s. Konstruktionen
Ersatz f. Erinnern 53
Erschöpfung d. Aufnahmefähigkeit 87
 u. Ichstärke 70
Erwachen d. Triebansprüche i. Schlaf 70
Erziehen, Regieren, Analysieren 94
Erziehung u. Ichfunktion 80
Es, das im - Verborgene 84
 enthält d. Verdrängte 203
 Kenntnis unseres 82
 u. Ich 203
 u. Ich eins 86
 u. Über-Ich 5
 u. Verdrängtes 84, 203
Esanalyse—Ichanalyse 84
Eswiderstand 87
Ethik 230
 u. Triebverzicht 227
Europa, Herrscherfamilien 229
Europäisches Nachkriegselend 6
Evangelist u. Lieblingstier 191
Evangelium 192
Evans 174
Evolutionsidee 186
Exogamie 188, 229
Experiment i.d. Analyse 76

Familie u. Analyse 86
Familienroman i.d. Dichtung 109

Fausse Reconnaissance 255
Fehlhandlung, Feinheit e. 37ff
Fels, gewachsener 99
Ferenczi, S. 93, 98, 267
 aktive Therapie 74
Fetischismus, Aufklärung d. 32
Feuer, Gewinnung d. 3ff
 Symbol d. Libido 6
 —Wasser 8
Feuervogel Phönix 7
Feuerwehr 60
Fischpredigten 98
Fixierung a.d. Trauma 180
 bleibt erhalten 73
 d. Abwehr 83
Flaubert 151
Flavius, Josephus 127
Fliess, Wilhelm 98
Forschung, lohnendste Aufgabe d. 89
 spätere 53
Fossil, jüdische Religion ein 195
France, Anatole 95
Frankfurt a.M. 33
Französische Könige 18
Freud, Anna 33, 81, 83
Freunde, Mangel an 185
Freundschaft u. Übertragung 66
Frieden durch Aggressionsablenkung 23
 "ewiger" 18
Friedliche Wandlungen 17
Frühzeit u. Halluzination 54
Führer u. Abhängige 24

Gauner—Jauner 51
Gebundene Form d. Masochismus 88
Gedacht, das hab' ich nie - 50
Gefahr, Angst, Unlust 80
 d. Heilung 84
 innere 80
 u. Abwehr 82
Gefühle, Gemeinschafts- 16
Gefühlsbindungen, Verzicht a. 24

Gegner d. Analyse 93
Geist u. Gewalt 14
Geistigkeit—Sinnlichkeit 221
Gemeinschaft, Sinn d. 15
   u. Recht 15
Gemme, Fehlleistung 37
Genesungswunsch d. Weibes 99
Genetisch—topisch 203
Genetische Forschung 73
Genie 168
Gesammelte Schriften Freuds 32
Geschenk, Wert e. 38
Geschichte u. Tradition 172f
Geschlechtlichkeit, Rätsel d. 99
Geschlechtsdifferenzen i.d. Therapie 96
Gesetze u. Gemeinschaft 16
Gesichter, Erinnerung v. 53
Gesunder—Neurotiker 69
Gesundheit 70
Gewalt, intellektuell gestützte 15
   —Macht 14
   u. Geist 14
   u. Recht 15
Gewissen u. Aggression 22
Gewohnheit, Macht d. 87
Giovanni 146
Giovedi 146
Goethe 235
   u. Moses 195
   u. Vateridentifizierung 233
Goethepreis 1930 33
Gott—Heros—Totem 242
Götter, Frauen als 147
   Freiheit d. 5
Gottesnamen, Tabu d. 139
Griechen, Kriegssitten d. 19
Grundregel, Widerstand g. 84
Gut u. Böse i.d. Psychologie 20

Halluzination, nicht psychotische 54
   d. Gesunden 254
Halluzinationen im Wahn 54

Handlung 21
Harmonie d. Ich 69
Hárnik, J. 3
"Heads I win" 43
Heilig—irrational 229
Heiligkeit 228
Heilung, Dauer- 79
   Dauerhaftigkeit d. 67
   eine Gefahr 84
   Probleme d. 64
   Sträuben b. Manne
   Theorie d. 63f
Heilungswiderstand 85
Heine, Heinrich 8, 129
Heldensage 106ff
Hemmung, Selbst- d. Kur 61
Hemmungen a. Folge d. Traumas 181
   Erhöhung d. 72
Henotheismus 237
Herakles 4, 7
Herodot 125, 129
Heros—Totem—Gott 242
Heterosexualität 89
Heucheln d. Patienten 49
Hexe, d. - Metapsychologie 69
Hirntumor d. Engländers 50
Historische Elemente i. Mythus 6
   Momente 17
   Wahrheit i. Wahn 54, 191
   Wahrheit, wahrscheinliche 48
Historischer Kern d. Mythus 7
Hoffmann, E. T. A. 234
Homer 174
Homosexualität 89
   s.a. Bisexualität
   u. Feuer 3
Hörigkeit d. Mannes 99
Hunde, schlafende 75
Hydra 7
Hypnose 74
Hysterie, Fall v. - i.d. Pubertät 66
   Rückfall trotz Analyse 66

Ich, Anfang d. 80, 86, 203
frühe Schädigung d. 179
gereift u. erstarkt 71
Harmonie d. 69
normales 80, 180
u. Es eins 86
u. Es u. Verdrängtes 84, 201
u. Widerstandsanalyse 84
unreifes, schwaches 71
Ichabwehr u. Erblichkeit 86
Ichanalyse—Esanalyse 84
Ichdispositionen 86
Ichdistanz z. Erlebnis 77
Ichfixierung d. Abwehr 83
Ichfremdheit 233
Ichfunktion, Ziel d. Analyse 96
Ichgerecht 233
Ichgerechte Bewältigung 73
Ichgerechtes Männlichkeitsstreben 97
Ichinteresse in Krisen 77
Ichkorrektur u. Bewusstmachen 84
Ichlähmung u. Es 82
Ichorganisation u. Zwang 181
Ichstärke, i. Krankheit 69
Trieb, Therapie 64
Ichsynthese, Ziel d. Therapie 80
Ichumarbeitung 95
Ichveränderung d. Abwehr 64
—Narbe 182
relative 80
u. Therapie 64, 68, 79
Ichveränderungen, Ätiologie d. 64
wann erworben? 85
Ichverschiedenheiten angeboren 86
Idealfiktion 80
Idealforderungen u. organische Änderung 26
Idee u. Autorität 19
Identifizierung u. Gemeinschaft 19
u. Vererbung 86
Idiosynkrasie g. Krieg 26
Ikhnatons Erben 245

Illusion d. Kommunisten 23
Imperialismus u. Monotheismus 168
Impotenz, Ätiologie d. 184
Indisches Volk 129
Individuum u. Gemeinschaft 15
Infantile Quelle d. Wahns 54
Infantilismen, Abwehr u. 83
Inkubationszeit f. traumat. Neurose 171
Innere Gefahr 80
Inquisition, heilige 21
Institutionen u. Zeit 83
Ursprung d. 188
Intellekt, Erstarkung d. 26
Intellektuell gestützte Gewalt 15
Intellektuelle Bewältigung 72
Intoleranz, religiöse 117
Introjektion d. Aggression 90
Inzest d. Götter 5
i. Altertum 228
Inzesttabu 188
Inzucht im Adel 229
Irrtum d. Analytikers 48
Isolierung, Fluch d. 191
Israel 211
Italienisches Volk 157

Josephus Flavius 81
Jauner—Gauner 51
Jesus Christus 81, 213
Jewagt—gewagt 51
Jochanan ben Sakkai 223
Jones, Ernst 193
Josef u.s. Brüder 213
Juden, Eifersucht auf d. 197
u. Kultur 197
Judenhass 196
Jugendliche Individuen, psychische Erschöpfung in 88

Kandidat, Ausbildungs- 94
Kannibalismus 187
Kastration—Erneuerung 8

Kastrationskomplex u. Passivität 99
Katholische Kirche 157
Kausalbedürfnis 214
Kind, Fremder, Analyse 85
  u. Tier 241
  v. 2 Jahren 234
Kinder u. sexuelle Aufklärung 78
Kindheit, frühe 234
  Halluzinationen u. 54
  i. Träumen 234
Kirche, Denkverbot d. 24
Klasse, herrschende 17
Koitusbeobachtung 185
Kollektives Ubw. 241
Köln a. Rhein 197
Kommunion, christliche 190, 193
Kommunismus u. Krieg 19
Kommunisten, s. Bolschewisten 23
Komplex, Aktivieren eines 65
Konflikt, aktueller u zukünftiger 75
  Bedingungen d. 90
  Ersetzung e. 75
  s.a. Triebkonflikt
  Widerkehr d. 75
Konflikte, Abwehr- 85
  b. Mensch u. Tier 14
  i.d. Übertragung 77
Konfliktneigung u. Aggression 90
Kongenital, s. konstitutionell
Kongresse, psychoanalytische 34
Konsiliarius, Freud als 50
Konstitutionelle Intoleranz g. Krieg 26
  Triebstärke 68
Konstitutionelles Moment i.d. Neurose 64, 205f
Konstruktion gleichwertig Erinnerung 53
  nur Vorarbeit 47
  u. Deutung 47, 84
Konstruktionen i.d. Analyse 43ff
  Verifizierung 48
Korfu, Insel 251

Körper u. Aussenwelt 9
Krankengeschichte e. Knaben 183ff
Krankheit u. Ichstärke 69
Krankheitsformen u. Triebe 89
Krankheitsmöglichkeiten 68
Krankheitsverursachung, s. Ätiologie
Krieg 13
  u. Ablenkung d. Aggression 23
  u. "ewiger" Frieden 18
Kriegsverhütung 23
Krisen, Analyse v. 77
Krone v. Haupt gerissen 131
Kryptomnesie 91
Kultur, Spiegelung dynamischer Konflikte 33
  u. Triebverzicht 5
Kulturelle Probleme, Interesse an 32
Kulturentwicklung u. Pazifismus 25
Kulturgesellschaft, Aberglauben i.d. 73
Kulturheros 6f
Kunst d. Analyse 93
Künstler, bildender 87
Kur, Ende d. 63f
  s.a. Analyse, Behandlung, Therapie, Heilung
Selbsthemmung d. 61

Latenter Triebkonflikt 75
Latenz—Trauma—Neurose 182
Latenzzeit d. Menschen 180
  in jüd. Religion 171
Leben, Misserfolg i. 185
  u. Unvergänglichkeit 73
Lebenshemmung i.d. Neurose 182
Lebenstheorie 88
Leber, Sitz d. Leidenschaften 5
Lehranalyse 94
Lehranalysen Freuds 68
Lehrinstitute, psychoanalytische 34
Leiden, Regulieren d. 76
Leidenschaften, Leber Sitz d. 5
Lesen psa. Schriften 78

Libido, Beweglichkeit 87
  Feuer Symbol d. 6
  Klebrigkeit 87
Libidoentwicklung, Korrektur d. 73
Lichtenberg, G.Ch. 21
Liebe ohne sexuelle Ziele 23
Liebesenttäuschung i.d. Übertragung 78
Lieblingstier d. Evangelisten 191
Loch Ness 251
logisches Denken, Zwang d. 209
Lorenz 3
Löwe springt nur einmal 62
Lügenköder 48
Lust, Darstellungs- 7
Lustprinzip, Jenseits d. 88
  u. Verdrängung 82
  Wahrnehmungsskala d. 89

Macauley 176
Macht—Gewalt 14
  Missbrauch d. 95
Mack Brunswick, Ruth 61
Magie u. Monotheismus 191
Mahomedanische Religion 199
Majoritäten 197
Mann, Thomas 33, 249
Masochismus, einfacher 89
  frei u. gebunden 88
  immanenter 88
Masochistische Phantasien e. Mädchens 66
Masochistischer Mann 99
Massen, Erinnerungsspuren i.d. 201
  Wissen d. 200
Materie u. Todestrieb 88
Matriarchat 188
Menopause, Triebstärke 70
Mensch u. Tier 207
Menschenart, Erlöschen d. 26
Menschheit—Wahnbildungen 56
Messias 195
Metapsychologie, d. Hexe 69

Methodologie 125
Meyer, Ed. 110, 133
Minoritäten 197
Minos-Palast 147
Mittelmeerkultur 197
Mittelmeervölker 244
Mongolen, Asche, Urinieren 3
Mongolenkriege 17
Monotheismus 103ff
  u. Imperialismus 168
Mord—Tat—Spuren 144
Motiv, Darstellungslust als 7
Motive, Lehre v. den 21
Motivenrose 21
Mühlen mahlen langsam 24
Muskelkraft—Volksideal 223
Musterknabe 184
Mutter u. jüngster Sohn 187
Muttergottheiten 189
Mutteridentifizierung d. Mädchen 233
Myom, s. Uterus
Mystik u. Monotheismus 191
Mythologie, Theorien eine 22
Mythus, Prometheus 4
  v. Helden 106ff

Nachanalyse, s. Analyse
Nachverdrängung 71
Namen, theophore 140
Nansen, Fridtjof 13
Napoleon Buonaparte 105
Narzisstische Kränkung 179
Nation u. Analyse 86
Nationalsozialistische Revolution 198
Naturwissenschaft eine Mythologie 22
Negative therapeutische Reaktion 52, 88
Nein d. Patienten 43, 49, 50
Nestroy, J. 52, 72
Neue, das 118
Neurose, Ausbruch d. 83
  gemischte Ätiologie d. 64
  i. Pubertät u. Menopause 70

Neurose, Konflikt, Aggression 90
  latente 75
  nach spätem Trauma 66
  s.a. Triebkonflikt
  Schutz g. Rückfall 75
  u. Trauma 177
  Trauma, Latenz 182
  Wandlungen e. 66
  Was ist -? 179ff
Neurotiker—Gesunder 69
Neuschöpfung i.d. Therapie 71
Nietzsche, Friedrich 261
Nordische Völker 197
Normal, s. Gesundheit
Normalität d. Analytikers bezweifelt 93
  psychische 63
  u. Zwang 181
Nunberg 273

Ödipussage, Sonderstellung 109
Ökonomie d. Abwehr 83
Ökonomisches Moment,
  Vernachlässigung 71
Onanie, psychische 185
Operateur, Liebe z. 66
Optimisten 67
Orale Phase 73
Organisation, Kontinuität i.d. 73
  s.a. Gemeinschaft
  seelische u. Zwang 181
Organische Gründe z. Pazifismus 25
Organischer Prozess,
  Kulturentwicklung 26
Österreich, Psychoanalyse in 159

Pädagogische Bedeutung d.
  Psychoanalyse 34
Pallas Athene 147
Passivität d. Mannes ist nicht Kastration
  98, ist unerlässlich 98
Pathogene Rolle d. Abwehr 83

Pathogener Triebanspruch 68
Patient heuchelt 49
  Ja u. Nein d. 43-50
Paulus aus Tarsus 192, 244
Pax romana 17f
Pazifisten 25
Penis u. Sonne 7
  Vogel, Leber 7, 9
  —Zunge 6
  zwei Funktionen 8
Penisneid i.d. Analyse 97
Peniswunsch undurchsetzbar 98
Perihel 231
Perser 19
Persönlichkeitsspaltung 255
Pessimismus 253
Phallisch-genitale Phase 73
Phallus, Flamme 6
Phantasie, sadistisch-masochistisch 185
  u. Halluzination 54
Phantasien u. Konstruktionen 53
Phantasieren, metapsychologisches 69
Phantasierte Konflikte 77
Pharaos Krone u. Moses 131
Philosophie d. Lebens 88
Philosophisches Denken u. Religion 168
Phobien u. Trauma 181
Phönix, Vogel 7
Phylogenetische Herkunft 204
Physiologische Triebverstärkung 70
Physik u. Mythologie 22
  u. Psychologie 20
Pietät 257
Plagen, die zehn 132
Plastizität, Erschöpfung d. 87
Platos Symposion 20
Poe, Edgar 276
Polarität v. Anziehung u. Abstossung 20
Polonius 48
Polytheismus 117
Pompeji 46
Popper-Lynkeus 261

Primärvorgang, Gegensatz z.
  Sekundärvorgang 69
Primitive u. Christentum 79
Prometheussage 4
Prophylaktischer Wert d. Analyse 75
Prophylaxe, Grenze d. 77
Protest, männlicher 97
Psyche u. Kulturprozess 26
Psychiatrischer Wahn 239
Psychische Entropie 87
  Trägheit 87
Psychisches u. Biologisches 99
  Zerstörung des 46
Psychoanalyse, Lesen 78
Psychologische Charaktere d. Kultur 26
Psychose, Therapie d. 54f
  Weg zur 181
Psychotherapie, Einwände g. 59
Psychotiker u. analyt. Situation 80
  u. Wahrheit 191
Psychotische u. nichtpsychotische
  Halluzination 54
Ptolemäer 229
Pubertät, Fall v. Hysterie i.d. 66
  Triebstärke 70
  u. Verdrängtes 202
Pygmäen 3

Qualität u. Quantität 72
Qualitativer Faktor 236
Quantität u. Qualität 72
Quantitativer Faktor 236
Quantitatives Moment i.d. Ätiologie 70

Rank, O. 59f, 106
Rasse u. Analyse 86
Rational—heilig 229
Reales Leiden i.d. Übertragung 76
Realität, Abwendung v.d. 54
  d. Krisen 77
  innere—äussere 181
  s.a. Aussenwelt, Umwelt
  u. Analytiker 94

Realitätsverleugnung i. Wahn 55
Rebus bene gestis 96
Recht u. Gewalt 15
Rechtsfortbildung u. -unruhe 16
Reden z. Patienten 78
  Zuviel- d. Analytikers 49
Regressive Entwicklung Freuds 32
Reife, Ich- u. Neurose 64
Reifung—Gereiftheit 44
Rekonstruktion s. Konstruktion
Religion 103ff
  d. Ostens 199
  historische Wahrheit i.d. 33
  jüdische—christliche 194
  —Symptom 186
  —Tradition—Zwang 208
  u. philosophisches Denken 168
  u. Wahrheit 191
  Wahrheitsgehalt 230
Reminiszenzen i. Wahn u. Hysterie 56
Renaissance 19
Resterscheinungen 73
Reue—Moses—Messias 196
Revolution, nationalsozialistische 198
Rezentes u. Verdrängtes 202
Rhythmus, Entwicklungs- 88
Rilke, Rainer Maria 261
Robertson Smith 188
Rolland, Romain 250
Röntgenstrahlen, Vergleich 95
Ruhezustand, sozialer 16

Sacer 230
Sadistisch-anal 73
Sage, Aussetzungs- 107f
  Helden- 6ff, 106ff
  Prometheus- 4ff
Salomé, Lou Andreas- 270
Saulus 244
Scarlatina 77
Schaeffer, Albrecht 3
Schicksal u. analyt. Aktivität 76

Schiller, Friedrich v. 208
Schlaf u. Verdrängtes 202
Schlafeinstellung d. Ichs 70
Schlafstörung, Ätiologie d. 184
Schliemann 174
Schockwirkung i.d. Ätiologie 70
Schottland 251
Schuldbewusstsein u. Kur 88
Schuldgefühl—Erbsünde 192
 u. Aggression 6
 u. Zweifel 167
Seele, Entdeckung d. 222
Seelisch, s. Psychisch
Seeschlange 252
Seichen 8
Sekundärvorgang u. Primärvorgang 69
Selbstanalyse, unzulänglich 38
Selbsterhaltungstrieb—Trieblegierung 20
Selbstgefühl d. Juden 231
Selbstzerstörung u. Vaterhass 185
Sellin 135, 195
Servius Tullius 6
Sexualfunktion i.d. Kultur 26
Sexualtheorie, infantile 9
Sexuelle Aufklärung d. Kinder 78
Shakespeare, William, ein Genie? 168
Shaw, Bernard 156
Sinai, Berg 132
Sinnlichkeit—Geistigkeit 221
Skeptiker 67
Sohn, jüngster 187
Sonne 119
 als Penis 7
Sowjetrussland 156
Sozial, s. Gemeinschaft
Soziale Organisation, früheste 187
 u. Triebverzicht 188
Sozialer Aspekt der Feminität 99
 Aspekt d. Neurose 182
 Faktor in Therapie 59
Spaltung d. Persönlichkeit 255

Spezifische Momente 70
Spontane Ich- u. Triebvorgänge 71
Spontaneität d. Übertragung 78
Sprache u. Allmacht d. Gedanken 221
Sprachentwicklung 206, 241
Sprachfähigkeit u. Halluzination 54
Sprachhemmung d. Moses 132
Sprachsymbolik 205
Storch, Rolle d. 79
Strafbedürfnis u. Kur 88
Struktur, intime, d. Psychotischen 47
Suggestion i.d. Behandlung 48
Sultan 19
Survival 180
Symbol, Feuer 6
 Penissymbole 6-9
Symbolik u. erbliche Übertragung 86
 Ursprung 241
Symptom—Religion
Symptome, Zwangscharakter d. 181

Tabu d. Gottesnamen 139
"Tails you lose" 43
Technik, aktive, unfreundlich 65
 Analytikerwechsel 62
 eine Kunst 93
 Fehler i.d. 48
 Konfliktbearbeitung u. 76
 Konstruktionen 45
 Terminsetzung 61
 u. Eigenart d. Analytikers 93
 u. phantasierte Konflikte 77
 Vervollkommnung d. 67
Terminsetzung i.d. Behandlung 61
Theophore Namen 140
Theorie d. Heilung 63f
 u. Praxis d. Analyse 74
Theorien eine Mythologie 22
Therapeutische Geschlechtsdifferenzen 96
 Reaktion, negative 52, 86
 Zielsetzung 68

Index

Therapeutischer Ehrgeiz 75
Therapeutisches Resultat u. Trauma 64
Therapie, abhängig v. 3 Faktoren 79
   analytische, Dauer d. 59
   d. Psychosen 54f
   d. Wahns 55
   durch Konstruktion 53
   eigentliche Leistung d. 71
   Erfolg u. Eigenart d. Analytikers 93
   Faktoren d. Dauer beeinflussend 64
   Neuschöpfung i.d. 71
   s.a. Analyse, Behandlung, Kur, Heilung
   u. Ichveränderung 64
Theseus 4
Thothmes 162
Tier, Totem- 188
   u. Kind 241
   u. Mensch 207
Tod u. Erbsünde 192
   u. Unsterblichkeit 117
Todestrieb, bei Empedokles 91
   d. belebten Materie 88
   Kritik 90
   u. Psychoanalytiker 90
   Warum? 22
Tonarbeit u. in Wasser schreiben 87
"Too good to be true" 252
Topisch—genetisch 203
Topische Unterscheidung an Wert eingebüsst 86
Topischer Gesichtspunkt 71
Totemmahlzeit 240
Totemtier 188
Tradition u. Geschichte 172f
   wirksame 200
   —Zwang—Religion 208
Trägheit d. Patienten 76
   psychische 87
Traum gleich Wahn 54
   Ich u. Trieb i. 70

Trauma, Allgemeingültigkeit 177
   Fixierung a.d. 180
   —Neurose—Latenz 182
   spätes u. Rezidive 66
   u. Hemmung 181
   u. Ichreife 64
   u. Phobie 181
   u. Therapie 64, 68
   u. Widerholungszwang 180
   u. Wiederkehr d. Verdrängten 185
   Was ist ein-? 178
Traumatische Ätiologie u. therap. Resultat 64
Neurose—Inkubation 171
Träume u. Kindheit 234
Traumen, Topik d. 204
Traumpsychologie, Essenz d. 54
Trieb i. Pubertät u. Menopause 70
   z. Hassen 20
Triebanspruch, Erledigung 69
   - u. Erlebnis 235
Triebbeherrschung, Grundlagen d. 74
Triebdisposition 206
Triebe, kollaterale Beeinflussung d. 70
Triebentmischung 89
Triebkomponenten, Verlöten v. 92
Triebkonflikt ist Konflikt d. Ich m.d. Trieb 67
   latenter 75
   s.a. Neurose
Triebkraft, Steigerung d.d. Technik 76
Triebleben u. Vernunft 24
Triebstärke, derzeitige 68
   konstitutionelle 68
   u. Abwehr 74
   u. Ich 64
Triebverstärkung 68, 70
Triebverzicht d. Feuerbringers 5
   u. Aggressionslust 6
   u. soziale Organisation 188
Triebziele, Einschränkung i.d. Kulturentwicklung 26

Triest 251
Türken u. Christen 128
Türkenkriege 17
Tutankhamen 46

Überarbeitung i.d. Ätiologie 70
Über-Ich, Entwicklung 6
  Funktion 224
  u. Aggression 6
  u. Götter 5
  Vorstufe d. 5
Überkompensation 73
Übertragung begünstigt Wiederholen 44
  Grenzen d. 77f
  Konflikte i.d. 77
  Leiden i.d. 76
  negative 85
  positive 84
  positive—negative 65
  real u. lebensfähig 66
  Spontaneität d. 78
  Störung d. positiven 78
Übertragungswiderstand unwichtig 99
Ümwelt, Bewältigung d. 72
  s.a. Aussenwelt, Realität
Unbewusstes, kollektives 241
  s.a. Verdrängtes 202
  —unvergänglich 73
  wird bewusst, Bedingungen 201
Ungleichheit d. Menschen 24
Universitäten u. Psychoanalyse 34
Unlust u. psych. Apparat 82
Unsterblichkeit 7
Urfixierung (Rank) 59
Urhorde, Geschichte d. 186f
Urinieren, Asche, Mongolen 3
  —Seichen 8
  u. Feuer 3ff
Urmensch u. Feuer 3
Urtriebe 88
  u. Lebenserscheinungen 89

Urvater u. Heilig 229
Urverbrechen 5
Urzeit u. historische Wahrheit 56
Uterus, Folgen d. Totalextirpation 66

Vagabundieren 256
Vater u. Ambivalenz 243
Vaterhass u. Selbstzerstörung 185
Veränderungen sind partiell 72
Verbot—berühren—heilig 228
Verbrechen u. Feuer 5
  u. Triebverzicht 7
Verdrängen—Nachdrängen 71
Verdrängtes, Auftrieb d. 53
  d. Es zuzurechnen 203
  im Wahn 54
  u. Es 84
  u. Pubertät 202
  u. Rezentes 202
  wird bewusst 201
Verdrängung, Bewältigung d. 73
  ein Abwehrmechanismus 81
  i. Wahn 54f
  i. Pubertät u. Menopause 70
  Sonderstellung d. 81
  u. Abwehr 84, 255
  u. Buchzensur 81
Verdrängungen d. Frühentwicklung 44
  i.d. frühen Kindheit 71
  Schicksal d. 71
Verdrängungsbegriff 98
Verdrängungsnarbe 235
Vereinigung, Internationale Psychoanalytische 34
Vererbung erworbener Eigenschaften 86, 207
Vergänglich, Unvergänglich 73
Verifizierung v. Konstruktionen 48
Verinnerlichung d. Aggression 26, 90
Verleugnung i. Wahn 55
Verlöten v. Triebkomponenten 92
Vermeidungen 181

Vernunft wird Unsinn 83
u. Triebleben 24
Versagung 252
u. Leiden 76
s.a. Triebverzicht
Verwandlungen u. Entwicklung 72
Vogel, Penis, Leber 7
Völkerbund 18
Völkerverstimmung 244
Voltaire 265
Vorbeugung, s. Prophylaxe

Wahn, Therapie d. 55
u. Traum 54
u. Wahrheit 54, 191, 239
Wahnbildung u. Verdrängtes 54f
äquivalent Konstruktion 55
Wahrheit, historische i.d. Religion 33
historische i. Wahn 54
historische—materielle 236
u. Religion 160, 230
u. Wahn 54, 191, 239
Wahrheitskarpfen 48
Wahrheitsliebe d. Analytikers 94
Wahrnehmung, innere 82
Körper—Welt 9
Wahrnehmungsskala d. Lustprinzips 89
Wandertrieb 256
Wasser—Feuer 8
Weibliche Depression 99
Neurose u. Menopause 70
Weiblichkeit, Ablehnung d. - b. Manne 97
Entwicklung d. 97
Weisen von Zion 191
Welt, innere 82
s.a. Aussenwelt, Realität, Umwelt
Werkzeuge 14
Widerstand g. Aggressionstrieblehre 22
g. Es, Analyse, Heilung 85

Widerstand g. Widerstandsdeutung 85
"Nein" als 49
u. Heucheln 49
u. Konstruktion 53
u. Trägheit 76
vom Es 87
Widerstände u. Abwehr 84
u. Eigenart d. Analytikers 93
Widerstandsform unwichtig 99
Wie gewonnen, so zerronnen 87
Wiederholungszwang u. Trauma 180
Wiederkehr d. Verdrängten u. Trauma 185, 195
Wille u. heilig 229
Wirtsvölker 197
Wissenschaftliche Theorien, Mythologien 22
Schicksal v. 170
Wohltat wird Plage 83
Wolfsmann 60
Wunscherfüllung i. Wahn 54

Zeitliche Charaktere 88
Zeitliches Moment 235
Zeitmoment i. Ichveränderungen 85
Zeitverlust infolge Technik 48
Zerstörung—Erneuerung 8
Zeus der "Erderschütterer" 147
Zielsetzung, therapeutische 68
Zimmerbrand 60
Zion, d. Weisen von 191
Zivilisation u. Krieg 25
Zunge, Penis, Flamme 6
Zwang—Tradition—Religion 208
u. Aussenwelt 181
u. Ichorganisation 181
Zwanghafter Glaube i. Wahn 55
Zwangscharakter d. Symptome 181
Zwangsimpulse u. frühe Kindheit 234
Zweifel u. Schuldgefühl 167

INHALT DES SECHZEHNTEN BANDES
Werke aus den Jahren 1932-1939

	Seite
Zur Gewinnung des Feuers	1
Warum Krieg?	11
Nachschrift zur Selbstdarstellung	29
Die Feinheit einer Fehlhandlung	35
Konstruktionen in der Analyse	41
Die endliche und die unendliche Analyse	57
Der Mann Moses und die monotheistische Religion	101

Briefe, Gedenkworte, Vorreden

Thomas Mann zum 60. Geburtstag	249
Brief an Romain Rolland (Eine Erinnerungsstörung auf der Akropolis)	250
Meine Berührung mit Josef Popper-Lynkeus	261
Sandor Ferenczi	267
Lou Andreas Salomé	270
Geleitwort zu „Allgemeine Neurosenlehre auf psychoanalytischer Grundlage" von Hermann Nunberg	273
Vorrede zur hebräischen Ausgabe der „Vorlesungen zur Einführung in Psychoanalyse"	274
Vorwort zu „Edgar Poe, étude psychanalytique" par Marie Bonaparte	276
Bibliographische Anmerkung	279
Index	283